本书为2016年度教育部人文社会科学重点研究基地重大项目『高考制度改革研究』（16JJD880029）之成果

加拿大高校招生考试制度研究

李　欣／著

高考改革研究丛书

刘海峰／主编

華中師範大學出版社

国家出版基金项目
NATIONAL PUBLICATION FOUNDATION

新出图证（鄂）字 10 号

图书在版编目（CIP）数据

加拿大高校招生考试制度研究/李欣著. —武汉：华中师范大学出版社，2016.12

（高考改革研究丛书/刘海峰主编）

ISBN 978-7-5622-7546-6

Ⅰ.①加… Ⅱ.①李… Ⅲ.①高等学校—招生—考试制度—研究—加拿大 Ⅳ.①G649.711.2

中国版本图书馆 CIP 数据核字（2016）第 214825 号

加拿大高校招生考试制度研究

©李 欣 著

责任编辑：王中宝　**责任校对：**王 胜

编辑室：学术出版中心　**电话：**027－67867792

出版发行：华中师范大学出版社　**社址：**湖北省武汉市洪山区珞喻路 152 号

电话：027－67863426/3280（发行部）　027－67861321（邮购）

传真：027－67863291　**邮编：**430079

网址：http：//press.ccnu.edu.cn　**电子信箱：**press@mail.ccnu.edu.cn

印刷：湖北新华印务有限公司　**督印：**王兴平

封面设计：甘 英　**封面制作：**胡 灿

开本：710mm×1000mm 1/16　**印张：**18.5

版次：2016 年 12 月第 1 版　**印次：**2016 年 12 月第 1 次印刷

字数：313 千字　**定价：**46.00 元

欢迎上网查询、购书

总　　序

高考是我国各类考试中最重要、影响最大的考试。高考改革不仅关系到国家创新人才的培养、学生的健康成长，而且关系到社会公平的维护、高等教育资源的分配，还涉及宏大的社会利益再分配问题，关系到维护我国改革发展稳定的大局，是一项“牵一发而动全身”的社会系统工程，具有综合性、系统性。高考改革事关教育全局，不仅已成为重大的民生议题，而且是教育领域中最复杂、最敏感的问题，受到民众和国家教育主管部门的高度关注。

2010 年 7 月正式颁布的《国家教育中长期改革和发展规划纲要(2010—2020 年)》列有关于招生考试的专门一章，即第十二章“考试招生制度改革”。在中国历次教育改革文件中，这是第一次将招生考试单独列出一章，足见此问题在现阶段的重要性。2012 年 7 月，国家教育考试指导委员会在北京成立，研究制定考试改革方案，指导考试改革试点。国家专门成立一个国家级决策咨询机构来指导高考改革实践，说明考试招生改革意义非常重大。2013 年 11 月，十八届三中全会通过了《中共中央关于全面深化改革若干重大问题的决定》，其中教育方面最主要的就是考试招生改革的内容。2014 年 9 月公布的《国务院关于深化考试招生制度改革的实施意见》，是恢复高考以来最全面、最系统的改革文件。以往也有各种各样的高考改革政策出台，但多数都是单项的或者某一个侧面的改革，而这次改革涉及考试招生的方方面面，是一个顶层设计的系统改革，标志着高考改革进入一个新阶段。

由于高考是一个至为复杂的大规模选拔性考试，是一项“横看成岭侧成峰，远近高低各不同”的制度，从某一特定的角度去观察，站在某一种特定的立场去评说，可能所见都是事实，所言也都有一定道理，但也可能会出现盲人摸象、各说各话的情况。因此，在评价高考时，重要的是全面和客观。

而要理性地、全面地评价高考，提出切实可行的改进意见，就应该对高考进行全面深入的研究。

中国是考试制度的发源地，不仅是一个考试古国，而且是一个考试大国。有些西方国家的大学入学考试只是一种测量手段，只是在小范围内引起关注，只是一个部分人关心的话题。然而，受传统和现实的制约，中国人却将高考变成了文化，变成了经济，变成了政治，变成了盛大的仪式，变成了一种备受关注的社会活动，变成了一种惯例式的全民动员。在有五千年悠久文化传统和千余年科举考试影响的中国，在一个幅员辽阔、人口众多、地域和城乡文化教育水平差异很大的中国，在民众高度重视甚至是过度重视教育的中国，高考既与世界各国的大学入学考试有相同的规律，也有不少独有的现象和问题。

长期以来，高考作为一项影响重大、关注度甚高的重要制度，总体而言是“三多三少”，即新闻报道多，理论研究相对较少；一般议论多，深入分析相对较少；零星探讨多，系统研究相对较少。近年来，情况有了一些改观，特别是 2012 年前后讨论异地高考政策问题，2014 年《国务院关于深化考试招生制度改革的实施意见》出台以后，出现了研究高考改革的热潮，许多相关论文见诸报刊。但是，对于整个高考制度还缺少系统的研究，尤其缺少真正有分量的高考改革研究著作。

高考改革是一个谁都能说得上两句的话题，但又是一个专业性很强的问题。要谈谈自己关于高考改革的观点，发表一两篇文章不难，而要深入阐述自己的观点，发表不重复的系列论文或出版专著却很难。为了将高考研究推向深入，并为现实高考提供决策参考和理论依据，在深入研究的基础上，特组织一套“高考改革研究丛书”。

作为中国高考研究的重镇，厦门大学考试研究中心一直将高考改革作为重点研究方向之一，推出了一系列研究论文和专著，研究成果为全国性的和部分省市的高考改革提供重要的理论支持。本丛书是中国第一套较全面、深入研究高考改革的丛书，对高考从理论、制度、政策、法治、内容、形式，到招生考试的区域公平、民族政策、效度和评价等各方面进行全面的研究，同时对美国、英国、法国、俄罗斯、加拿大、澳大利亚、日本和我国台湾地区的高校招生考试制度等进行了探讨；既有对高考制度的理论剖析，又有对高考改革的一些热点问题的专题论述；是从理论到实践、从宏观到微观、从国内到域外，对高考制度及其改革进行的全面而深入的研究。

“高考改革研究丛书”是对高考的基础性、系统性研究。2015年，该丛书获得国家出版基金资助，出版社与丛书主编将原来已出版的十多本著作加以修订，并扩充至22本，使之成为一个更全面、成气候的书系。本丛书基本上由我自己的著作和历年指导通过答辩的高考研究博士论文、博士后出站报告为基础构成。在我历年指导的众多博士论文或博士后出站报告中，以高考研究为选题的占大多数。要想真正为高考改革提供参考，我们的研究应力求建立在对招生考试历史与现实充分了解的基础之上。为了使这些论文的写作不至于陷入空谈，我总是要求博士生和博士后多了解高考实际。多年来，以高考为选题的博士生和博士后一般都要到部分省市教育招生考试院等考试机构实习，真正深入招生考试第一线，多与考试管理工作者接触交流，这样他们才不会太书生气，所写论文才能脚踏实地。凡是研究别国高校招生考试制度的博士生和博士后，都通晓所在国的语言文字，并尽可能到研究对象国去搜集资料和实地调研，多位博士生和博士后都在研究对象国留学多年或做访问研究一年以上。

丛书中每本著作各有专攻，希望都能切中肯綮，真正做到既有学术价值，也有现实意义；对高考改革的顶层设计，对高考改革的顺利推行，进而对维护教育公平和社会稳定起到一定的作用。恢复高考40周年即将到来，相信本丛书的出版能够为高考改革提供理论支撑，为完善中国的考试招生制度贡献绵薄之力，作为一名上世纪的77级大学生，我深感欣慰。

刘海峰

2016年10月6日

目　　录

绪　论

我看见一个伟大神奇的国家，在她的土地上蕴含着人类所有的希望，这是一片适合人类生存、发展、兴旺发达的土地。

——［英］蒙哥马利①

一、研究的意义与价值

法国著名政治学家和社会学家马太·杜甘（Mattei Dogan）在其著作的中译本导论《比较视野中的中国》的开篇语中直言："不关心别国的人不能真正地认识自己的祖国。只有将你所在的国家同其他国家相比较，才有可能体悟到本国的独特性、结构以及运作。"② 对美国社会最杰出的观察者之一，法国作家托克维尔（Tocqueville）在其传世巨著《论美国的民主》一书的绪论中也曾坦言："我考察美国，并不只是单纯出于满足自己好奇心的目的，尽管有时候好奇心也很重要。我希望的是借由美国的经验，找到我们可以借鉴的地方。要是谁认为我是想写一篇颂词，那将是大错特错。"③ 由此可见，从事比较研究的学者都尤为重视比较的功效性。在比较教育学界，历来的许多学者也持此观点：库森（Victory Cousin）说过，"我研究的是普鲁士，而我思考的始终是法兰西"；萨德勒（M. Sadler）认为，比较教育的目的"简言之，就是对照别国，发现本国弱点并予以改进"；康德尔（Isaac Kandel）认为"一国的教育思想与实践有可能就是他国教育改进的出发

---

① Jane Hucthnigs：《异域风情丛书：加拿大》，梁妍，等译，中国水利水电出版社，2001 年，第 15 页。

② 杜甘：《国家的比较：为什么比较，如何比较，拿什么比较》，文强译，社会科学文献出版社，2010 年，第 1 页。

③ 托克维尔：《论美国的民主》，张杨译，湖南文艺出版社，2011 年，第 9 页。

点”；汉斯（Nicholas Hans）则认为，比较教育还应该“具有含功利目的生气勃勃的特点”，“由于东西方文化的差异，东西方学者更需要沟通和理解，这是比较教育的使命”。贝雷迪也认为“研究外国教育不仅是为了了解其他民族，也是为了从外国教育制度的成败得失中总结经验教训以为本国所用”①。我国的比较教育学者也一再强调，比较教育要为本国教育实践服务。学者冯增俊认为，中国比较教育学的发展已经进入新阶段，该阶段的重要特征是“重视研究教育服务社会及其社会实践的功效性，重视研究对教育改革的实际作用”②。他提出，“比较教育学新阶段必须倡导‘服务至上’的发展原则，面对当代教育中最重要和最紧迫的理论及实践问题”③。学者容中逵指出，比较教育要明确“借鉴为我”的宗旨，在研究的价值取向上要首先确立“中国之维”的向度，即“为我性”④。本书在研究过程中力求构建中国之维，这是本书的核心指导思想，即如何让本研究对中国有用，如何体现本研究的功效。具体说来，对加拿大高校招生考试制度进行研究对于我国正在进行的高考改革具有很强的理论意义和实践价值。

（一）学术意义：拓展领域，开阔视野

《国家中长期教育改革和发展规划纲要（2010—2020年）》专门提出要“完善高等学校考试招生制度”，“逐步实施高等学校分类入学考试”，“完善高等学校招生名额分配方式和招生录取办法，建立健全有利于促进入学机会公平、有利于优秀人才选拔的多元录取机制”。若要实现规划纲要所提出的改革愿景，就必须拓展高等教育研究领域，加强对世界高等教育强国高校招生考试制度的研究。

本研究以加拿大高校招考制度为研究对象。至今为止，国内学者还没有以此为对象进行过系统、深入的专门研究。加拿大是世界上国土面积第二大国，也是个典型的多民族多文化国家，其高等教育质量闻名全球，是我国学生留学的首选国家之一。马太·杜甘认为：“就其复杂性和整体性而言，大

---

① 容中逵：《借鉴：比较教育研究向度的“中国之维”——论比较教育研究的借鉴目的及其功能实现问题》，《比较教育研究》2009年第4期。

② 冯增俊：《论中国比较教育学发展的新阶段》，《比较教育研究》2008年第12期。

③ 冯增俊：《论中国比较教育学发展的新阶段》，《比较教育研究》2008年第12期。

④ 容中逵：《借鉴：比较教育研究向度的“中国之维”——论比较教育研究的借鉴目的及其功能实现问题》，《比较教育研究》2009年第4期。

国之间的比较十分困难，但是如果我们去寻找功能替代物，如果我们仅聚焦于具体的领域与社会现实的某些片段，而不是采取一个全球的路径，那么比较还是可能的。”① 诚如马太·杜甘所言，本书拟将加拿大高校招考制度作为“功能替代物”，聚焦加拿大高校在考试招生这个领域的社会现实，以促成这一比较研究之可能。

（二）实践价值：立足本土，借鉴创新

自 1977 年恢复高考制度以来，在三十余年的教育实践中，我国的高考制度在重构教育秩序、促进教育公平和推动社会发展方面发挥了重大的积极作用。但是随着社会的发展，现行高考制度的弊端也日益明显。诸如在考试内容方面，偏重考查对知识的再现和解题技巧，对学生的知识应用能力和创新能力考察不足；在录取制度方面，过于集中化的录取方式，限制了各高校的招生自主权，降低了高校间的竞争力；在教育公平性方面，如何让高考制度发扬和彰显其应有的公平价值，确保不同地区的考生享受大致公平的机会来接受优质高等教育，也是当前我国高校招生考试制度所面临的挑战。尤其是在我国社会民主化进程背景下，人民群众对社会公平和正义的诉求与日俱增，高考的公平性甚至影响到整个社会的安定；此外，如何让高考制度对整个基础教育发挥良性促进作用？如何把高中学业水平考试与现行高考制度有机结合起来？如何使沿袭多年的高考制度适应我国高等教育大众化的发展阶段？在全球化和国际高等教育资源竞争日益激烈的时代背景下，如何防止我国的优质生源流失？作为高利害性的考试，高考是许多教育矛盾和社会矛盾的集合点，存在着一系列的两难问题，如何在改革的过程中避免顾此失彼的情况出现？上述这些问题迫切需要我国的教育工作者进行研究和应答。

对加拿大的高校招生考试制度进行考察和研究，有助于为解决我国高考制度所面临的问题提供借鉴。加拿大既无统一的高校入学考试，也无全国统一的高校招生机构，各高校大多自行处理入学申请，以学生的学业表现为主要录取依据。加拿大的高校招生考试制度的这些特点是如何形成的？其制度是如何运作的？该国的高校考试制度如何进行调试以适应本国的社会发展变迁？作为多民族地区，该国如何解决民族之间的教育公平问题？研究这些问

① 杜甘：《国家的比较：为什么比较，如何比较，拿什么比较》，文强译，社会科学文献出版社，2010 年，第 2 页。

题对于更好地制定我国的高校招生考试政策具有重大的现实意义。

此外，近年来由于北美经济发展遭遇困境，加拿大不得不寻求除美国之外的合作伙伴，而中国作为世界第二大经济体，加拿大迫切希望加强与中国之间的经济、文化和教育等方面的合作，两国教育机构之间有望形成新型的伙伴关系，深入了解加拿大的高等教育，特别是它的高校考试招生制度，有利于两国之间更好地展开合作。而目前，国内关于加拿大高校招考制度的研究却相对贫乏，难以满足实践层面的需要。

二、国内外研究综述

（一）国外研究综述

由于在知识的生产和传播方面，美国高等教育具有无可比拟的优势，加拿大的高等教育似乎被完全淹没在其近邻美国模式的阴影之下。许多学者都误认为，加拿大的高等教育体制大体上与邻国美国类似，学者们都倾向于将注意力集中在美国高等教育方面，使得加拿大高等教育在国际和比较教育的研究中较少受到关注。就目前国外关于加拿大高等教育的文献来看，可以分为以下几个方面：

1. 关于加拿大高等教育和高校招生考试制度的宏观研究

早年关于加拿大高校招生考试制度的研究大多是综述性的，而且较为宽泛。例如，加拿大学者约瑟夫·卡茨（Joseph Katz）于 70 年代在其 Education in Canada（《加拿大的教育》）① 一书中指出：在加拿大凡要上大学的学生都必须有高中毕业证书，证明他已经令人满意地学完了十一年至十二年的中小学课程，有资格升入大学一年级学习。而且还指出，加拿大高校的入学灵活性很大，社区学院或技术学院的入学条件更为宽松。格兰·琼斯（Glen A. Jones）是近年来活跃在国际与比较教育研究领域的加拿大杰出学者，由他主编的 Higher Education in Canada：Different Systems，Different Perspectives（《加拿大高等教育——不同体系与不同视角》）② 一书是目前对加拿大高等教育所做的较为全面的研究专著，它从各行政辖区角度分别分析和论述了其高等教育历史、组织结构特点、办学方式、政策处理风格等方

---

① Joseph Katz，Education in Canada，David & Charles Publishers，1974.

② Glen A. Jones，Higher Education in Canada：Different Systems，Different Perspectives，Garland Publishing Inc.，1997.

面。该书概述了加拿大高等教育的现状和主要特点；从联邦视角探讨了加拿大联邦政府对高等教育的影响方式和途径及其所处的有责无权的尴尬境地；分别论述了加拿大各省和行政区的高等教育演化历史、政党政治的影响、存在问题及其他独特性；并对各行政辖区的高等教育特点做了进一步的综合分析。提出加拿大高等教育具有软联邦制、学位授予权的公共垄断、大学的高度自治、大学层次的有限差异、社区学院层次日益分化、高入学率和合理的质量等六大特征。最后指出加拿大高等教育的治理风格并非没有问题，也并非没有受到人们的质疑，但重要的是，这种治理风格满足了加拿大国民的需要，培养了质量合格的毕业生，得到了国内和国际社会的广泛认可。格兰·琼斯还认为，加拿大高等教育普及化是各省和行政区的重要政策之一，全国的高校招生人数稳步上升。自 60 年代以来，维持和扩大中学后教育的入学权利，一直是加拿大各省的一个明确的政策目标。到了 90 年代早期，加拿大成为世界上高等教育入学率最高的国家。虽然在 90 年代末由于经费预算的局限性，招生人数停滞不前，但是，到 21 世纪早期，加拿大中学后教育招生人数又重新开始上升。目前，加拿大的高等教育入学率在发达国家中名列前茅。

联合国教科文组织编著的 World Guide to Higher Education（《世界高等教育指南》）① 一书以各国高等教育管理部门提供的资料为基础，辑录了 161 个国家和地区的高等教育体制和学位制度，具有很高的权威性。该书指出：加拿大高等教育的一个特点就是它的多样性。历史上授予学位的大学及学院是提供高等教育的主要场所。但自 20 世纪 60 年代以来，提供技术及半职业培训的学校发展很快，这些不授予学位的学校，通常被称为社区大学，是由各省根据自己需要发展起来的。关于招生制度，该指南中提到，加拿大的各个高校都有自己的入学标准，加拿大没有统一的全国考试，各学校也没有自己统一的入学考试。有些专业院系要求进行与专业相关的入学考试。中学毕业证书是最低要求，但并不是全部条件，它只是进入高校的先决条件。大部分学校要求申请人完成有关学业并达到平均成绩。美国学者巴巴拉·伯恩（Barbara B. Burn）、阿尔特巴赫（Philip G. Altbach）等人编著的 Higher Education in Nine Countries: A Comparative Study of Colleges and

① UNESCO, World Guide to Higher Education, R. R. Bowker, 1976.

Universities Abroad（《九国高等教育：对国外高校的比较研究》）[①] 中有一章专门论述加拿大的高等教育，认为加拿大的高校，除了魁北克，差不多都是按照英国和苏格兰大学的轮廓设立的；拉瓦尔大学、蒙特利尔大学和新魁北克大学都是法国型的。加拿大的社区学院（community college）运动则受到美国初级学院（junior college）发展的很多影响。关于加拿大的高校招生，该书认为：传统上加拿大大学的招生是根据英国式的校外论文考试，这种考试是在高中最后一学年举行的。成立于 1966 年的“学院与大学招生办事处”相当于美国的学院入学考试委员会。该办事处的测验在 1969 年首次实行。在 1968 年至 1969 年，安大略省首先采用能力倾向测验作为大学招生的唯一校外标准。

近年来，国际组织和机构也从人口和经济等战略视角对加拿大的高等教育进行了研究。世界经济合作与发展组织（OECD）于 2008 年发布的研究报告 Educational Research and Innovation：Higher Education to 2030（《教育研究与革新：高等教育至 2030》）[②] 第一卷人口卷，着重从人口统计学的角度探讨成员国高等教育的发展趋势，分析人口变化对高等教育的影响，指出加拿大高校的全日制学生注册数正在减少，学生群体趋于多样化，国际学生、非全日制学生和年龄较大的学生都在增多，移民和少数族裔的学生人口逐渐增加，残疾学生接受高等教育的问题将日益受到重视，加拿大的高校招生政策也将更为关注残疾学生、少数民族和移民学生的入学机会问题。

2. 关于加拿大农村学生接受高等教育的研究

随着高等教育的普及化发展，教育机会公平的问题也从对数量的追求转向对质量的诉求。探究深层次的高等教育公平成为近年来加拿大国内高等教育的研究热点。马克·弗莱内特（Marc Frenette）在其文章 Access to College and University：Does Distance to School Matter?（《上大学的机会：与学校的距离重要吗?》）[③] 中研究了不同地区，特别是偏远地区的学生对大学的选择偏好，指出了高等教育的机会不公平问题，即学校的路途长短对高

① Barbara B. Burn，Higher Education in Nine Countries：A Comparative Study of Colleges and Universities Abroad，University of Chicago Press，1972.

② OECD，Higher Education to 2030：Volume 1，Demography，2008.

③ Marc Frenette，Access to College and University：does Distance to School Matter，Canadian Public Policy，2004，No. 12.

中生的大学选择有重要影响，甚至与家庭收入的影响力差不多。如果大学路途遥远，学生很可能会选择就近的学院入学，这种情况在低收入家庭更为普遍。

黛儿·科比（Dale Kirby）和丹尼斯·沙普（Dennis Sharpe）的 An Examination of Rural Secondary Students' Post-Secondary Education Decisions（《对农村中学生高等教育抉择的调查研究》）① 调查了加拿大农村和民族地区的学生在决定是否接受高等教育以及选择高校类型等方面的现状，揭示了导致这些现状的部分原因：即与城市相比，农村和民族地区的社会经济状况导致学生周围缺少高学历的榜样人物，教育预期和职业预期都比较低。研究表明，家庭对子女接受高等教育的期待是高中生继续求学的重要动力。如果高中生的家庭对子女的未来发展没有清晰的规划，或者对接受高等教育的价值并不太看重，那么子女更可能在高中毕业后直接就业。由于多数农村和少数族裔学生的家长本身缺少高等教育经历，因此对子女的发展缺少规划，造成高中生继续求学的动力不足。这也在一定程度上说明，如果农村和民族青年决定接受高等教育，通常会选择社区学院或其他职业教育机构，而不是大学。此外，学生所处地区的经济环境也会直接影响他的求学选择。在阿尔伯塔省和萨斯喀彻温省的许多农村和民族地区，低端的劳动力市场成为高中生辍学的重要原因之一。此外，莱威尔·拉韦尔立（Laval Lavallee）等人的 Rural Versus Urban Students-Differences in Accessing and Financing PSE, Their PSE Outcomes and Their Use of Distance Education Research Projects（《农村学生与城市学生在高等教育入学和资助、高等教育结果以及对远程教育研究项目的参与等方面的差异》）②、罗斯·芬尼（Ross Finnie）等人的 Family Background and Access to Post-Secondary Education: What Happened over the 1990s?（《家庭背景与高等教育入学机会：90 后怎么了?》）③ 等文章也对加拿大农村学生接受高等教育的问题进行了一定的探讨。

---

① Dale Kirby，Dennis Sharpe，An Examination of Rural Secondary Students' Post-Secondary Education Decisions，Canadian Journal of Career Development，2010，No. 11.

② Laval Lavallee，etl.，Rural Versus Urban Students-Differences in Accessing and Financing PSE，Their PSE Outcomes and Their Use of Distance Education Research Projects，Mpra Paper，2005.

③ Ross Finnie，Family Background and Access to Post-Secondary Education：What Happened over the 1990s，General Information，2004.

有些学者对加拿大农村学生的招生政策研究已深入专业学院领域。例如，詹姆斯·路克（James Rourke）的Strategies to Increase the Enrolment of Students of Rural Origin in Medical School：Recommendations from the Society of Rural Physicians of Canada（《增加医学院农村生源的策略：来自加拿大农村医生协会的建议》）① 一文就对医学院城市学生和农村学生的生源结构做了细致研究，认为在对申请专业的选择上，农村地区的学生更倾向于选择与农业相关的专业、较为熟悉的专业和入学要求不太高的专业。医学和法律等门槛高、费用高的专业更受城市学生的青睐，这样的选择偏好导致某些专业的生源结构极度失衡。例如，目前加拿大各医学院的农村籍生源严重短缺，威胁到农村地区的医疗保健工作，引起了教育界和医学界的高度重视，各医学院不得不制订优惠政策吸引更多的农村生源，以使他们的人数达到公平合理的水平。

3. 关于加拿大土著学生接受高等教育的研究

除了对农村学生的高等教育机会所做的研究，加拿大学者对本国的少数民族，特别是土著民族的受教育问题也做了积极研究。沙普·安德鲁（Sharpe Andrew）等人的文章The Potential Contribution of Aboriginal Canadians to Labor Force，Employment，Productivity and Output Growth in Canada（《加拿大土著人口对加拿大劳动力、就业、生产力和产出的潜在贡献》）② 分析了加拿大土著人口目前的高等教育程度，预测了提高土著人口的高等教育普及率，可能会带来的巨大经济价值，指出：如果土著人口的高等教育程度到2017年能达到非土著人口2001年的水平，那么加拿大的年均GDP增长率将会上涨0.036个百分点，等同于累积了710亿加元的国民收益。发展土著高等教育不仅能使学生获得经济收益、改善学生个人的生活质量，而且还有助于提高社会的整体人力资本和生产力，产生其他间接的社会经济效益。特别是在加拿大人口结构发生显著变化的时期，发展土著高等

① James Rourke，Strategies to Increase the Enrolment of Students of Rural Origin in Medical School：Recommendations from the Society of Rural Physicians of Canada，Canadian Medical Association Journal，2005，No. 1.

② Sharpe Andrew，etl.，The Potential Contribution of Aboriginal Canadians to Labor Force，Employment，Productivity and Output Growth in Canada，Csls Research Reports，2009.

教育的政策更有其长远的经济意义。

加拿大教育厅长委员会（The Council of Ministers of Education）所讨论的研究报告 Best Practices in Increasing Aboriginal Postsecondary Enrolment Rates（《增加土著学生高校入学率的最佳措施》）① 则对改善土著民族的高等教育面貌提出了针对性的办法，这份长达 67 页的研究报告指出：土著人的教育质量在全国一直非常薄弱，整体教育水平低下，虽然自 1971 年实施多元文化政策以来，土著学生的高等教育入学率有所提高，但却仍然远远落后于非土著学生。土著人在政治、社会、经济和文化等方面还远未获得实际的平等地位，以印第安人为主的土著人至今仍面临许多严重的社会问题。这些社会问题不但使联邦政府背负了沉重的经济负担，也成为影响社会安定的危险因素。发展土著高等教育既能改善个人的生活品质，还有助于降低整个土著民族的贫困率和犯罪率，起到社会安定的作用。该报告分析了阻碍土著人接受高等教育的障碍，并对促进土著高等教育的项目做了分析，总结了失败的教训和成功的做法。此外，凯瑟琳·麦克穆勒（Kathryn McMullen）的 Postsecondary Education Participation among Underrepresented and Minority Groups（《弱势群体和少数族裔群体的高等教育参与情况》）②、齐斯霍尔姆咨询公司（Chisholm Consulting）的研究报告 Boosting Educational Attainment in Western Canada（《促进西加拿大的教育普及率》）③ 也对以土著为主的少数民族高等教育进行了研究。

（二）国内研究综述

在国内关于加拿大教育的系统研究较为薄弱，介绍加拿大高等教育的著述也比较少，而有关加拿大高校招生考试制度的研究更是较为少见。

1. 关于世界各国高校招生考试制度的研究

鉴于高考在我国的重要性，我国学者对世界主要发达国家的高校招生考

① R. A. Malatest & Associatie Ltd.，Best Practices in Increasing Aboriginal Postsecondary Enrolment Rates，May 2002.

② Kathryn McMullen，Postsecondary Education Participation among Underrepresented and Minority Groups，Education Matters Insights on Education Learning & Training in Canada，2011.

③ Chisholm Consulting，Boosting Educational Attainment in Western Canada，2009.

试制度做了积极研究。例如，贾非 1990 年的《各国大学入学考试制度比较研究》论述了日本、美国、英国、法国、德国、瑞典和苏联的情况。十年之后，于钦波、杨晓 2000 年出版的《中外大学入学考试制度比较与中国高考制度改革》一书沿袭了贾非书中的国别选择，对日本、美国、法国、英国、德国和苏联的高校考试制度做了论述。刘海峰等人的专著《高校招生考试制度改革研究》有两章专门对一些国家和地区的高校招考制度进行比较研究，包括美国、英国、法国、俄罗斯、日本、韩国、新加坡和台湾地区。张民选主编的《高校招生考试制度改革研究》一书的第三部分也对美国、英国、法国和日本的高校招生做了国别研究。上述著作都没有提及加拿大。

2. 关于加拿大高等教育的研究

总体而言，国内对加拿大高等教育的研究较为薄弱，许多比较教育的国别研究都缺少对加拿大高等教育的介绍。例如，滕大春先生早年主编的六卷本《外国教育通史》对世界多个国家的教育发展演进做了论述，但没有对加拿大的介绍。随后在比较高等教育研究方面的专著也大多集中在英、美、德、法、俄、日等国家，目前出版的两本同名外国高等教育史专著均缺少对加拿大高等教育的论述。2003 年出版的由黄福涛主编的《外国高等教育史》[①] 就只着重论述了法、英、德、俄、美、日六国的高等教育；同年出版的由贺国庆等人编著的《外国高等教育史》[②] 的国别研究有所扩充，除了以上六国外，还对印度、巴西、韩国和新加坡四国的高等教育有所论述。

国内对加拿大高等教育的研究专著非常有限。前期的研究主要关注加拿大二十世纪八九十年代的高等教育发展情况。朱维信、卜英勇于八十年代末出版的专著《多伦多大学》是国内较早的关于加拿大大学的专著。该书对这个建于 1827 年的世界名校做了多方位的介绍，包括其不同历史发展阶段、行政管理与教员聘任、经费来源与支出、院系评介、学生生活、国际交往等方面。程建华 1991 年主编的《加拿大高等教育》、王仲达主编的《加拿大教育动态与研究：1996—1998》等著述，分别介绍了这个时期加拿大的教育发展概况，但缺乏对加拿大高等教育发展脉络的系统梳理和深入分析。

近年来，随着我国对外开放的步伐加大，许多高校的管理者和教师有机会前往加拿大高校做实地考察，不少著述因此问世。但这些著作多停留在经

① 黄福涛主编：《外国高等教育史》，上海教育出版社，2003 年。

② 贺国庆、王保星、朱文富：《外国高等教育史》，人民教育出版社，2006 年。

验介绍层面，学术性有待加强。此外，近年来介绍加拿大社会文化生活的著作也层出不穷，其中不少著作对其教育也有所介绍。例如，刘军的《列国志·加拿大》，在这本对加拿大百科全书式的介绍性著作中对该国的高等教育略作论述，指出加拿大的高校分为综合大学和学院两大类，可以授予学位的高校共百余所，著名的大学有多伦多大学、蒙特利尔大学、麦吉尔大学等。学院包括大学预科学校、实用艺术和技术学院，以及其他可以提供转学大学课程的高等教育机构。社区学院通常只发学历证书，不授予学位；李桂山的《加拿大社会与文化散论》里有一章是关于加拿大的高等教育体制，介绍了加拿大高等教育管理机构、高校产学合作教育、高等教育国际化、高校的学生转学和学分转换、以人为本的办学理念和高等教育存在的问题等六个方面，指出加拿大高等教育起始于 1636 年创建的魁北克神学院，在二战后发展迅猛，并在 20 世纪 50 年代末达到高潮，直至目前已经进入了普及化发展阶段，是世界上高等教育入学率最高的国家之一，认为加拿大的高校可宽泛地分为两种：一种是大学，另一种是没有学位授予权的中学后教育机构，包括人们常说的学院、专科学院、职业技术学院、社区学院、应用艺术与技术学院等。

3. 关于加拿大高校招生考试制度的研究

在高校招生考试制度的国别研究方面，以往国内的研究大多集中在美国和英国，关于这两个国家，尤其是关于美国的著述颇多，对加拿大的研究较为欠缺。例如，贾非的《各国大学入学考试制度比较研究》、于钦波和杨晓的《中外大学入学考试制度比较与中国高考制度改革》等专著都没有提及加拿大。在国别研究的专著里，目前已经出版了《美国高校招生考试制度》、《英国高校招生考试制度》等专著，尚无关于加拿大高校招生考试制度的专著。

目前国内关于加拿大高校招生考试制度的已有研究较为零散。邱洪昌、林启泗主编的《十国高等学校招生制度》专门有一章介绍加拿大高校招生制度，但多停留在译介层面，缺乏深入的分析；刘军的《列国志·加拿大》提到，加拿大上大学一般不需要入学考试，但申请进入大学必须是高中毕业生，在魁北克省是两年制大学预科学校毕业。录取学生主要依据高中的学习成绩，有些省份大学的某些专业录取要进行专业考试。总体而言，加拿大高校实行宽进严出的原则，即入学门槛低，但在学习过程中严格要求，毕业时认真把关。

个别论文对加拿大的高校招生政策有针对性的研究。刘婧娟的《加拿大高等教育招生政策研究——以维多利亚大学与麦吉尔大学为例》一文通过对这两所大学普通本科招生政策的介绍与分析，试图从中窥见加拿大高等教育招生政策的形成背景以及所贯穿的宪法原则，并思考中国应该从何种角度对其进行借鉴。王秀梅的论文《加拿大高校招生特点》指出加拿大高校的招生方式较其他国家更为灵活多样，主要特点包括：无高校入学考试、无全国统一的高校招生机构、各高校大都自行处理入学申请、高校录取主要依据学生学业表现等。

也有学者从中观的角度对地方上的高校招生情况进行比较研究。丁秀涛的文章《对北京和安大略省高校招生系统的比较分析》研究了两地的高校招生系统，全面分析了各自的优势和劣势，并提出了完善北京市普通高等学校招生系统的建议。刘额尔顿吐、吉日木图的《加拿大和中国台湾地区高校招生民族倾斜政策研究》则是对这两地少数民族招生政策的研究，指出自 20 世纪中叶后，加拿大和中国台湾地区开始实施多元文化政策，高校招生民族倾斜政策是其主要内容之一，它的制定与实施增加了加拿大和中国台湾地区少数民族学生高等教育入学机会，从而有效地促进了少数民族学生高等教育较快发展。在和谐视域下对倾斜政策进行探讨和研究，可以为中国大陆高考民族倾斜政策的改革与发展提供有益的借鉴，政府可以设立少数民族学生资助专项基金、建立高额民族专项奖学金制度、建立和完善少数民族学生助学贷款制度、对少数民族学生的就业制定倾斜政策等。

此外，台湾学者王如哲主编的《各国高等教育制度》阐述了国际高等教育制度及数量发展，内容涵盖 15 个国家，其中关于加拿大的部分提到，加拿大是充满多元文化主义、双语主义以及强烈地方主义色彩的国家，反映在高等教育上的则是多样化的高等教育选择模式。在加拿大，高等教育称为 post-secondary education，言下之意就是接续中等教育之后，一种更为高深的教育模式。认为加拿大的高校可以分成大学、大学学院、社区学院及职业学院四种。还提出，由于加拿大并无全国性统一入学考试，而是由各大学制定自己的入学标准，逐一评估申请者的资格；针对学生的学习成效方面，亦缺乏全国性考试，故难以从全国性测验成绩或是唯一入学标准方面，得知学生的品质状况。

三、研究的目标与方法

（一）研究目标

1. 明晰加拿大高校招生考试制度的形成背景和设计思路

加拿大的高校招生具有独特的做法，通过文献分析，本书期望能对该国的招生制度形成明晰的认识，深入挖掘出促使其决策产生的社会、政治、经济和文化的深层原因。特别是要探索该国的高校招生考试制度如何针对国家的政治经济发展需要进行变革，如何适应其国家的多元社会背景。

2. 在研究加拿大的过程中思考中国问题的解决之道

本研究的立足点在中国，中国高校招生考试制度的现状与问题是本书的出发点和归宿。在高等教育大众化和全球化的背景下，我国的高校招生考试制度面临严峻的挑战，急需借鉴他国的成功经验，这对改进我国现有的高校招生考试制度具有迫切的现实意义。加拿大的高校招生考试制度经过长期发展，积累了许多有益的经验，然而也存在一些问题。通过研究分析，可以更好地扬长避短，为我所用。

（二）研究方法

1. 文献分析法

加拿大高校招生考试制度的形成与发展，与该国的政治、经济和文化具有密不可分的关系，正是在这三个维度交织的背景中，该国特有的高校招生考试制度才得以成型。因此，本研究将采用文献分析法，对其背后的政治、经济和文化动因进行深入挖掘。文献的具体来源为中国和加拿大的图书馆资料、加拿大 10 个省和 3 个行政区教育委员会发布的政策文件和研究报告、加拿大统计局发布的数据资料、各类高校的官方网站等。

2. 比较研究法

国别研究属于比较研究的一种，通过考察加拿大如何解决自己的高等教育招生问题，最终以批判性的视角审慎地看待我国高等教育招生问题的解决方案。本书拟从纵向的维度出发，分析加拿大高校招生考试制度的产生背景、发展历程、未来走向、变革动因等；从横向的维度分析加拿大现行招生考试工作的实施与管理，以及不同群体学生的高等教育入学机会。

3. 案例研究法

案例研究法也称个案法，是指对一个团体、组织、个人或事件进行详尽调查的研究方法。加拿大高校招生考试制度作为实践领域的事务，笔者将从加拿大的诸多高校中选取具有典型特征的高校若干所，对其高校招生考试制度的具体操作进行系统介绍和深入分析，以实例论证研究论点，做到深入浅出。

4. 专题研究法

本书将对在研究过程中发现的重要问题，或具有重要研究价值的问题，进行深入的专题研究。鉴于教育公平问题日益成为我国社会各界关注的热点，高校招生考试制度直接关系到高等教育公平的实现，因此，本书还将选取影响我国高等教育公平的城乡差异、性别差异、民族差异等问题，探索加拿大在高校招考制度中促进教育公平的做法，以期对我国在实现高教大众化的进程中兼顾公平和效率有所帮助。

5. 调查研究法

调查研究是搜集和获取第一手资料的重要渠道。本书是关于加拿大高校招考制度的研究，因此从研究实际需要出发，对加拿大的部分高校进行实地考察极为必要。在实地考察期间，除了参观访问，还要利用座谈和深度访谈等形式与加拿大的专家学者、行政官员和教育工作者进行直接接触，为本书研究获取翔实可靠的信息。

四、研究的结构与创新

（一）研究结构

本书的研究内容主要分为六个部分，其中对加拿大高校招生考试制度的论述是核心内容，也是中加比较研究的基础。

第一部分：加拿大的国家概要及其高等教育意义。高校无法脱离国家的历史、社会与文化而独立存在，任何国家现行的高等教育制度都是其历史、社会与文化等因素综合作用的产物。而高校招生考试制度作为高等教育制度的组成部分，溯本求源也是这些因素相互影响的结果。此部分将主要分析加拿大的国家历史、地理和政治等三个方面，旨在还原加拿大高等教育的形成背景，分析该国历史对其高等教育的塑造、地理及人口对高等教育布局的影响，以及软联邦制的政体对高等教育管理的决定作用。

第二部分：加拿大高校招生考试制度的历史演进。此部分是对加拿大高校招考制度的历史渊源和变迁所进行的追溯，讨论该国高校招考制度产生的历史动因、分析政治、经济、文化传统及宗教等因素对招考制度发展演变的影响，并划分和论述招考制度不同历史发展阶段。

第三部分：加拿大高校招生考试制度的现状透视。首先分析加拿大高校招考制度的基本理念、类型定位与政策规定；其次分别探讨高校如何选拔学生、学生如何挑选高校以及高校的收费与学生资助项目；最后探讨加拿大高校招生工作的组织与管理，分为跨省招生服务机构的运作、省内招生服务机构的运作和校内招生负责机构的运作三个方面。

第四部分：加拿大高校招生考试制度的生源分析。加拿大是个奉行多元文化的国家，其高等教育的生源构成也极为多样化，不同群体的高等教育入学机会是加拿大国民非常关注的社会问题。本书选取了土著学生、农村学生、女性学生和国际学生等四类生源作为分析对象，探讨他们的高等教育入学机会问题。

第五部分：加拿大高校招生考试制度之个案研究。此部分是对上述四部分研究结果的验证和充实，与之形成微观与宏观、个体与整体或一般与特殊的对应关系。此部分从加拿大的四类高校，即医博类、综合类、教学类、社区学院类中各选取一所具有代表意义的高校作为个案，深入分析不同类型高校在申请条件、录取标准、招生注册、收费和财政资助等方面的具体情况，揭示出四类高校在招考制度上的共性和差异。

第六部分：对加拿大高校招生考试制度的总结与思考。首先以前几部分的论述为基础，对加拿大高校招考制度的特色作出总结，继而分析它所面临的问题。最后对中加两国共同面临的外部统一考试必要性及入学机会公平性等问题深入思考与梳理。

（二）研究创新

本研究力求在以下几方面有所创新：

第一，研究内容创新。如上文所述，目前我国研究者对外国高校招生考试制度的研究多集中在美国和英国，对加拿大的高校招生考试制度缺乏重视，相关的研究成果少而零散，不够系统深入。本研究拟尝试性地对此专题进行全面的系统分析，获取可资借鉴的改革经验，提出对中国高校招生考试改革的建议。此外，本研究还将把高等教育机会公平作为研究专题，关注高校招生过程中对农村地区、民族地区等弱势群体的倾斜政策。

第二，研究视角创新。高校招生考试制度在很大程度上是关于教育评价和测量的制度，即通过合理的评价和测量手段，让高校选拔出在知识和能力等方面最合适的生源，让学生找到最适合自己个体发展的高校。理想的高校招生考试制度就是能够实现高校和学生之间双向互动、最优化选择的制度。本研究拟从高校和考生两方面的视角出发，对高校招生考试制度进行较为原始和本质的解读。

第三，研究方法创新。力求将文献分析和数据分析相结合，在质性研究的基础上，引入 OECD 和加拿大统计局的数据统计，使文献与数据相互印证，力争研究的结论更有说服力；此外，还将对加拿大不同类型高校进行实地考察，通过问卷、访谈等形式获取一手资料。通过内容、视角和方法上的创新，本研究力求摆脱浅表性的、介绍式的窠臼，尝试在多学科的脉络中建构出比较研究的科学性和人文性，并且结合中国高考制度的实际情况，提出对中国具有切实意义和可操作性的建议和方法，在研究中构建“中国之维”。

她静静地前进着，各种差异在这里和平共处，不久就被人们遗忘了。公众的情感和个人的进取心都处于积极、正常的状态，在她的体制里没有浮躁和冲动，她的脉搏健康而有力。这是一块充满希望的福地。

——［英］查尔斯·狄更斯

第一章　加拿大的国家概要及其高等教育意义

考试制度与所在国家的教育制度以及社会情况密切相关，国家的社会经济和文化情况决定了其所采纳的考试制度，而考试制度反过来可以影响，甚至决定一国的教育。加拿大特有的历史在其高等教育上打下了深深的文化印记，其广袤的国土面积与不均衡的人口分布塑造了当今加拿大的高等教育格局，而其软联邦制的国家政体也对高等教育管理体制产生了决定性影响。高校的招生考试制度作为整个高等教育体制里的组成部分之一，不可避免地也会受到国家历史、地理与政体的塑造。

第一节　帝国印记：加拿大的国家历史及其对高等教育发展的塑造

一、新法兰西的兴衰及其高等教育（1663 年—1763 年）

“1663 年欧洲的政治形势已经清朗，只剩下英、法两大国在广阔的海洋和欧陆角逐。”① 年轻的路易十四采取新政，大力推进新法兰西的殖民扩张，于 1663 年建立新法兰西行省。在新法兰西时期，法国是加拿大这片大陆的

① 李节传：《图本加拿大通史》，山东人民出版社，2011 年，第 41 页。

宗主国。这个时期只有少数人能够识文断字，整个教育文化事业由天主教会控制。“不同的教会团体相继来到加拿大，开展神学教育活动教化土著民族放弃自然神宗教而改信天主教。1635 年，耶稣会学院在魁北克成立，1641 年蒙特利尔作为神学中心建镇后，也设立了神学院。行省殖民地时期，特别是拉瓦尔作为新法兰西主教后（1659—1688 年），天主教会成为殖民当局的有力统治支柱，教会通过教区及其控制的学校加强对人们进行精神控制。1663 年拉瓦尔主教创办魁北克神学院（现拉瓦尔大学的前身），其主要职能是为主教辖区培养牧师，也向印第安人派传教士。到 18 世纪中叶，新法兰西自己提供了五分之四的教区牧师。新法兰西对学校的创建与管理不同于法国本土，这里没有世俗教育，因为自 1627 年之后不许新教移民，完全是天主教教徒。”① 尽管这个时期的学校都是天主教派的，但学校之间差别显著，办学条件参差不齐，从非常正规到相当简陋的学校都存在，有专门服务于精英阶层的，也有服务于其他阶层的。例如，“魁北克圣于尔絮勒女修会是为上层精英的女孩开办的一所学校，玛格丽特·布尔热瓦在蒙特利尔建城初期创办玛利城圣母修道会姐妹修会，在这里接受教育的甚至有远至路易斯堡的各个阶层女孩”②。在这个时期，魁北克是加拿大政治、经济和文化的中心，魁北克神学院成为整个加拿大高等教育的发端地，它是当时的法国殖民者模仿宗主国的巴黎大学设立的。“在同一时期，北美另外两所最早建立的大学——哈佛大学与墨西哥大学，也相继诞生了。”③

几乎与 16 世纪法国人着手建立新法兰西殖民地的同时，在现今加拿大的地面上，英国人也开始了商业与殖民活动。两国自那时起就对加拿大这片沃土开始了旷日持久的争夺战，伴随着两个宗主国在欧洲战场的复杂战况，英法对加拿大的争夺战也显得扑朔迷离，新斯科舍作为法国 1604 年在北美建立的第一块殖民地，因其地处新法兰西与新英格兰之间的敏感地位，更是命运多舛，在英法之间几易其手。进入 18 世纪后两国冲突的局势更为紧张，终于，1756 年春七年战争正式爆发，并最终以法国的落败而告终。这样的战争结局在很大程度上是英、法两大殖民帝国在经济、政治与军事实力上较

① 李节传：《图本加拿大通史》，山东人民出版社，2011 年，第 62～64 页。

② 李节传：《图本加拿大通史》，山东人民出版社，2011 年，第 62～64 页。

③ 吴扬：《拉瓦尔大学》，湖南教育出版社，1994 年，第 9 页。

量的结果。1763年英国与法国、西班牙签订《巴黎和约》①，和约规定英国取得加拿大和密西西比河以东原属法国的地区。新法兰西在经历了兴盛与覆灭的命运后已不复存在，然而其法语大学却保留了下来，成为法语人口在外来者的统治之下保持其固有法兰西文化的精神家园。“1852年，古老的魁北克神学院接受了维多利亚女王亲自签署的大学证书，荣幸地成为北美第一所法语天主教大学。为了纪念大学的奠基人弗朗西斯·德·拉瓦尔，大学取名为‘拉瓦尔大学’。”②

二、英属北美时期及其高等教育（1763年—1867年）

1763年《巴黎和约》的签订标志着新法兰西的衰亡，也宣告了英属北美时期的开始。“在1763—1867年这个世纪，这块原来的法国殖民地被纳入了英帝国，并诞生了加拿大自治领。这100年来正当英国工业革命中剧烈的社会和经济变革，迫使英伦三岛数百万人口迁入加拿大，造就了规模不下于英国的英语殖民地社会。”③ 其间的文化事业和教育活动也有了长足的进步与发展，高等教育的规模和类型也有了扩大与丰富。

英国于1763年将新法兰西改称魁北克，允许天主教继续在那里生活，封建农业社会本质的法裔生活模式基本上被保留了下来。尽管英国政府于《巴黎和约》签订当年就颁布了《皇室公告》，将英属北美领土划分为三个殖民省和两个地区，即魁北克、纽芬兰、新斯科舍三省及印第安人领地与鲁伯特土地，并实行英国议会制，旨在分解原来的新法兰西并将其同化，但其目的并未达成。起初，《皇室公告》在新斯科舍取得成功，因为这里基本已没有法裔居民，然而公告的实施却在魁北克遇到了顽强的抵制。加之先后两任魁北克总督皆是保守派英国贵族，“更欣赏18世纪60年代早期的法裔魁北克的社会制度，喜欢圣劳伦斯的有序、稳定”，“粉刷一新的农舍，恬静的农

---

① 注：此文中的《巴黎和约》是指不列颠和汉诺威与法国和西班牙于1763年签订的结束七年战争的和约。和约规定，不列颠取得加拿大和密西西比河以东原属法国的地区，不列颠用哈瓦那换取西班牙的佛罗里达，作为补偿，西班牙再从法国取得路易斯安娜。此外，《巴黎和约》还指一系列在巴黎或凡尔赛签订的战争和约。除了英法七年战争，北美独立战争、拿破仑战争、克里米亚战争、美西战争、一战、二战等战后，都签订过以《巴黎和约》命名的和约文件。

② 吴扬：《拉瓦尔大学》，湖南教育出版社，1994年，第9页。

③ 李节传：《图本加拿大通史》，山东人民出版社，2011年，第140页。

庄从宽阔的圣劳伦斯河岸边一直延伸到加拿大地盾岩石和漆黑森林的边缘上，这种田园风光以及法裔农民的殷实使他们重温起 18 世纪英国乡绅的旧梦”①，因此他们主张继续保留其社会与政治制度，以让步与宽容来换取法裔居民对英国统治的服从。考虑到魁北克经济在战争中遭受重创，强行实施公告会带来诸多弊端，而且更为重要的是当时新英格兰地区的十三州开始不断制造麻烦，独立倾向日显，为了防止法裔与之结成反英同盟，英国政府被迫搁置《皇室公告》，于 1774 年颁布《魁北克法案》，该法案也标志着英法双语教育体系的确立。

《魁北克法案》宣布以法裔居民熟悉的立法委员会代替议会制，保留庄园制度，承认天主教为魁省官方宗教，英语、法语同为官方语言。这是英国出于应付新英格兰革命的局势，对法裔居民做出的巨大让步，它在一方面使加拿大安全度过了革命风暴，稳定了英国对英属北美的统治；而从英国长远利益看，它使英国“丧失了一次同化法裔加拿大人的机会”，“使英属北美殖民地从一开始就确立起英、法两大民族并存、并重的‘双元体制’”②。该法案在很大程度上恢复了法国旧制，权力集中在总督为首的立法委员会，在一定程度上是民主的后退。然而，不可否认，法案却使法裔社会与文化在英语人口和文化占优势的北美洲被置于受保护的特殊地位，也从客观上成就了法语大学的稳定发展。

英属北美时期，加拿大的文化事业取得了许多成就，其中最为令人瞩目的就是创办报纸，而此前的新法兰西时代为了保护总督政府的权威而限制印刷事业。文化事业的繁荣为高等教育的发展孕育了良好的环境。在英属北美时期，加拿大的高等教育有了巨大的发展，英式大学开始后来居上，其中教会大学占主导地位。

英式教会大学之所以能够在这个时期发展起来，是因为大量英国移民的涌入致使他们所信奉的各基督教派在加拿大扎根。“19 世纪英国政府允许向北美移民，随着英格兰、苏格兰和威尔士人的涌入，英国圣公会③、卫理公

① 李节传：《图本加拿大通史》，山东人民出版社，2011 年，第 85 页。

② 李节传：《图本加拿大通史》，山东人民出版社，2011 年，第 86 页。

③ 英国圣公会又被译为英国国教会或英格兰国教会，16 世纪由英格兰国王亨利八世时期的宗教改革家们改革为英格兰的国教。教会的辖区是今天大英联合王国的英格兰地区，不包括苏格兰、威尔士和北爱尔兰。最高主教是坎特伯里大主教。在当时，圣公会倾向于为上层社会传福音，难以满足社会中下阶层人民的精神需求，促使了其他亲民教派的产生。

会[①]、长老会派[②]及浸理会派[③]教徒的到来，天主教在英属北美的优势地位就被打破了。"[④] 英国圣公会（英国国教会）、卫理公会主要迁入上加拿大[⑤]，苏格兰长老会派大都进入大西洋沿岸，特别是新斯科舍。1789 年英国圣公会在新斯科舍的温莎（Windsor）成立国王学院（King's College），这是加拿大的第一所英语高等学府。1827 年长老会在金斯顿创办女王学院（女王大学）。1850 年以前教会建立的学校还有上加拿大的维多利亚学院（卫理公会）和浸理会在新斯科舍成立的阿卡迪亚大学[⑥]。这个时期的教会学校多达十余所，分属天主教、圣公会等不同教派，详见下表。这些教会大学的创建主观上是各教派为了宣扬自己的教义，但也在客观上极大地扩充了加拿大高等教育的规模。

表 1-1　加拿大英属北美时期的教会大学

校名	所在地	教会
国王学院	新斯科舍省	圣公会
阿卡迪亚大学	新斯科舍省	浸信会
圣玛丽大学	新斯科舍省	天主教

① 卫理公会是基督教新教主要宗派之一，1738 年由英国人约翰·卫斯理和他的弟弟于伦敦创立，原为圣公会内的一派，后逐渐独立。该宗派认为传统教会的活动方式已不足以应付新的社会问题，主张着重在下层群众中进行传教活动，宣扬求得"内心的平安喜乐"便是幸福。

② 长老会是基督教新教的一派，来源于 16 世纪的西欧宗教改革运动。苏格兰人约翰·诺克斯在日内瓦学习了加尔文主义，1560 年返回苏格兰后带领苏格兰教会进行改革。该教会的主要特点是由长老治理教会，长老由教徒直接选出，牧师由长老聘任，认为任何人都不得享有无限权力，并且认为教会人士可以参加政治活动，使世俗更接近上帝的旨意。

③ 浸理会又称浸礼会和浸信会，基督教新教主要宗派之一。起源于 17 世纪，反对给儿童行洗礼，主张教徒成年后方可受洗，且受洗者须全身浸入水中，称为浸礼，因此得名。主张独立自主、政教分离，反对英国国教和政府对地方教会的干涉。

④ 李节传：《图本加拿大通史》，山东人民出版社，2011 年，第 137 页。

⑤ 上加拿大（Upper Canada）是一个在 1791 年至 1841 年间以五大湖北岸为管辖区域的英国殖民地，是如今安大略省的前身。其地理位置在圣劳伦斯河上游，故以此命名。

⑥ 李节传：《图本加拿大通史》，山东人民出版社，2011 年，第 140 页。

续表

校名	所在地	教会
蒙特爱立森大学	新不伦维克省	卫理公会
主教大学	魁北克省	圣公会
拉瓦尔大学	魁北克省	天主教
渥太华大学	安大略省	天主教
女王大学	安大略省	长老会
维多利亚大学	安大略省	卫理公会
三一大学	安大略省	圣公会
圣约翰大学	曼尼托巴省	圣公会
麦吉尔大学	魁北克省	圣公会
达尔豪西大学	新斯科舍省	长老会

除了各种教会大学，世俗大学在加拿大得以建立并得到初步发展。可以说，在这个阶段，宗主国英格兰、苏格兰和爱尔兰的大学对加拿大的新建大学产生了直接的影响，在长达半个多世纪的时间里，这些新建大学几乎所有的教授都来自英国，他们把自己所接受的教育在加拿大的大学进行成功复制。

英国在18世纪经历的高等教育变革深深影响到远在北美洲的加拿大。18世纪60年代开始，英国的工业革命逐步拉开序幕，直至19世纪40年代，英国大机器生产已经基本取代工场手工业，工业革命基本完成，英国成为世界上第一个工业国家，生产力大发展，社会经济空前繁荣。社会财富从传统的贵族和地主向新兴的商人阶层转移，随之而来的是对高等教育需求的不断上涨。而英格兰当时仅有牛津和剑桥两所大学，它们仅向信奉英国国教的贵族阶层开放，难以满足社会对高等教育的需求。1826年一些倡导教育平等的人士在伦敦创建面向所有宗教信仰和社会阶层开放的伦敦大学（The University of London）。教会力量为了与之抗衡，于1829年在伦敦成立另一所信奉基督教的国王学院，英国官方最终在1836年颁发皇家特许状（Royal Charter），将两校合并，命名为伦敦大学，而原来的伦敦大学改名为伦敦大学学院（University College London），在法律上承认并批准其颁发学位。伦敦大学学院的成立不仅在英国高等教育史上发挥了星星之火的燎原作用，把教育平权的火种播撒到英国各地，许多城市相继建立了没有宗教束缚的大学，而且还对远在北美的自治领加拿大也产生了巨大的辐射作用。1849 年大名鼎鼎的国王学院脱离圣公会，成为非宗教大学并更名为多伦多大学。

可以说，“牛津大学和剑桥大学的古典大学理念塑造了加拿大早期的英式大学，特别是国王学院。苏格兰的影响则是对传统教会大学的叛逆，催生了世俗大学的诞生”[①]。1818 年达尔豪西大学成立于新斯科舍的哈利法克斯，这所大学仿照苏格兰爱丁堡大学[②]（the University of Edinburgh）的体制创建，是英属北美第一所特许大学；1821 年下加拿大蒙特利尔由毛皮富商詹姆斯·麦吉尔资助成立麦吉尔大学；1829 年新不伦维克大学建立；1841 年女王大学成立于安大略的金斯顿。这些大学摒弃宗教教派的纷争，面向所有人开放。

尽管天主教的优势地位被打破了，但这个时期的法语大学也有了缓慢发展，其教育传统并未因新法兰西的覆灭而中断。“在下加拿大[③]，天主教会对法裔加拿大人的教育继承了新法兰西时代的传统，这里更多的是古典学院制，其历史可以追溯到 17 世纪耶稣会男生学院及圣于尔絮勒会创办的女子学院。”[④]

三、自治领时期及其高等教育（1867 年至今）

1867 年英国政府通过了《英属北美法案》，同意在 1867 年 7 月 1 日成立加拿大自治领联邦政府。当年有四个省，即安大略、魁北克、新斯科舍和新不伦维克，同意加入联邦政府，组成英帝国内的加拿大自治领。到 1910 年加拿大已经有 9 个省（纽芬兰省是在 1949 年加入联邦的）。1931 年的《威斯敏斯特条例》（Statute of Westminster）扩大了加拿大政府自主权。英国国会在 1982 年通过的《加拿大法案》最终把修改宪法的权力从英国国会移交给加拿大。伴随着加拿大在政治上的独立和经济上的繁荣，高等教育的发

---

① W. Stewart Wallace, ed., The Encyclopedia of Canada, Vol. IV, Toronto, University Associates of Canada, 1948, p. 411, pp. 270-274.

② 爱丁堡大学位于苏格兰的首府爱丁堡市，成立于 1583 年，是英国第六古老的大学。

③ 下加拿大（Lower Canada）是一个在 1791 年至 1841 年间以圣劳伦斯河与圣劳伦斯湾两岸为管辖区域的英国殖民地。它管辖的范围包括现在魁北克省南部、纽芬兰与拉布拉多省的拉布拉多地区。

④ 李节传：《图本加拿大通史》，山东人民出版社，2011 年，第 140 页。

展步伐也逐步加快，适应了政治与经济上的需要。

从建立自治领到19世纪末的这40年间，加拿大的高等教育发展出新的文化特色。在欧洲大陆，英国的大学由于科学和文化前所未有的繁盛而焕发出新的活力。伦敦大学为加拿大各省高等教育改革的倡导者提供了成功模式。在深思熟虑之后，安大略省的高校进行了联邦制改革，起初是在多伦多大学与维多利亚大学，随后三一大学和圣迈克大学也加入了改革，每个学院都与州大学联合，却同时保留了自身的独立性和学术氛围。多伦多大学受到省政府的支持开设了各种科目，兴建了图书馆和实验室。学校推行考试，并颁发除神学学位之外的所有学位。包括大学学院（University College）在内的各类学院受到大学董事会（the University Board of Governors）的管辖，仅开设伦理学、哲学等文科课程。大学联盟运作得十分成功，受到曼尼托巴和其他西部诸省的效仿。曼尼托巴省政府也以伦敦大学为模板建立起曼尼托巴大学，这所省立大学“成为凌驾于所有宗派学院之上的一家考试和颁发学位的上层机构，而实际执行教学任务的还是这些宗派学院。根据这种设计思路，新的曼尼托巴大学由法国天主教圣博尼费斯学院、英国国教圣约翰学院和长老会教派曼尼托巴学院组合而成。在以后的几年中，这一联合（教育）机构又相继接纳了其他成员：卫理公会教派韦斯利学院、布兰顿学院以及几所省立的法学院、医学院和农学院等”①。曼尼托巴大学的例子充分显示当时大学联盟的组织架构，各学院在大学联盟的体系之下享有充分的学术自由和行政自决权，这些宗派学院事实上主宰着联合教育机构的教学和管理。这种高等教育联合机构的出现体现了教会对世俗权力的妥协，也预示着教会的控制力在加拿大高校逐步式微。

加拿大的老式英语大学保留了英国古典大学的文化基因，这些老式大学有助于在自治领保持英国的精神和文化传统。然而，加拿大自治领的自我意识逐步加强，平民阶层的子女开始追求公平的高等教育机会。同时，许多敢于冒险的年轻人从海外留学归来，他们接受了专业的学术训练，能够与昔日的老师一起并肩工作，这打破了以往的传统。在诸多留学海外的学子中，麦吉尔大学的校长约翰·道森（Sir John William Dawson）就是先驱之一。道森校长于1855至1893年担任麦吉尔的校长，他出生于新斯科舍并在当地接

① 格兰·琼斯主编：《加拿大高等教育——不同体系与不同视角（扩展版）》，林荣日译，福建教育出版社，2007年，第120～121页。

受了中小学教育，后留学于苏格兰的爱丁堡大学。另一个先驱人物则是女王大学的校长乔治·穆罗·格兰特（George Munro Grant），他是新斯科舍的苏格兰后裔，留学苏格兰的格拉斯哥大学[①]（Glasgow University），在其1877至1903年的任期内，使女王大学由弱变强。第三个先驱人物是威廉姆·奥斯勒（Sir William Osler），他出生于安大略的英格兰裔家庭，在多伦多的三一大学接受了文科教育，还在麦吉尔大学学习了医科，之后留学伦敦、柏林、维也纳等地，学有所成后返回蒙特利尔，在其母校麦吉尔大学任职。

美国对加拿大的影响在整个20世纪上半期呈蔓延趋势。在二战期间及战后，美国承担了主要的北美大陆防御任务，加拿大则发挥了次要作用，无论是在军队部署还是在发展国防工业方面都次于美国。美国对加拿大的经济投资，包括在加拿大广泛建立美国分公司等做法，其发展程度甚至一度威胁到了加拿大自治领的完全独立性。加拿大不但进口了美国的商品，还引进了美国人的观念。在传媒领域，通过图书、期刊、电影、录像、广播、电视等途径，美国的触角伸到了加拿大的整个英语地区。法语地区由于语言的保护幸免于这种影响[②]。在高等教育方面，邻邦美国对加拿大既有间接的影响，也有直接的影响。

间接影响集中体现在三个方面：其一，19世纪后期来自美国的教授和赴美留学的加拿大学者所带来的先进教育理念。来自美国的大学教授不时地在各类大学和学院任教，然而美国对加拿大人最大的影响则是其研究生教育，有许多加拿大学生奔赴美国的大学接受研究生教育，约翰·霍普金斯大学（Johns Hopkins）是他们的首选。该大学成立于1876年，效仿德国大学的样式，在英明的吉尔曼（Gilman）校长领导下，强调学术研究，大力发展研究生教育，把培养研究生明确作为大学的职责，建立起了学位制度，为美国的学术和科学创造了一个崭新的开始。这些美国大学对加拿大学生和美国学生一视同仁，给他们慷慨地提供充裕的奖学金，吸引了当时美加两国最优秀的学生。这些接受过研究生教育的学子们大多不负众望，在毕业后以其

① 格拉斯哥大学成立于1451年，是苏格兰历史第二悠久、全英校龄第四的公立大学，排在牛津、剑桥和圣安德鲁斯大学之后。圣安德鲁斯大学（St Andrews University）创立于1410年，是苏格兰最古老的大学。

② Robin S. Harris, A History of Higher Education in Canada, 1663—1960, University of Toronto Press, 1976, p. 418.

杰出的表现为各自的祖国作贡献①。应该说，这些影响是凭借两国师生间的有限流动而促成的，而两国毗邻的地缘关系和历史原因，也使得加拿大东部和中部的个别高校受到美国影响。

早在 1783 年美国独立战争之后，就有大批忠于不列颠帝国的保皇党人士涌入上加拿大（安大略）寻求避难。在自治领时期，新斯科舍的阿卡迪亚大学（Acadia University）一直与美国的新英格兰地区联系密切，而安大略的维多利亚大学（Victoria University）和麦克马斯特大学（McMaster University）也受到邻国高校不小的影响。其二，美国国会两次颁布赠地法，大力发展农工学院的做法也对加拿大各省发展高等教育带来了启发。赠地法也称莫里尔法（Morrill Acts），是美国参众两院通过的第一个高等教育法，该法规定，“各州凡有国会议员一人，由联邦政府拨地 3 万英亩，土地的收益用于开办、维持农业、工业学院”②，也就是按照各州核定的国会议员的人数来确定拨地面积。1890 年，美国国会颁布了第二个“赠地法”，继续向各州提供资助以发展农工学院。此后，美国的赠地大学（Land Grant Universities）蓬勃发展，涌现出一些如麻省理工学院和康奈尔大学这样的名校；其三，进入 20 世纪后美国社区学院的大量建立为加拿大扩大高等教育规模树立了典范。美国第一个社区学院于 1902 年成立于伊利诺伊州，自此，社区学院作为美国高等教育中的一种正式机构开始在全美得到发展，“到 1940 年社区学院迅速发展到 469 所，招收学生 23 万多人”③。美国增地大学和社区学院为加拿大扩大高等教育入学机会树立了成功典范，启发加拿大在二战后大力发展社区学院层次的高等教育形式，以满足民众日益高涨的高等教育需求。

美国对加拿大高等教育也发挥了巨大的直接影响，这主要体现在以下几个方面：第一，美国财团教育基金会资助加拿大高等教育。“早在 1906 年，美国财团教育基金会之一的卡耐基促进教学基金会就开始关注加拿大高等教

① W. Stewart Wallace, ed., The Encyclopedia of Canada, Vol. IV, Toronto, University Associates of Canada, 1948, p. 411, pp. 270-274.

② 张瑞璠、王承续主编：《中外教育比较史纲（近代卷）》，山东教育出版社，1997 年，第 536 页。

③ 张瑞璠、王承续主编：《中外教育比较史纲（近代卷）》，山东教育出版社，1997 年，第 538 页。

育。美国卡耐基基金会 1906 年捐款 3 万加元修建了阿卡迪亚大学图书馆，1912 年捐款 4 万加元为达尔豪西大学建立了自然科学大楼，1917 年捐资 2 万加元用于达尔豪西大学维修校舍，1920 年捐资 50 万加元用于达尔豪西大学发展医学学校。1923 年卡耐基基金会捐款 19.7 万加元用于温莎国王学院搬迁。”① 早年纽芬兰纪念大学学院的生存也主要依靠卡内基基金会的资助，“在 1924 年到 1938 年期间，这些来自外面的资源支撑起了这所学院的创建、发展和生存”②。第二，资助大学的科研。“1920 年卡耐基基金会捐款 5 万加元用于圣弗兰西斯泽维尔大学的法语研究基地建设。同年，达尔豪西大学利用洛克菲勒基金会捐赠的 43.9 万加元设立了新斯科舍流行病研究基金。麦吉尔大学利用卡耐基、洛克菲勒基金会的捐赠建立了病理学研究所、神经学研究所、纸浆研究所。”第三，资助大学学科建设。“1920 年圣弗兰西斯泽维尔大学利用卡耐基基金会的 5 万加元捐款成立了法语系和教育系。1923 年卡耐基基金会捐资 60 万加元创立了达尔豪西大学人文科学与自然科学的 8 个系”③。第四，支付教师薪金。“1920 年卡耐基基金会向阿卡迪亚大学赠款 7.5 万加元用于支付教师的退职金。”④ 卡耐基促进教学基金会和洛克菲勒基金会通过捐款参与加拿大高等教育发展，扩大了在加拿大的知名度，提高了声誉和影响力。而部分加拿大高等院校利用上述基金会的资金加强学校基础建设，改善了办学条件和科研实验设施，促进了学科发展，有利于高校克服两次世界大战和三十年代经济危机所造成的财政困难⑤。

在这近一个半世纪的发展中，加拿大的高等教育主要受到了来自宗主国英国和邻国美国的影响。前者的影响主要体现在 19 世纪，后者的影响在 20 世纪之后日益突出。特别是二战之后，英国的功利主义思想与美国的实用主义

① 侯建国：《二战后加拿大高等教育改革与发展研究》，河北大学博士学位论文，2005 年，第 43 页。

② 格兰·琼斯主编：《加拿大高等教育——不同体系与不同视角（扩展版）》，林荣日译，福建教育出版社，2007 年，第 275 页。

③ 侯建国：《二战后加拿大高等教育改革与发展研究》，河北大学博士学位论文，2005 年，第 43 页。

④ 侯建国：《二战后加拿大高等教育改革与发展研究》，河北大学博士学位论文，2005 年，第 44 页。

⑤ 侯建国：《二战后加拿大高等教育改革与发展研究》，河北大学博士学位论文，2005 年，第 44 页。

思想对加拿大高等教育的发展起到了积极的推动作用。历史学家马尔科姆·麦克劳德（Malcolm Macleod）在描述1925年的纽芬兰纪念大学时写道："加拿大的课程、美国的资助以及英国的校长这三者的适当组合，就形成了一所纽芬兰的高等院校。"① 或许，这样的描述不仅适用于纽芬兰省的这一所大学，也是整个加拿大高校在20世纪前半期发展状况的真实写照。

第二节　疆域纵横：加拿大的地理人口及其对高等教育布局的影响

加拿大幅员辽阔，这为该国带来了丰富的自然资源，但同时也带来了许多问题。作为世界上第二大国家，加拿大拥有近1000万平方公里的国土面积，其幅员辽阔的疆域在为其带来丰富资源的同时，也导致交通障碍和人口分布不均的问题，从而对高等教育的合理布局提出了挑战。

一、加拿大的地理与人口分布

（一）加拿大的地理区域划分

加拿大国土总面积约为998.467万平方公里，占地球陆地面积的2%，相当于欧洲面积的总和，是其原宗主国法国和英国面积总和的13倍。它跨越6个时区，是世界国土面积第二大国。加拿大以其迷人的自然风光和幅员辽阔见长，"在这片富饶的土地上，山脉绵延，森林密布，河流纵横交错，湖泊星罗棋布。巨大的内陆平原、白雪皑皑的高山、辽阔的冻土地带和犬牙交错的岩石区域构成了一幅美丽的图画，蔚为壮观"②。加拿大联邦由10个省和3个行政区构成。10个省是：不列颠哥伦比亚（British Columbia）、阿尔伯塔（Alberta）、萨斯喀彻温（Saskatchewan）、曼尼托巴（Manitoba）、安大略（Ontario）、魁北克（Quebec）、新斯科舍（Nova Scotia）、爱德华太子岛（Prince Edward Island）、新不伦维克（New Brunswick）、纽芬兰和拉布拉多省（Newfoundland & Labrador）。3个行政区分别是：育空地区（Yukon）、西北地区（Northwest）和努纳武特地区（Nunavut）。不同省区

---

① Malcolm Macleod, A Bridge Bulit Halfway: A History of Memorial University College, 1925-1950, McGill-Queen's University Press, 1990, p. 33.

② 程建华，等：《加拿大高等教育》，国防科技大学出版社，1991年，第1页。

的地理分布详见下图：

图 1-1　加拿大行政区域图

在加拿大这片疆域纵横的广袤国土上，地理、气候、矿产、能源差异巨大，“有的地方气候温和，并盛产美味的水果，另一些地方则终年为坚冰所覆盖。这个国家拥有丰富的自然资源，有的地方非常富裕，而另一些地方由于潜在的资源还有待开发，就不那么发达”①。根据各地的地理位置通常将 13 个行政省区划分为五大区域，不同地理区域的自然资源在很大程度上决定了当地的经济和产业类型，也间接决定了当地的高等教育结构和专业设置。按地理条件可将加拿大划分为五大地区：

表 1-2　加拿大的五大地理区域简表

经济地区	省份与地区	经济产业
西海岸地区	不列颠哥伦比亚省	该地区的主要经济是林业、渔业和旅游业
草原地区 草原三省	阿尔伯塔省 曼尼托巴省 萨斯喀彻温省	该地区土地平坦肥沃，自然资源丰富。其中以阿尔伯塔省的矿产资源最为丰富，其石油和天然气的产值几乎占加拿大的一半，被称为加拿大的谷仓和燃料库。阿尔伯塔省一跃成为加拿大最富的省份

① 程建华，等：《加拿大高等教育》，国防科技大学出版社，1991 年，第 1 页。

续表

经济地区	省份与地区	经济产业
中部地区	安大略省 魁北克省	是人口最密集的地区，加拿大75%的制造业都集中在这里
大西洋地区滨海四省	新不伦维克省 新斯科舍省 爱德华王子岛省 纽芬兰和拉布拉多省	主要经济是渔业、农牧业、林业和采矿业等
北部地区	西北行政区 育空行政区 努纳武特行政区	其总面积是加拿大的1/3，地广人稀，位于北方寒冷地带，盛产石油、天然气以及多种贵重金属

资料来源：此表参考朱梅编著：《加拿大高等院校入学指导》，中国社会科学出版社，2006年，第3～4页，以及李节传编著：《图本加拿大通史》，山东人民出版社，2011年，第2～5页。

（二）加拿大的人口分布

加拿大整体呈现出地广人稀且人口分布不均的特点，约有2/3的人住在与美国接壤的100公里内①。因为白人最早开始进入北美的时候是由欧洲西部至北美东部，因此加拿大东部历史比较悠久，西部是东部发展以后才开始发展的。加拿大南部的五大湖区和圣劳伦斯河流域纬度相对较低，气候相对适宜又有优良港口，冰期短、能源丰富、水源充足，适宜人类生存，是加拿大工农业的重要地域，吸引较多劳动力。

加拿大统计局公布的2011年人口普查结果第一批数据显示，截至当年5月，加拿大人口已经达到3 350万，比2006年增加5.9%，但仍然是八国集团中人口最少的。数据显示，作为加拿大中轴的安大略省仍是全国人口最多的省，占全国总人口的38.4%；不列颠哥伦比亚、阿尔伯塔、萨斯喀彻温、曼尼托巴四省占30.7%；东部的魁北克、新布伦维克、爱德华王子岛、新斯科舍、纽芬兰五省占30.6%。不但各省的人口存在巨大差异，即使同一省份各个城市之间的人口比例也极不协调，通常各省的省会城市聚集了该省绝大多数人口，这些省会城市成为人口和经济重镇。法国学者马太·杜甘

① Education in Canada，http://www.cmec.ca/Pages/canadawide.aspx.

就曾在其著作中发问："加拿大是一个国家，还是只是10个大城市组成的城市带，其中3个占支配地位？"① 在马太·杜甘看来："一个国家中大城市的数量会影响其整个体系。如果只有一个大城市，那么它必将主导这个国家，成为'巨头城市'，其国家内部的交通也围绕着它形成一个星行网络"，还有些是"多头的"："它们有几个大城市，谁也不能主导谁，因此产生了一个网格状的交通和通信网络。"② 他认为加拿大就是这样由多个城市主导的国家。的确，加拿大高等教育资源的分布也印证了上述判断。

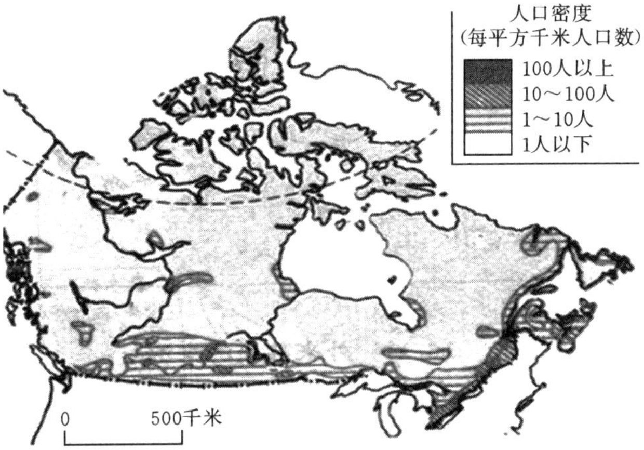

图1-2　加拿大人口分布图

受经济发展和移民政策等的影响，加拿大各省的人口数量也一直处于变动不居的状态。目前的数据显示，加拿大人口增加有三个特点：一是全国十省和育空、西北、努纳武特三个行政区的人口都有所增加，这主要得益于移民人口的增加；二是西部省份的人口增速明显高于其他省份和地区，仅阿尔伯塔省的卡尔加里（Calgary）和埃得蒙顿（Edmonton）两市的人口增速就达到12%；专家们认为：西部人口增加主要是由于那里的能源资源开发势头强劲，吸引了大批新移民以及外省的居民，其中许多是生育率高的年轻人。相比之下，加拿大的其他省份则面临日益严峻的人口老龄化问题；三是大城市人口增速为7.4%，高于中小城市和农村，仅多伦多、蒙特利尔和温

① 杜甘：《国家的比较：为什么比较，如何比较，拿什么比较》，文强译，社会科学文献出版社，2010年，第204页。

② 杜甘：《国家的比较：为什么比较，如何比较，拿什么比较》，文强译，社会科学文献出版社，2010年，第105页。

哥华三大城市的人口之和就占全国人口的35%。产业城市的兴起必然需要中等后教育培训的跟进，以满足产业发展对劳动力培训的需求。经济和人口的动向会给当地高等教育带来新的挑战，新的院校或新型的高等教育供给方式也会应运而生。

二、加拿大的高等教育布局

加拿大的高校在分布上与各地的人口数量基本呈正比，如下图所示：在人口最多的安大略省分布的高校数量，特别是大学数量为全国之最；魁北克省的公立及私立学院数量高达百余所，这是因为该省的高校招生制度较为特殊，申请者高中毕业后必须先进入各类学院学习两年，之后才能直接升入大学；爱德华王子岛省、纽芬兰省和三个行政区由于人口稀少，各自仅有一两所高校。其他一些省的人口数量适中，其高校数量也与人口数量较为匹配。

图1-3 加拿大高校分布图

在加拿大的大西洋地区，新不伦维克、新斯科舍、爱德华王子和纽芬兰四省的高校数量适中，以新斯科舍和新不伦维克省为最。这是由于欧洲殖民者在寻找东方航路的探险中最早登陆纽芬兰和斯科舍等地，这里的文化教育最先得到发展。新斯科舍和新不伦维克与美国毗邻，因此与美国的经济、文化和教育交流较为密切，其高等教育的发展也相对成熟。在新不伦维克，“很多早期的定居者，即讲英语的忠君主义者（Loyalists）和讲法语的阿卡迪亚人（Acadians）都非常重视教育。其次，人口中不同文化和语言背景要求高等教育必须兼顾英语和法语。再者，全省人口散居在 72 000 平方公里的领土上，这就使得高等院校必须按地理布局，以便服务于不同地区的需要”①。爱德华王子岛是加拿大最小的省份，面积仅占加拿大国土面积的 0.1%，人口仅占 0.5%。因此该省仅有 1 所大学和 2 所学院。纽芬兰省虽然是大西洋四省面积最大的，但因其大部分土地都是人迹罕至的森林、沼泽与湖泊，因此人口仅为 54 万，且多以捕鱼为生。人口稀少、机会有限，年轻人口流失率相当严重，至今仅有大学和学院各一所。“以社区为基础的文化差异、固有的地方等级和宗教等级，加上持久不变的渔业传统，所有这一切都在影响着纽芬兰和拉布拉多教育的特征和性质。这些因素至今依然在影响着其高等教育的发展。”②

加拿大中部的安大略省和魁北克省是全国的高等教育重镇，也是英语和法语两大文化阵营的策源地。安大略省是加拿大人口最多的省份，总数达 1 351万人，占全国总人口的 41%。安大略高等教育的历史可以追溯到 1827 年英皇室在多伦多创办的国王学院。“在美国革命之后，一大批忠于不列颠帝国的人涌入北部殖民地寻求避难，在此，他们可以生活在王权的保护之下，并且得到不列颠文化和传统的抚慰。”③ 基于这样的愿望，安大略开始了创办高校的运动，其主旨就是为了维护不列颠文化和传统，“驱除共和主义的邪恶思想以及为殖民地的下一代领导人提供一个智力训练场所”④。庞

① 希拉·布朗：《新布伦兹维克高等教育》，格兰·琼斯主编：《加拿大高等教育——不同体系与不同视角（扩展版）》，林荣日译，福建教育出版社，2007 年，第 196 页。

② 凯思林·宾东、保罗·威尔森：《纽芬兰：虽为加国治下，但英伦之风犹盛》，格兰·琼斯主编：《加拿大高等教育——不同体系与不同视角（扩展版）》，林荣日译，福建教育出版社，2007 年，第 272 页。

③ 格兰·琼斯：《安大略高等教育》，格兰·琼斯主编：《加拿大高等教育——不同体系与不同视角（扩展版）》，林荣日译，福建教育出版社，2007 年，第 142 页。

④ 格兰·琼斯：《安大略高等教育》，格兰·琼斯主编：《加拿大高等教育——不同体系与不同视角（扩展版）》，林荣日译，福建教育出版社，2007 年，第 142 页。

大的英裔人口以及固有的宗教理念催生了各类教会学院，以满足不同宗教信仰群体的求学需要。直至二十世纪五六十年代之前，这个古老省份的高等教育机构主要是由教会举办的。随后，由于高等教育的社会政治经济功能日益受到重视，安大略省出台政策仅对世俗院校提供资助。受到六十年代民主运动的影响，安大略的高等教育结构产生了富有革命性的变化。为了满足社会需要，扩大高校的招生规模，滑铁卢大学（University of Waterloo）等 15 所大学以及 19 所学院涌现出来，基本形成了安大略省高等教育如今的庞大格局。

中部的另一个大省魁北克是加拿大法裔文化的策源地，人口为 800 余万，占全国总人口的 24%。魁北克的历史较安大略更为悠久，早在 1608 年法国探险家尚普兰就在魁北克城建立了法兰西的据点。而 1663 年拉瓦尔主教创办的魁北克神学院，即如今的拉瓦尔大学更可以视为整个加拿大高等教育的发端。与安大略相似，魁北克的高等教育也是宗教、政治和经济之间相互交融的产物。然而作为天主教主导的地区，宗教对魁北克高等教育的影响更为持久绵长。与其他地方略微不同的是：在法语中，"'教育'一词有着更广的含义：它既有教学之意，也有对学生的品性塑造和确保其美好生活之意"[①]。因此，高等教育的入学权利在魁北克人看来是与民主化、社会公正与基本人权相关的概念，被视为政府应该首要考虑的事情。在经过 60 年代"无声革命"洗礼之后，魁北克的高等教育开始世俗化的改革，"在 1960 年之前，讲法语的魁北克人一直坚持传统、忠于教会以及坚持杰出人物统治论的社会观点，并且对经济问题漠不关心。在这之后，他们开始面向现在和未来、面向世俗以及相信能够通过变革和经济控制而实现社会平等主义的观点"[②]。1967 年开办了第一批 12 所法语普通职业教育学院（Cégep），次年又相继开办了另外 11 所，1969 年创办了第一所英语教学的普通职业教育学院，对所有全日制学生免费开放。天主教大学蒙特利尔大学和拉瓦尔大学分

① 珍妮特·唐纳德：《魁北克高等教育：1945～1995》，格兰·琼斯主编：《加拿大高等教育——不同体系与不同视角（扩展版）》，林荣日译，福建教育出版社，2007 年，第 166 页。

② 珍妮特·唐纳德：《魁北克高等教育：1945～1995》，格兰·琼斯主编：《加拿大高等教育——不同体系与不同视角（扩展版）》，林荣日译，福建教育出版社，2007 年，第 169 页。

别于 1965 年和 1970 年转变为世俗性大学，1969 年创建了魁北克大学。六七十年的扩大高教入学机会的建校运动为随后的高等教育发展奠定了基础，经过五十余年的发展，魁北克的高教入学率从全国最低一跃成为全国最高。

草原地区的阿尔伯塔省、萨斯喀彻温省和曼尼托巴省由于开发较晚，因此其高等教育起步也较晚。“萨斯喀彻温的人口少、分布广，并拥有相对较多的土著人口，而这些土著人在历史上都没有接受过中学后教育。这两种因素所造成的特殊问题是，如何确保所有合格学生进入大学学习的权利？必须采取某些特别的措施，来克服路途远、偏僻和贫穷等阻碍土著人获得大学入学权利的所有因素。如果不采取这些措施，本省人民的社会和经济福祉以及长远发展，必将受到不良影响。”① 萨斯喀彻温和阿尔伯塔省是加拿大最晚经历殖民统治的省份，在 20 世纪 70 年代，它的一半人口仍然生活在农村地区，“因它的人口和村落分布过于疏散而且大多又是尚未开拓之地，这一切导致它很难招聘到合格的专业人员，而在当时，这种教育服务，对其他更早建立的省份来说，早已是司空见惯的事”②，这使当时该省高等教育的缔造者们面临极大的挑战。鉴于此，发展远程教育成为当时这两个省的权宜之计。阿尔伯塔省 1970 年建立了全国第一所远程教育大学，即阿萨巴斯卡大学（Athabasca University），通过函授等方式为分散全省的人口提供高等教育机会。经过几十年的发展，阿萨巴斯卡大学先后获准颁发远程教育的硕士学位和博士学位，为全世界远程教育大学树立了成功典范。

西海岸的不列颠哥伦比亚省早先对许多加拿大人来说，是一个偏僻的，而且从某些方面来说是个边境省份。落基山脉像一个巨大的屏障把这个国家最西部的地区隔绝起来，甚至使它远离大草原上的其他省份。不列颠哥伦比亚在地理、人口分布上的不均衡，加上它的经济发展模式，对该省高等教育的发展和规划一直都有极其重要的影响③。该省在很长一段时间内，仅有一所大学，即不列颠哥伦比亚大学（University of British Columbia），这种状

---

① 威廉·穆尔：《萨斯喀彻温高等教育》，格兰·琼斯主编：《加拿大高等教育——不同体系与不同视角（扩展版）》，林荣日译，福建教育出版社，2007 年，第 111 页。

② 威廉·穆尔，《萨斯喀彻温高等教育》，格兰·琼斯主编：《加拿大高等教育——不同体系与不同视角（扩展版）》，林荣日译，福建教育出版社，2007 年，第 96 页。

③ 约翰·丹尼森：《不列颠哥伦比亚高等教育（1945—1995）：机会与多样性》，格兰·琼斯主编：《加拿大高等教育——不同体系与不同视角（扩展版）》，林荣日译，福建教育出版社，2007 年，第 33 页。

况直到 20 世纪下半叶才有所改变，这是因为六七十年代申请入学的人数不断增加，公众对接受高等教育的需求旺盛，而且女权运动的兴起导致上大学的女性迅速增加。为了缓解不列颠哥伦比亚大学的招生压力，政府终于制定政策，创建了社区学院等一系列高等教育培训机构。进入 21 世纪后，该省的高等教育发展再次进入快车道，目前的高校数量达 33 所，包括 15 所大学和 18 所学院。从而改变了以前高等教育的单一结构，真正形成了一个覆盖全省范围的高等教育体系①。

北部的育空行政区、西北行政区、努纳武特行政区地广人稀，且主要居住各土著民族。除了西部行政区有 2 个学院外，其他行政区每个仅有 1 所学院。“育空行政区在地理面积上比爱德华王子岛、新不伦维克和新斯科舍三省的总和还要大，但从人口统计的角度讲却是一个非常小的社区。在 1914 年，只有 4 914 人生活在该行政区。到 1992 年，也仅仅只有 31 000 人生活在这里，而其中的 22 000 人居住在同一个社区——白马市。从这个角度来看，这个行政区的全部人口比加拿大某些大学在校生的数量还要少。”② “正由于它人口稀少、经济类型简单以及对联邦政府的依赖，育空与西北行政区一样，时常被人们看成是一个发展中地区，甚至是一个北方‘殖民地’。”③北部的三省没有一所大学，事实上，如果人们承认把北纬 60°线作为加拿大远北地区的南部边界线的话，那么整个加拿大并没有一所真正意义上的北方大学。这种事实，既是国家性的问题也是国际性的问题。这不仅使得北方地区在加拿大的各省/行政区中成为独一无二的，它也使得加拿大在所有环北极国家中成为独一无二的④。

---

① 唐信焱：《加拿大不列颠哥伦比亚省高等教育发展状况》，《吉林省教育学院学报》2010 年第 1 期。

② 阿伦·盛克派尔：《育空中学后教育：过去三十年》，格兰·琼斯主编：《加拿大高等教育——不同体系与不同视角（扩展版）》，林荣日译，福建教育出版社，2007 年，第 297 页。

③ 阿伦·盛克派尔：《育空中学后教育：过去三十年》，格兰·琼斯主编：《加拿大高等教育——不同体系与不同视角（扩展版）》，林荣日译，福建教育出版社，2007 年，第 298 页。

④ 阿伦·盛克派尔：《育空中学后教育：过去三十年》，格兰·琼斯主编：《加拿大高等教育——不同体系与不同视角（扩展版）》，林荣日译，福建教育出版社，2007 年，第 298 页。

第三节　有责无权：加拿大的软联邦制及其对高等教育管理的影响

一、加拿大联邦政府对高等教育的间接影响

“加拿大政府分为两级：联邦政府，省和地区政府。联邦政府为中央政府，地区政府与省政府平行，但不享有与省政府同样多的自治权。”[①] 这里的地区政府就是指育空等三个行政区。在所有 OECD 国家中，加拿大的高等教育普及率最高。据 2007 年的统计，该国年龄在 25～64 岁的人口中约有半数（46%）人接受过不同程度的高等教育，而 OECD 国家的平均水平是 26%[②]。此外，在高等教育投入方面，该国 GDP 的 2.4%被投入高等教育领域，在 OECD 国家中排名第三，位于美国（2.9%）和韩国（2.6%）之后[③]。这些高等教育方面的成就离不开联邦政府的支持。

尽管加拿大宪法认定教育是各省管辖的事务，然而，联邦政府在教育领域所起的作用日益重要，特别是在高等教育领域。具体而言，联邦政府也通过为高校提供研发资金、为大学生提供经济资助，以及通过与省政府之间进行财政转移等方式推动了国家高等教育的发展。联邦政府对高等教育的间接影响主要体现在以下两个方面：

（一）对研发的资助

国家对研发的投入主要是为了确保其经济具有竞争力和生产力的提升。加拿大政府意识到，如果加拿大要继续保持其高质量的生活标准，必须对研发给予持续投入。因此，联邦政府一方面对隶属联邦政府的实验室和研究中心提供每年高达数十亿加元的资助；另一方面，还对高校和商业机构的研发活动进行间接资助或者给予适当减税。

高校每年 100 亿加元的研发活动经费中，联邦政府间接提供了 30 亿的资助，这些资助主要通过三大国家拨款委员会（national granting councils）提供给高校，它们是加拿大健康研究委员会（Canadian Institute of Health

① 刘艺工：《当代加拿大法律制度研究》，民族出版社，2008 年，第 38 页。

② OECD，Education at A Glance 2007，Paris，2007，p. 29.

③ OECD，Education at A Glance 2006，Paris，2006，p. 33.

Research, CIHR)、自然科学与工程研究委员会（Natural Science and Engineering Research Council, NSERC）和社会科学与人文科学研究委员会（Social Sciences and Humanities Research Council, SSHRC）。除了三大委员会外，其他联邦层面的委员会也是联邦政府资助高校研发的渠道，例如，加拿大创新基金（the Canada Foundation for Innovation）等。

目前，联邦政府对研发的资助主要用于医学与健康科学、能源科学以及环境科学等三大领域。在所有 OECD 国家中，加拿大是少数几个由高校而不是商业机构来承担主要研发任务的国家，加拿大高校对整个国家的研发和创新能力发挥了举足轻重的作用。

（二）学费及学生资助

由于接受高等教育的成本大幅增加，目前各省高校有一半多的财政资助来自联邦政府，联邦政府的多个职能部门都发挥着对高校和大学生的资助作用。人力资源与社会发展部（Human Resources and Social Development Canada, HRSDC）负责相当一部分的学生资助项目，包括加拿大学生贷款项目（the Canada Student Loan Program, CSLP）和加拿大教育储蓄资助（Canada Education Savings Grant, CESG）项目等；工业部（Industry Canada）负责了多个科研项目，这些科研项目以直接或间接的方式资助高等院校的科研项目；财政部（the Department of Finance）负责大学生的减税事项，并与省政府进行财政转移支付，其中有些资金被作为高等教育的专项经费投入。此外，学生还可以获得联邦政府提供的奖学金和助学金，例如加拿大千禧奖学金基金会（Canada Millennium Scholarship Foundation）每年提供大约 3.5 亿加元的资助。

得益于联邦政府各类项目的支持，高校学生大都能上得起学，一些数据也证明了这点。首先，在许多省，学费大幅上涨对学生的整体入学率影响微乎其微，有些情况下，入学率还有所上升。高校的新生人数自 2000 年以来平稳上升，社区学院每年新接收大约 50 万学生，本科生每年增加约 20 万，研究生 10 万。其中女学生的新增人数最为显著，如今 60%的本科生以及一半的研究生都是女性。

二、加拿大地方政府对高等教育的管理控制

（一）加拿大联邦政府与地方政府之间的协调

1867 年的宪法将管理教育的权力赋予省政府，因此，省政府在高等教

育领域具有立法、管理和协调的权力，并且有义务给高校提供运行经费。经过漫长的历史积累，各省发展出了各具特色的高等教育体系，满足了当地社会发展对高等教育的需求。

联邦政府以往要对各省的高等教育进行资助，相关的财政转移协定以现金、税点和配套资助等方式实现。这些协定时有调整，但自 90 年代中期时任总理让·克雷蒂安（Jean Chretien）领导的自由党政府主政后，为了减少联邦政府财政赤字，采取了大规模削支措施，在房屋、医疗保健及教育方面出现了本国历来最大的削减开支行动。新政府 1995 年对各省的财政转移急剧缩减，比往年减少了 140 亿加元。1996 年新的财政转移机制得以建立。该机制名为加拿大医疗与社会福利转移（Canada Health and Social Transfer），旨在进一步减少联邦政府的开支，各省因此又损失了 60 亿加元的资助。在实施数年后，为了提高联邦医疗资助的使用绩效和透明度，该财政转移机制在 2004 年被划分为加拿大医疗转移（Canada Health Transfer）和加拿大社会福利转移（Canada Social Transfer）两个体系，前者获得联邦财政转移中的 62%，其余的 38%由高等教育事务和其他社会福利分享。由于经济衰退，许多省已经削减了对高等教育的资助。而为了应对联邦政府的资助缩减，大多数省采取了减少高校开支的做法，有些省则提高了学费。学者费舍尔（Fisher）等人研究发现，如果以高校注册学生数为基数，自 1994—1995 学年到 2004—2005 学年的十年间，生均资助减少了 50%①。总之，在减少财政赤字的背景下，联邦政府单方面修改了财政转移的安排，许多省政府采取的应对措施就是要求高校减少开支并允许其增加学费。

（二）加拿大地方政府对高校的协调与管理

在加拿大，“教育是地方政府承担的必要职责中支出最大的一项”②，是政府人文服务职能的主要内容之一。根据宪法，加拿大高校由各省教育部负责管理，但这种管理仅限于制订全省的高等教育方针和计划，以及向各校拨款等事宜。省政府负有对高等教育资助、规定和协调的直接责任，每个省都

① Fisher，D.，Rubenson，K.，Clift，R.，et.，Canadian Federal Policy and Post Secondary Education，Alliance for International Higher Education Policy Studies，2005.

② 罗伯特·L. 比什，埃里克·G. 克莱蒙斯：《加拿大不列颠哥伦比亚省地方政府（第三版）》，孙广厦，等译，北京大学出版社，2006 年，第 175 页。

有主管教育的职能部门，以及各自的管理框架、政策和独特的院校结构。省政府具有根据本省立法审批设立大学和其他高等教育机构、规范大学名称、批准授予学位、监督大学等权力。省政府通过财政拨款为大学提供不同比例的办学经费，有的省资助可高达75%，而有的省仅有25%。

省政府对大学的管辖主要通过两个渠道：一个是由政府委任的董事会(board)。董事会是学校行政系统的最高权力机构，它负责监控大学的行政事务，包括任命学校行政领导、为学校筹款、监督财务收支等事务，充当校方与政府和公众之间的联系人等等。董事会由当地政府、企业界、商界、教育行政官员、教师和学生组成。另一个是教务会（senate)。它负责学术事务管理，制定学术政策和开展学术活动，并负责监控一切教育事宜和学术活动，包括设置课程及学分、专业设置和相应入学要求、学位条件、科研规划、教学计划、教授聘任、授予学位等事务，并且负责制定人事分配制度。教务会的成员一般有校长、科研副校长、各学院院长、各研究所所长、各系主任、工会代表及学生代表等。在高校日常的内部管理方面，省政府基本不加干涉。高校拥有极高的自治度，有权决定教职工的选聘、课程设置和招生入学等①。高校的行政负责人是校长，其职务由董事会任命。高校通常还设有若干副校长，分管不同方面的事务。院系领导和科研部门负责人由校方聘任。

在过去的十年中，各省对高等教育的管理和控制产生了很大不同。90年代中期的财政缩减使各省产生了不同的应对措施，但这些措施也包含了某些相似之处，例如增加高等院校的多样性、加强整个高教系统的协调性、促进院校之间的竞争、使用市场导向的竞争机制，以及加强问责等等②。

对于大学和学院两种不同类型的高校，省政府的管理略有不同。虽然省政府对大学提供一定的资助，但并不干涉大学的内部事务，各校享有高度自治和学术自由，实行自治管理，具体的行政管理和教育事宜均由学校自行决定和实施，省政府无权干涉。对社区学院和职业技术学院的管理各省各有不

① Jones, G. A., Canada, In J. K. Forest & P. G. Altbach (Eds.), International Handbook of Higher Education, Kluwer Academic Publishers, 2006.

② Theresa Theresa Shanahan & Glen A. Jones, Shifting Roles and Approaches: Government Coordination of Post-secondary Education in Canada, 1995—2006, Higher Education Research & Development, 2007, No. 26, p. 1, pp. 31-43.

同，但总体而言，这些院校没有像大学那样高度的自治权力，通常更为受制于政府的管理。例如，联邦政府和省政府直接管理的教育机构有 27 家，用于提供特种职业性质的教育或者提供与公共部门的职业有关的专业培训，内容包括培训警察、特种部队、海岸巡逻人员以及空中交通管理人员等。

除政府机构之外，加拿大还有一系列的利益集团、游说和咨询组织，如涉及全国范围的有加拿大教育部长联席会、加拿大高校联合会、加拿大学院联合会、加拿大大学教师协会、加拿大大学生联合会等机构。这些机构在为加拿大政府提供高等教育的咨询和建议、加强政府与高校的联系、协调方面发挥了积极作用，而加拿大自然科学与工程研究委员会、加拿大社会科学与人文科学研究委员会、加拿大医学研究委员会在指导和资助高校科研、提高加拿大科技实力和国际科技竞争力方面功不可没①。

三、加拿大高等教育的省际合作与省内协调

为了协调各省之间或同一区域在发展高等教育方面的能力，更好地开展省际合作，一些全国性的组织得以建立，其中最为引人瞩目的是教育部长联席会（Council of Ministers of Education，简称 CMEC）的建立，该委员会部分地弥补了联邦教育部的缺失；此外，一些区域性的省际合作组织也相继出现，例如，新斯科舍省、新不伦斯维克省和爱德华王子岛省成立的沿海三省高等教育委员会，反映了各省教育部试图打破地方格局的雄心。此外，为了克服省内高校之间各自为政所带来的弊端，一些省内的高等教育协调机构也应运而生。

（一）省际合作

1. 教育部长联席会

由于各省的教育体制存在较大差异，为方便各省和地区探讨共同关心的教育问题，以便更好地统筹全国的教育事业，加拿大政府于 1967 年成立了加拿大教育部长联席会。该组织主要有四个方面的作用：其一，为各省讨论教育政策问题搭建平台；其二，就关系到各省共同利益的领域，展开相关活动和项目；其三，为各省与全国性的教育组织和联邦政府之间进行协商与合作提供中介；其四，在国际交往中，为各省的共同利益代言②。联席会为非

① 符华兴、王建武：《世界主要国家高等教育发展研究》，湖南人民出版社，2010 年，第 404 页。

② What is CMEC?，http://www.cmec.ca/11/About/index.html.

官方协调机构，由各省教育部长组成，联席会主席每两年选举一次，在各省教育部中轮流选举，现任主席供职于新斯科舍省教育部。联席会每年定期召开两至三次会议，商讨和协调各省间的教育合作等问题。

联席会的工作领域包括土著人教育、儿童早期学习与发展、教育数据收集和研究、国际教育、学生与教师流动、高等教育等 12 个方面。在高等教育领域，联席会认为加拿大高等教育的目标是"必须通过改善质量和扩大入学机会，继续增加接受高等教育的学生人数"。为了促成该目标的达成，联席会的研究主要有六个议题：扩大高等教育容量、质量保证、学生能上得起学、学生财政资助、学分转移和土著高等教育。

教育部长联席会的成立为各省之间的教育交流、协同发展提供了对话与合作的平台。虽然，该组织声称自己"能够在国际舞台上为加拿大代言"，而且委员会也确实做了一些工作，例如在其网站上全面系统地向全世界发布有关加拿大教育的信息等，然而，该组织并不能完全替代一个国家教育部所能行使的职能与权力。因此，在许多国际性的事务上，加拿大仍然缺乏一个能代表其国家意志的统一声音。

教育部长联席会的成立依旧未能解决全国高等教育学历认证等方面的问题，鉴于此，为了配合联合国教科文组织高等教育学历认证，并在高等教育方面开展国际合作，委员会于 1990 年成立了加拿大国际学历信息中心(Canadian Information Center for International Credentials，简称 CICIC)，该中心负责向联合国教科文组织、各国高等教育机构、各国国际学生提供加拿大高等教育学历、学位和证书的标准信息。截至 2012 年 10 月，共有 400 多所高校被该中心列入《加拿大认证的高等教育院校名单》。值得一提的是，信息中心并不对高校进行认证，而是把政府和社会认可的高校名单按照其所属的不同协会公布出来，目前列出的协会有十个，其中加拿大高校协会、加拿大学院协会和加拿大国际教育局为三个最大的协会，它们的会员学校都有百余所。还有一些新成立的协会，因其历史尚浅或服务学校类型独特，会员学校通常仅有十余所。

2. 沿海三省高等教育委员会

1968 年，新布伦兹维克、新斯科舍和爱德华王子岛三个沿海省份希望进行更为密切的经济合作。而一项委托研究则发现："在各省之间已经存在相当数量的学生流动现象和沿海各大学之间存在相当程度的合作与协调现象。"该研究还强调指出："随着越来越多相互合作和协调的出现，高等教育采取整个区域统一规划是很重要的。”① 这为沿海三省进行高等教育的省际合作埋下伏笔。

新斯科舍省、新不伦斯维克省和爱德华王子岛省曾有各自的高等教育委员会，1974 年合并为沿海三省高等教育委员会（Maritime Provinces Higher Education Commission），委员会负责沟通沿海各院校和沿海林业防护学校，充当各院校与政府之间的桥梁机构，向学校提出有关专业设置和调整的建议，向政府申请拨款。具体说来，为了“使资源的利用效率最大化，并且避免（专业的）重复设置。该委员会就有关经常性经费和基建经费、学费以及它认为可能影响本区域高等教育的其他任何事情提供建议。然后，由每个省的立法机关决定给本省的资助水平”②。三省的教育部长于 1997 年在征求了广泛的外部意见后达成协议，开始重新修订 1974 年的委员会法案，2005 年新的委员会法案正式实施③。新法案重申其使命是在政府和高校之间搭建桥梁，为这三个省的高校提供服务，促使高校在以下六个方面有所作为：第一，持续改善各个专业的教育质量，提高教学有效性；第二，实现高等教育的入学机会最大化；第三，学生的学习结果受到重视，能在三省之间进行流畅的学分转移和转学；第四，创造学生、教师和社区之间的有效互动；第五，能够有效使用政府的拨款和学生的学费；第六，学术与科研方面要体现出对探索知识孜孜以求的精神④。

在成立后的几十年里，该委员会对沿海省份的高等教育影响重大。具体说来，委员会主要在四个方面发挥了积极作用：首先是发挥高校与政府间的中介角色。“它在大学与政府之间充当中介机构的作用。该委员会提供了一条渠道，大学的需要和资助等方面的要求，可以通过这条渠道向政府传递和解释。反过来，政府的政策和决定，也可通过沿海省份高等教育委员会传达

---

① 格兰·琼斯：《加拿大高等教育——不同体系与不同视角（扩展版）》，林荣日译，福建教育出版社，2007 年，第 210 页。

② 格兰·琼斯：《加拿大高等教育——不同体系与不同视角（扩展版）》，林荣日译，福建教育出版社，2007 年，第 211 页。

③ The Maritime Provinces Higher Education Commission Mandate，http://www.mphec.ca/about/mandateandact.aspx.

④ About the Maritime Provinces Higher Education Commission，http://www.mphec.ca/about/about.aspx.

给各大学，并对它们进行说明。”① 其次，是对高校专业设置的管理。它有效地避免了不必要的专业重复设置，有助于各高等教育的资源优化；再次，它承担了大量的研究工作。“它一直维护着沿海地区和加拿大高等教育历史和现状方面的数据库，并且向大学、个别研究人员、政府以及其他需要教育方面信息的人提供帮助。”② 对于该委员会的工作，高校在肯定它的同时也提出了一些批评和建议，最为集中的就是对其立场的质疑。“大学时常批评沿海省份高等教育委员会站在政府一边，而不像大学希望的那样更有力地支持大学。在某些学期中，人们有这样的感觉：该委员会是从政府支付能力的角度，而不是从大学声称所需要的角度，来建议资助水平的。”③

（二）省内协调

鉴于许多省的高等教育都是双轨制，协调机构和政策分别针对不同类群的高校。具有行政决策权的中介机构还未在加拿大的整个高等教育体系中建立起来。然而，目前已经出现了一种趋势，那就是打破大学与社区学院之间的界限，在整个高教体系内建立协调机制。有些省开始逐步重视现有中介机构的作用，教育部长们在制定高教方案和评审新专业时，会听取这些中间机构的建议。

数年来，许多省的中间机构都是时而兴起、时而废弃，例如不列颠哥伦比亚省、阿尔伯塔省、萨斯喀彻温省、曼尼托巴省、安大略省和魁北克省。许多省都在致力于建立省内高教系统的协调机构。阿尔伯塔省和不列颠哥伦比亚省长期以来都有负责学生转学和学分认可的协调机构。纽芬兰省于1992年建立了纽芬兰拉布拉多高等教育委员会（Newfoundland and Labrador Council on Higher Education）。其他省也建立了类似机构，促成院校之间达成协议，制定转学规定，促使院校增加在处理学生转学事务上的透明度。

安大略省于2007年建立了安大略高等教育质量委员会（Higher

① 格兰·琼斯：《加拿大高等教育——不同体系与不同视角（扩展版）》，林荣日译，福建教育出版社，2007年，第213页。

② 格兰·琼斯：《加拿大高等教育——不同体系与不同视角（扩展版）》，林荣日译，福建教育出版社，2007年，第213页。

③ 格兰·琼斯：《加拿大高等教育——不同体系与不同视角（扩展版）》，林荣日译，福建教育出版社，2007年，第213页。

Education Quality Council of Ontario)，作为独立机构，该委员会可以开展有关高等教育入学机会、高校教育质量、教育问责三大方面的研究，就如何有效地评价高校的业绩为政府进言。自成立以来，该委员会已经完成了 120 余项研究，并且，每年都要就其开展的研究活动做年度报告，呈递给培训与高校部长①（the Minister of Training，Colleges and Universities)，供其在安大略省的立法会议（the Legislative Assembly of Ontario）上讨论②。

尽管这些中间机构在促进高等教育系统内的协调工作方面发挥了一定作用，但它们本质上都是咨询机构，只有曼尼托巴省的中等后教育委员会（the Council on Post-secondary）在制定中等后教育政策的某些方面具有行政决策权。该委员会于 1996 年通过曼尼托巴省立法委员会的法案得以建立，其主要职能是负责向该省的 7 所公立高校拨款，以及为 4 所私立宗教学院提供资助③。

四、加拿大高校的分类、认证与学位授予

加拿大几乎所有的高校都接受公共资助，它们的课程，特别是本科层次的课程，在质量上较为一致。每所院校都有各自的风格，既有位于大城市中心的研究型大学，也有注重本科教育的小型文理学院。加拿大的高校既有使用英语教学，也有用法语教学的，还有些学校两种都用。许多高校提供全日制和非全日制的注册入学方式，供学生根据自身的情况进行选择。很多大学还提供合作教育、远程学习、继续教育、学生交换或国外学习的课程④。

（一）加拿大高校的分类

加拿大各省的高等院校在名称和类别上体现出极大的多样性，其主要称

① 加拿大宪法赋予了各省独立的教育自决权。在安大略省，教育部长（the Minister of Education）和培训与高校部长（the Minister of Training，Colleges and Universities）依法管理该省的教育与职业技能培训事务，关于就业、劳动力培训及中等后教育主要由培训与高校部长负责。

② External Review，http：//www. heqco. ca/en-CA/About% 20Us/ExternalReview/Pages/default. aspx.

③ What is COPSE?，http：//www. copse. mb. ca/.

④ Association of Universities and Colleges of Canada，Directory of Canadian Universities，40th Edition，AUCC Publication，pp. 17-19.

谓包括：大学（University），大学学院（University College），社区学院（Community College），应用人文、科学和技术学院（College of Applied Arts，Science and Technology），应用人文和技术学院（College of Applied Arts and Technology），技术与高等教育学院（College Institute of Technology and Advanced Learning），大学预科和职业技术学院（Cégep），技术学院（Institute），地区学院（Regional College），学院（College），成人教育机构（Continue Education），神学院（Seminary）等等。名目众多的高校可以从不同角度划分出多个类别：

1. 按照行政地位划分（Administrative Status）

加拿大的高校按照行政地位可以划分为以下三种：

第一种：公立高校（Public Institution）是指由某个实体掌控或管理的机构，其多数成员是由公共权威机构监督选出或委派。

第二种：非营利性私立高校（Not-for-profit Private Institution）是指由某个实体掌控或管理的机构，其多数成员不是由公共权威机构选出，机构的成立也不是为董事会成员、雇员、拥有者或股东牟利。

第三种：营利性私立高校（For-profit Private Institution）是指由某个实体掌控或管理的机构，其多数成员不是由公共权威机构选出，机构的成立是为董事会成员、雇员、拥有者或股东牟利。

加拿大尽管存在三种行政地位的高校，但公立高校却占了压倒性的多数，大学层次的高校几乎都是公立的，这点与美国的情况很不一样。加拿大的联邦政府与省政府从20世纪六七十年代开始致力于在每个省建设水平层次差不多的平民化公立大学，让各地的学生都能够就近接受高质量的高等教育。加拿大私立高校诞生于20世纪80年代，为了给更多的人创造接受中等后教育的机会，一些省放开了对私立高校的管制。加拿大的私立高校绝大多数都是职业培训性质的，开设各种劳动力培训项目。私立学院也能得到联邦政府的一定资助，而且在私立高校就读的学生也能申请政府的奖学金和助学金。

2. 按照法人地位划分（Legislative Status）

加拿大国际学历认证信息中心把加拿大公立及私立高校分为两类：

第一种：认证的中等后教育机构（Recognized Postsecondary Institution）是指经授权能够颁发学位、文凭或其他证书的公立或私立机构。这些机构获得授权的途径有两个，一是依据所在省/行政区级立法机构的公共法案或私有法案的有关条款；二是通过政府强制性的质量保障机制。根据加拿大国际学历认证信息中心 2013 年的统计，此类高校数量为 299 所，是加拿大高校的主体。

第二种：经授权获准颁发特定文凭证书的中等后教育机构（Postsecondary Institutions Authorized to Offer Specific Credentials），是指经授权能够颁发特定学位、文凭或其他证书的公立或私立机构。这些机构获得授权的途径首先是要通过政府强制性的治理保障机制，其次还要依据省级或行政区级立法机构的私有法案。根据加拿大国际学历认证信息中心 2013 年的统计，此类高校共有 94 所。该类院校仅拥有颁发经省教育主管部门批准的某些确定的或特殊课程的学历或学位证书的权限。

3. 按照《麦卡林》入学指南划分

为了便于外界对加拿大高校的了解，方便学生申请适合自己的学校。从 1991 年起，加拿大发行量最大的杂志《麦卡林》（Maclean's）开始评选和公布加拿大大学的排行榜。《麦卡林》依据研究经费、课程种类和专业设置等因素，将加拿大高等院校分为四类：

第一类：医博类大学（Medical Doctoral University），不仅学科设置齐全，可授予本科、硕士和博士学位，并拥有医学院。

第二类：综合类大学（Comprehensive University），以本科和硕士研究生课程为主，注重科研与当前时代发展的紧密结合。

第三类：教学类大学（Primarily Undergraduate University），以开设本科和应用学位为主，是目前迅猛发展的大学。

第四类：特殊类型大学（Specialty University），主要包括艺术学院、大学学院、远程教育大学、军事院校等高等院校。

同类大学之间的排名主要依据学生（高中成绩、大学毕业率、外省学生比例、外国学生比例、奖学金比例）、教师（博士生教授人数、教授获奖人数、研究基金数目）、财政（经费预算、奖助学金占预算的比例、学生服务经费比例）、图书（藏书总量、学生人均图书量、购书量和经费）和声望（校友赞助、社会声望）等 6 大项 20 多个指标来决定。在医博类大学中，多伦多大学与麦吉尔大学经常竞争榜首的位置；综合类大学在博士和硕士专业设置上相对少于医博类，西蒙菲沙大学多年来一直是综合类大学的翘楚，这所大学是成立于 1963 年的新型大学；教学类大学以培养本科生为主，研究生专业比较少，蒙特爱立森大学至 1997 年已第 5 次被列为第一。这所著名的袖珍大学位于新不伦维克省东部的一个只有几条街道的萨克维尔小镇(Sackville)，建立于1839年。

(二) 加拿大高校的认证

加拿大法律规定，设立高等院校应由省议会颁发特许状。“由于议会对高等院校的教学计划和学位授予没有做出硬性规定，致使高校的教学质量和声誉一度引起社会公众的不满，于是一批民间和社会的鉴定认可机构应运而生，纷纷建立起来。”① 其中规模最大的两个机构是加拿大高校联合会和加拿大学院联合会。

加拿大高校联合会（Association of Universities and Colleges of Canada，简称AUCC）被称为“加拿大高校之声”，其历史可以追溯到百余年前。1911年大学校长们在蒙特利尔召开了一次会议，这被认为是高校联合会成立的发端。当时的校长们都意识到需要成立一个全国性的高校组织，为大学之间交流信息和讨论共同面临的问题搭建平台。1915年来自18个大学的校长等人再次开会商议此事。到了1917年，该组织正式成立，被誉为“加拿大高等学习机构的声音和良心”，1965年被加拿大议会认可为法人组织②。在成立至今的百余年间，加拿大高校联合会在不同历史时期持续不断地服务于高校，为政府制定高等教育政策进言，为加拿大高等教育的繁荣发展作出了极大的贡献，因此也受到社会的肯定。根据2013年的统计，加拿大共有96所大学属于加拿大高校联合会会员单位。因此，该组织的会员资格加上省政府的特许状就基本上等同于获得了国家认证。

加拿大学院联合会（Association of Community Colleges of Canada）旨在为加拿大学院服务，它也是一个全国范围的自愿性的会员组织，主要为加拿大的各类学院代言。根据2013年的统计，该协会有128个会员学院。

这些民间机构对于高等院校的财政收入和声誉、对学生的流向等都有一定的影响，因而得到社会和高等院校的普遍重视，客观上成为一种对高校及高等教育结构进行调节的重要机构。除了政府的官方认证外，成功加入这些大型组织被视为一种民间认证，尽管这些组织是自发形成的非官方机构，但其权威性和社会影响力同样值得关注。

---

① 符华兴、王建武：《世界主要国家高等教育发展研究》，湖南人民出版社，2010年，第387页。

② Our History，http://www.aucc.ca/about-us/our-history/.

(三) 加拿大高校的学历学位授予

1. 各类证书、文凭及学位名称

加拿大各省高等教育自治，因其不同的历史积淀和社会经济演变，不同类型高校授予的学位、文凭和证书在名称上也各不相同，有些学位名称与世界多数国家一致，例如博士、硕士、学士学位，而有些学位则是加拿大或加拿大的某个省所特有的。加拿大国际学历认证信息中心对其学历、学位及文凭证书的描述如下：

> 职业技术培训结业证书（Attestations of College Studies)：此证书用以证明学生在经过魁北克教育部（Quebec Ministry of Education）授权的教育机构成功修完了不同程度的职业或技术课程。此证书自1984年开始由魁北克的学院和成人教育机构授予，其课程开发主要是为了满足地方上的技术培训需要。
>
> 学院证书（College Certificate)：此证书主要用来证实学生已经圆满修完某门教育或职业课程，通常需要在中等后教育机构进行最多两年的学习。
>
> 大专文凭（College Diploma)：是在学生成功修完中等教育层次的学术培训、职业培训或教育后所给予的认可，通常要求两年的全日制学习。
>
> 大学证书/文凭（University Certificate/Diploma)：此类证书/文凭是学生修完获得认证的课程后得到的认可证明，学习时间通常不会超过四个学期，属于本科层次。目前，还出现了高级研究生文凭（Advanced Graduate Diplomas)，旨在认可那些修完特定研究生程度课程的学生，此文凭的出现是为了满足专业人员不断增长的教育需求。
>
> 准学位证书（Associate Degree)：是由不列颠哥伦比亚省的学院和大学颁发的本科学位，该学位学习时间通常为全日制两年，学生取得准学位证书后，可以直接毕业，也可通过学分转移的方式再进入其他大学学习1～2年，从而获得学士学位证书。
>
> 应用学士学位（Applied Bachelor's Degrees)：应用学士学位证书由中等后教育机构颁发，通常要求完成四年全日制学习。授予的学位主要集中在科技与技术领域，学习过程中强调对技术的应用，学生要经常进行实习和见习。
>
> 应用硕士学位（Applied Master's Degrees)：是由不列颠哥伦比亚省的中等后教育机构颁发的研究生学位。通常要求学生在修完本科学位

后进行1～2年的全日制学习。应用硕士学位关注理论和应用技能两个方面，强调理论与实践的紧密结合，把高级专业知识内容应用到特定的职业或行业领域。应用硕士与学术硕士的主要区别在于，前者更注重对学习的实践，而后者更注重研究。

学士学位（Bachelor's Degrees）：是由中等后教育机构颁发的本科学历，通常要求3～4年的全日制学习。

硕士学位（Master's Degrees）：是由大学级别的高校颁发的研究生学历，通常要求学生在完成本科阶段学习后接受1～2年的全日制学习。

博士学位（Doctoral Degrees）：是由大学级别的高校颁发的研究生学历，比硕士学历高一个层级，通常要求学生接受最少2～3年的全日制学习。①

尽管加拿大各省的学历学位名称与认证不尽相同，但为了便于修读学历证书的学生有机会深造高一级学位，加拿大各省都建立了灵活的学分转移体系。通常，学生在获得证书之后可以申请修读大专文凭，如果专业一致，那么学生先前所修课程可以抵消相应的学分。同理，获得大专文凭后也有机会直接向大学提出修读学位的申请，大学招生部门将会考察申请者在读大专期间的所学课程及学习成绩，最终决定是否录取。有的专科层次的高校还会与大学联合开办本科学位课程，学生在四五年时间内在两所高校分别学习两年左右，成绩合格后获得本科学位。

2. 院校层次及其授予的证书、文凭及学位

根据其课程设置和学历、学位授予权限，可大致将其分为四个层次，详见下表：

表1-3 院校层次及其授予的证书、文凭及学位

层次	院校	授予学位/证书
第一层次	大学（University）	博士学位证书（Doctorate Degree） 硕士学位证书（Master Degree） 学士学位证书（Bachelor Degree） 大学文凭/证书（University Diploma/Certificate）

① Definitions used in the Directory of Universities，Colleges and Schools in Canada，http：//www. cicic. ca/507/basic-definitions. canada.

续表

层次	院校	授予学位/证书
第二层次	大学学院 (University College)	学士学位证书（Bachelor Degree） 大学文凭/证书（University Diploma/Certificate） 准学位证书（Associate Degree）
第三层次	学院 (College)	准学位证书（Associate Degree） 应用学士学位证书（Applied Bachelor Degree） 大专文凭/证书（College Diploma/Certificate） 职业技术培训结业证书（Attestations of College Studies）
第四层次	成人教育机构 (Continue Education)	职业技术培训结业证书（Attestations of College Studies）

资料来源：本表格根据《加拿大高等院校入学指导》① 相关信息汇编。

通过上表可以看出：位于第一层次的大学一般拥有颁发部分或全部学位证书的权限；位于第二层次的大学学院作为接近大学程度的学院，一般只拥有颁发学士学位和大学文凭/证书的权限，不能颁发研究生学历和学位证书；位于第三层次的学院则包括了各种社区学院、应用人文、科学和技术学院、应用人文和技术学院、技术与高等教育学院、大学预科和职业技术学院、技术学院和地区学院等诸多职业应用型高校，其所授予的学位也是以应用型文凭证书为主；位于第四层次的是广大的成人教育机构。这些机构面向社会招生，入学门槛低，一般拥有颁发职业技术培训结业证书的权限。这种证书自 1984 年开始由学院和成教机构授予，其课程设置主要是为了满足地方的技术培训需要。

需要指出的是，在加拿大的历史上，最初仅有公立大学和少数的私立教会院校才有资格颁发学位。经济发展以及人们对学位需求的增加，促使一些省在 20 世纪 90 年代采取多种措施解决扩大高等教育入学机会的问题，并推进高校的多样化进程，其主要举措之一就是为学生多提供一些获得学位的选择。例如，不列颠哥伦比亚省创立了大学学院，其做法是在现有的社区学院中精选一些学校，授权它们开设完整本科学位课程的权力。随后，阿尔伯塔省、安大略省和不列颠哥伦比亚省相继修订了立法，在一定限制的前提下，

① 朱梅：《加拿大高等院校入学指导》，中国社会科学出版社，2006 年，第 5～6 页。

给社区学院、艺术学院和私立大学赋予了学位授予权；在阿尔伯塔省和安大略省，学院的学位授予权主要集中在应用专业领域。目前，上述三个省都建立起了评审机制，那些希望获得省政府认证并获得学位授予权的学校可以按规定提出申请；在曼尼托巴省和萨斯喀彻温省则建立了新型的高等教育机构，其中包括加拿大第一所土著人的大学——第一民族大学（First Nations University）①。在不列颠哥伦比亚省，“开放大学（the Open University）发展成为附属于正规大学的一所形式灵活多样的可以颁发学位的教育机构。开放大学还创建了一个‘学分银行’体系，使得学生可以积累先前获得的课程学分，直至获得学士学位。开放大学承认学生从任何适当的中学后教育机构中所选修的课程学分。此外，大量的学院及专科学院能够与开放大学签订协议，以便在某些特殊学科领域，如音乐、艺术和卫生科学等，联合安排学位培养计划”②。

综上所述，学位授予在很长一个时期曾经受到各省政府的严格控制。由于形成的历史阶段不同，加拿大的高等教育在很长时间内都是双轨制（binary structure），大学和不授予学位的中等后教育机构（通常指社区学院）之间少有交叉。如今，高等教育的院校日益多样化，大学与非大学之间曾经泾渭分明的界限已经日益模糊，改变了加拿大高等教育传统的双轨制特点。

本章小结

纵观加拿大自新法兰西时代已降三个半世纪的历史，其高等教育在不同时期先后受到法国、英国、德国和美国等不同国家的影响。总体而言，法国大学的影响主要集中在以魁北克省为中心的法语区大学，这包括加拿大历史最为悠久的拉瓦尔大学、蒙特利尔大学、魁北克大学等。英式大学的影响最早可追溯到 18 世纪，当时的温莎国王学院是以牛津大学作为参照模式建立的，其入学考试标准也沿用牛津大学的做法。后来的三一学院则更多受到了

---

① Theresa Shanahan & Glen A. Jones，Shifting roles and approaches：government coordination of post-secondary education in Canada，1995—2006，Higher Education Research & Development，2007，No. 26，p. 1，pp. 31-43.

② 李桂山：《加拿大社会与文化散论》，北京航空航天出版社，2008 年，第 98 页。

剑桥大学的影响，其首任校长惠特克（Whitaker）早年毕业于剑桥大学，其聘任的教授也全是英国大学的毕业生。此外，新斯科舍大学、曼尼托巴大学则是按伦敦大学的模式建校，从课程设置到学位授予无不借鉴伦敦大学的做法。作为加拿大的邻国，美国对其高等教育的影响是通过双向的人员流动实现的。首先是美国的教授在加拿大的高校任职，带去了美式大学的教育理念和治校思想；其次是加拿大的优秀学生去美国接受研究生教育，他们深受美国校园文化的洗礼，这些知识精英回国后积极传扬美国的教育思想。以此观之，加拿大高等教育既有法兰西帝国、大英帝国古典大学的血脉，又深受美国大学现代模式的影响，历经数百年的发展，积累了独具特色的经验。加拿大的高等教育发展融入于加拿大的国家发展史，随着掌权者和利益集团的流转更迭，被刻上了不同的帝国印记，承载了多元的文化基因，在历经几个世纪的政事纷争之后，仍保留着三个帝国的精神剪影。

加拿大的地理及人口分布对其高等教育布局产生了极大的影响。加拿大具有世界第二大的广袤国土，然而人口数量却仅有 3 300 多万，并且人口多集中在各省会城市，尤以多伦多、温哥华与蒙特利尔为甚，此三个城市的人口占全国总数 35%。这些城市及其所在的安大略省、不列颠哥伦比亚省和魁北克省历史悠久、人口稠密，具有多元文化的碰撞与交融，成为高校最为密集的地区，各类高校林立。对于其他开发时间尚短且人口密度不大的省，加拿大政府采取了一视同仁的发展态度，在每个省建立至少一所高水平的公立大学，例如纽芬兰纪念大学和爱德华王子岛大学都是各自省内唯一的大学层次的高校；在育空等三个行政区至少每个都建立一所学院，例如育空学院和努纳武特北极学院等。正如加拿大著名学者格兰·琼斯所言："加拿大土地宽广，人口稀少，这就意味着，如何确保各地居民的高等教育入学权利，一直是一个重要的政策问题，而且考虑到交通费用问题，加拿大采取的解决办法，就是发展水平几乎差不多的大学，（而不是发展差异明显的大学，那样做，高质量的大学可能就只有当地的居民才享用得到），以便当地居民可以就近入学。"① 对于人口稀少、教育资源不发达的地区，解决居民高等教育入学权利的办法就是发展职业技术型的院校，满足当地社会经济与文化发展需要，准许这些院校颁发证书和大专文凭，并且鼓励它们与本省的大学或

① 格兰·琼斯：《加拿大高等教育——不同体系与不同视角（扩展版）》，林荣日译，福建教育出版社，2007 年，中文版序。

邻省的知名大学联合开办某些专业的本科学位课程，尽量确保所有人的求学愿望；另一种解决办法就是提供远程高等教育，以开放入学的方式让偏远地区的人可以足不出户就能够接受适合自己的高等教育。

加拿大是联邦议会制国家，省政府和联邦政府共同承担管理国家的权力。联邦政府对高等教育主要扮演着有责无权的角色，通过法律和财政的手段去影响和引导高校的发展。联邦政府的人力资源与社会发展部、工业部和财政部等多个职能部门都以各自的方式参与各省的高等教育事务，这包括对研发的资助、对学生奖助学金和贷款的资助等。高等教育财政拨款主要由各省政府负责。各省以立法的形式确立大学的管理体制，省政府对高等教育资助、规定和协调负有直接责任，但这种管理仅限于制订全省的高等教育方针和计划，以及向各校拨款等事宜。此外，省政府还有权审批新大学或其他高等教育机构的建设、规范大学名称、批准学位授予权并监督大学。为了协调省际高等教育人员流动，加强省际跨校合作，各省的高等教育职能部门开始密切合作，教育部长联席会、加拿大高校联合会和加拿大学院联合会等官方与非官方机构相继建立。加拿大没有对高等教育进行认证的全国性机构，也没有对专业进行评估的机制，这是因为人们普遍认为加拿大的不同大学在质量标准上基本是一样的。在拨款和资源分配方面，省政府对本省的各个大学一视同仁，因而加拿大的大学体系具有相当高的同质性，而许多其他国家的大学却存在明显的分层。尽管受到省政府的管理，加拿大的大学仍然享有法人地位和充分的办学自主权，政府不能干预大学内部事务。加拿大高校因而焕发出鲜明的高教教育办学特色，高等教育管理体制呈现出多样性的特点。

接受高等教育已成为如今从事绝大多数新工作和日后所有新工作必备的条件。对那些没有高等教育经历的人而言，就业前景日趋黯淡。但是高等教育的目的并不仅仅是实现个体和集体的经济价值。它是一种方式，借此我们能够更好地理解周围的世界，在民主社会扮演更为自信的公民角色，并且过上更有成就感的生活。

——选自 Knowledge Matters：Canada's Innovation Strategy，2002

第二章　加拿大高校招生考试制度的历史演进

伴随着高等教育的发展变迁，加拿大高校的招生考试制度也进行着与时俱进的改革，在高等教育不同历史发展阶段呈现出不同的特点。通过对加拿大高等教育的追溯，可以发现其大学自诞生至今的三百七十余年，在招考制度方面主要经历了个校筛选制、省内统考制、全国统考制和综合选拔制等四个主要发展阶段，每一种高校招考制度都是高等教育在特定历史发展阶段的产物，又反过来适应或推动了高等教育的发展。

第一节　个校筛选制：招考制度的早期萌芽

一、早期的高等教育发展

加拿大高等教育在二战之前的三个世纪内发展较为缓慢，并且具有三个主要特征，那就是宗教纷争、财政困难和有限的课程。以 1867 年加拿大建国为分水岭，早期高等教育的发展又可分为两个阶段。

（一）建国前的高等教育

自 1635 年耶稣会（Jesuits）建立魁北克神学院（the Collège de Québec）到 1789 年英国国教圣公会在温莎建立国王学院（King's College），此间绝大多数的高等教育机构都是由不同的教会建立的。换言之，绝大多数教会都建立了自己的教育机构以便培养自己的神职人员。教派之间的纷争非常激烈，各个教会学校在争取地位和政府支持方面的竞争尤为激烈。那时候的学院数量虽多但力量薄弱。甚至到了 20 世纪，加拿大西部地区的省政府在接管教会大学之后，财政困难仍旧是棘手问题，这种状况直到二战后才有所改观。

早期高等教育的职能主要是培养神学、医学和法学方面的专业人才。工程学院、农学院和其他一些专业学院随后才成为大学的组成部分。社会科学还未发展成熟。女王大学的校长库克（Cook）博士曾在 1860 年表示："大学的教育不是给所有人教所有的知识。大学的目的是进行古典教育和科学教育，特别是要为青年男子进入有学问的职业做准备。"①

由于缺少资助等现实原因，早期的大学和学院以及相应的中等教育体系都未能发展起来，甚至常常面临生存的窘境。例如，在爱德华王子岛省，创办于 1831 年的圣安德鲁学院（St. Andrew's College）最早由罗马天主教兴办，旨在"把男孩培养为教士"，该学院的招生规模不大，1844 年只招了 10 人，后来由于内部矛盾和资金短缺导致关闭②。早期大学的生存危机是个普遍现象，学生人数的惨淡现实迫使大学不得不正视其生存危机。有些学院因难以为继而永远地消失了，一些如今蜚声国际的名校也曾因生源不足和财政困难而一度前景暗淡。例如建立于 1818 年的达尔豪西大学直到 1838 年才招到学生，1845 年因难以维持而暂时关闭，直到 1863 年才重新开办。紧张的宗教关系和微薄的财政供给阻碍了大学的发展③。

（二）建国后的高等教育

加拿大 1867 年成立自治领，随后颁布了《大不列颠北美法案》，"规定教育的立法权和管理权在各省，但是随着国内社会、政治和经济的发展变

---

① Robin S. Harris, A History of Higher Education in Canada, 1663—1960, University of Toronto Press, 1976, p. 47.

② 格兰·琼斯：《加拿大高等教育——不同体系与不同视角（扩展版）》，林荣日译，福建教育出版社，2007 年，第 253～254 页。

③ Paul Axelrod, The Character of Canadian Higher Education: An Historical Perspective, Marcelo A. Romanello edited, Perspectivas Criticas Desde El Siglo XXI Sobre La Educación En Argentina Yen Canadà, Buenos Aires, Gràfica-G. Press, 2006, p. 128.

化，加拿大联邦政府为提高国民素质，增加科技实力，加快社会经济发展，主动承担了发展教育的义务，参与教育，为高等教育提供大量资助，加速了加拿大高等教育的发展”①。在这样的时代背景下，加拿大这个年轻的国家在高等教育领域呈现出一些新面貌，最为引人瞩目的变化之一就是高等院校类型的逐步多样化。

从时间顺序来看，首先是军事院校的诞生。经过议会批准，加拿大政府于 1874 年在安大略省创建了全国第一所军事院校金士顿皇家军事学院（the Royal Military College of Kingston），由联邦政府为其提供经费。1876 年该校迎来了首届 18 名学生。1878 年，维多利亚女王批准该校使用“皇家”前缀，后更名为加拿大皇家军事学院；其次是赠地大学的出现。建国后，联邦政府开始对高等教育提供资金支持，并采取赠地办学的方式，建立省属世俗大学，教会大学迫于压力开始逐步与世俗大学合并。第一次合并的尝试是在 1877 年，曼尼托巴大学在世俗大学的名义下合并了分属天主教、英国国教、长老会和卫理公会的四所教会大学。其他省的教会学校也进行了类似的世俗化改革，合并或归入省立大学。例如，阿尔伯塔大学（1906 年）、萨斯喀彻温大学（1907 年）、不列颠哥伦比亚大学（1908 年）等。但即便如此，整个国家的高等教育发展仍旧较为缓慢，“到 1938 年为止，全国也只有 28 所大学，在校生 40000 多人，占全国 18 岁至 24 岁青年人的 5%。由此可见，加拿大从建国的 1867 年到 20 世纪 30 年代的 70 年时间内，只增加了 10 所大学”②。虽然进行了世俗化改革，但这些院校仍与教会具有千丝万缕的联系，保持着古典大学的本色，高等教育的公共性仍未确立，直到二战期间。

（三）早期高校的课程设置

在高等教育的发展早期，教学的重点是通识教育，即古典学科和纯科学学科。成立之初的温莎国王学院、弗雷德里克顿国王学院开设的也是古典课程。在加拿大教育史上记载最早的是 1814 年温莎国王学院的课程：

> 一年级课程有：希腊圣约、希伯来圣经、沙乎克里斯著作、格鲁希阿斯的作品，芬·郎介纳斯著作，贺拉斯艺术诗、维吉尔田园诗、西塞

① 符华兴、王建武：《世界主要国家高等教育发展研究》，湖南人民出版社，2010 年，第 389 页。

② 符华兴、王建武：《世界主要国家高等教育发展研究》，湖南人民出版社，2010 年，第 389 页。

罗演讲、伯莱马克（Burelmqaue）法、欧几里得几何、代数、逻辑等。

二年级课程有：希腊圣约、逻辑、格鲁希阿斯、西塞罗、荷马、贺拉斯、赞诺芬、西尼、尤维纳利斯的作品。

三年级课程为：欧几里得几何、代数、逻辑、西塞罗演讲。

四年级课程为：沙孚克里斯、荷马、贺拉斯、西赛罗的作品、逻辑学等。①

直到1867年，加拿大大学、学院的课程学科领域才有了进一步扩展，涉及的范围也更加广泛。以女王学院为例，一年级的课程有："古罗马作品（包括西塞罗演讲录、维吉尔的《伊尼伊德》、贺拉斯的作品、散文作品、罗马风俗）、希腊作品（包括荷马的《伊利亚特》、路逊传记、散文作品）、数学（包括平面几何、欧几里得几何1—6卷，代数、三角学、对数）、自然。在基础考试中新增加的经典著作原文考试科目有：英语版的福音书、布林（Bullion）的英语语法、英语文学史（Ⅰ）、基督教的18个世纪（1—5）。"② 到了1890年，加拿大各高校所提供的学士学位课程可分为四种。一种是罗马天主教学院开设的长达8年的学位课程，在渥太华大学和某些古典学院是7年；第二种是国王大学、主教大学和三一大学等高校模仿牛津和剑桥模式开设的三年制学位课程；此外的两种都是四年制的，其区别在于：一种学位课程是从头到尾都被规划好的，而另一种则赋予学生在最后两年更多的课程选择自由。值得注意的是，这第四种学位课程前两年的课也是既定的，学生没有选择余地。

为何既定课程成为当时加拿大高等教育界的主导思想？哈佛大学的艾略特（Eliot）校长早在1869年的就职演说上就号召高校要建立选课制度，这对哈佛大学乃至全美高校的选课制度产生深远影响。加拿大的高校之所以没有建立选课制度，主要是出于现实的原因。首先，大学生对接受高等教育的准备不足，生源质量不佳导致高校不得不在头一两年夯实学生的学习基础③。正如麦吉尔大学的道尔森（Dawson）校长在1891年的开学典礼上所

① 侯建国：《二战后加拿大高等教育改革与发展研究》，河北大学博士学位论文，2005年，第20页。

② 侯建国：《二战后加拿大高等教育改革与发展研究》，河北大学博士学位论文，2005年，第23页。

③ Robin S. Harris, A History of Higher Education in Canada, 1663—1960, University of Toronto Press, 1976, p. 120.

言："我们还没有达到足够的水平，像德国大学那样可以让学生自己选择课程，或是像最近的一些美国大学那样让赋予学生更多的选择。我们现在还不具备这样的条件，除非注册选拔工作有明显提升。"其次，高校若要实施有效的选课制度，就需要大量的教学人员，而这在当时是绝大多数加拿大高校所无法具备的。

二、个校筛选制的形成与录取标准

（一）个校筛选制的形成

自 17 世纪第一所高校出现至 20 世纪末的两个半世纪，加拿大的高等教育远未形成规模和体系，接受高等教育仅是某些精英人士的特权，甚至中等教育也只能为一部分人所享有。在有些人口分散的地区，高中教育的机会甚至到了 1949 年还非常有限，例如在纽芬兰省，"只有居住在圣约翰①的中产阶级居民（在 6 所宗教学院里）和有较大资源城镇的人（在公司资助的学校里），才有完成高中教育的希望"②。有限的生源和有限的高校，这在很大程度上决定了当时的招生只能是基于高校个体的筛选。

决定学校筛选制的另一个原因就是当时高中课程与大学一二年级课程的内容相互重叠，特别是在早期，高中教育与大学教育的边界尤为模糊。正如加拿大教育史学者保罗·艾克赛尔罗德（Paul Axelrod）所言："实际上，高等学习（higher learning）究竟包含哪些内容？这到十九世纪上半期还是个复杂的问题，因为当时的中等教育与中等后教育之间的界限是模糊的。在普通教育或小学教育之上的高级教育（advanced schooling）在文法学校、神学院、文实学院和大学都能提供。这些院校都毫无例外地关注古典教育——宗教、数学、拉丁语和希腊语，致力于使她们的毕业生获得社会的尊敬。但是这些学院的入学标准却因校而异。由于学院和文法学校的课程经常重复，在缺少文法学校的地方，富裕的家长可能会直接把孩子送到学院或大学接受高级教育。由于具备良好教育基础的生源短缺，这些院校的竞争十分激烈，处境艰难的院校，如维多利亚大学和女王大学等，几乎无力拒绝任何

① 圣约翰市（St. John's）是纽芬兰省的首府，至今已有 500 年的历史，1 000 年前就有北欧人在此活动，是北美最古老的城市之一。

② 格兰·琼斯：《加拿大高等教育——不同体系与不同视角（扩展版）》，林荣日译，福建教育出版社，2007 年，第 275 页。

交得起学费的学生，尽管有些学生可能并不够格。”①

在当时的历史条件下，不但高中的教育内容与高校类似，高中入学选拔考试更是颇具挑战性。直至19世纪末，只要能够考入高中并顺利毕业就已经算是了不起的成就。以安大略省1898年的高中入学考试为例，为了升入高中，安大略省8年级的学生必须参加由省教育部组织的统考，这些考题经常会让大学教授们犯难，有些教授可能根本无法通过考试。当时那些十三四岁的学生要能够“找出355和497的最小公倍数”、“写出形容词‘单纯的’和‘世俗的’的反义词”、“画一幅国家地图和安大略湖并写出每个郡及其首府的名称”、“清晰到位地朗读莎士比亚戏剧‘约翰王’的一个片段”、“对麦考莱（Macaulay）或弥尔顿（Milton）作品的一个段落做语法剖析”②。因此，这些学生取得的成就不容小觑，即使当下的教育家也不能用现代的时髦标准来攻击百余年前的教育方法。但是，通过考试的学生根本不能代表1898年的大多数小学生，因为仅有少数的学生能够读到8年级。在他们中只有41%的人自愿或被挑选来参加高中入学考试，其中将有30%的人不能通过考试。换言之，在当时，高中入学考试的功能就是对本来人数就不多的应试者进行无情的筛选，最终选拔出少量的学术精英，赋予他们在高度竞争的学术性高中就读的权利，那时的高中课程如同如今的本科课程，扮演着社会秩序守门人的角色③。

（二）个校筛选制的录取标准

自19世纪60年代始，也就是1860年以后，加拿大中等教育的边界和课程日益清晰，大学的入学标准也更为明确。申请上大学的学生，需要接受过高中教育。然而，这一时期院校间的重叠并未完全消失。高中高年级或者最后一年的学习通常就等同于大学第一年的学习。如果学生完成了高中第二年的学习，就可以进入大学学习④。鉴于人文科学与社会科学在19世纪的

---

① Paul Axelrod, The Promise of Schooling: Education in Canada, 1800—1914, University of Toronto Press, 1997, p. 92.

② Robert Douglars Gidney, From Hope to Harris: the Reshaping of Ontario's Schools, University of Toronto, 1999, p. 282.

③ Robert Douglars Gidney, From Hope to Harris: the Reshaping of Ontario's Schools, University of Toronto, 1999, p. 283.

④ Paul Axelrod, The Promise of Schooling: Education in Canada, 1800—1914, University of Toronto Press, 1997, pp. 92-93.

高等院校占据显著地位，在授课语言为英语的高校，拉丁语和希腊语是所有年级的必修课；在法语高校，这两门课是大学一二年级的主课。由于古典学科在高校教学中的主导地位，它们也成了申请入读高校的必备条件。除此之外，基础数学和英语文法也是入学要求。

到了 19 世纪晚期，加拿大的高校意识到本科课程学习必须以学生入学时的学习程度为基础。因此各高校都设定了基本的入学要求。到了 1890 年，加拿大所有院校的入学要求基本上都是相同的。高校要求高中生出示其在五个学科的学习成绩：古典学科、数学、英语、历史与地理、科学或一门外语①。其中"古典学科"是指拉丁语和希腊语，有些学校可以用法语或德语替代。拉丁语在早期的高等教育界具有至高无上的地位，无论是在入学考试还是在大学第一年和第二年的考试中都是规定科目，而且在大学三、四年级也经常考。随着现代语言的兴起，一些大学的入学考试开始允许用法语、德语等现代语言替代拉丁语。相比之下，希腊语的地位得到加强，在女王大学和多伦多大学都增设了独立的希腊语教席，然而学生的人数却不多。到了 1890 年，尽管希腊语仍是许多大学的入学考试和学位考试科目，但现代语言在阿卡迪亚大学、麦吉尔大学和新不伦维克大学已经成了入学考试的条件之一。在以法语为教学语言的高校，法语是入学的必备条件。可以说在全国高校范围内，现代语言大有替代古典科目之势。

在英语要求方面，麦吉尔大学要求申请者提交一篇英语文法分析论文、一篇关于英国历史主要事件的论文，和一篇考试时的命题作文。许多大学还要求根据具体作文额外提交一篇论文，这种做法到 1900 年前后非常盛行。在麦吉尔大学，历史被视为是英语包含的内容，但逐渐开始被视为独立学科。

当时多伦多大学的入学考试可以说是加拿大所有高校中最为全面的，其中包括：希腊语著作《Xanophon 远征记》第一部（Xanophon's Anabasis Book Ⅰ）、拉丁语著作《埃涅阿斯纪》第二部（Aeneid Book Ⅱ）、古罗马历史学家萨鲁斯特（Sallust）的《喀提林阴谋》（Cataline）、英语翻译成拉丁散文、数学基本原理、普通分数与十进制小数、平方根的开方、代数的首要四大定律、欧几里得（Euclid）的《几何原理》、英语文法、英国、罗马

① Paul Axelrod，The Promise of Schooling：Education in Canada，1800—1914，University of Toronto Press，1997，pp. 92-93.

与希腊历史、古代与现代地理等。其他大学的申请标准也不断提升。新不伦维克大学在其 1862 年的校历中宣布：更多的古典学科和数学将成为入学要求。该省的文法学校和高级中学也纷纷证实大学的入学标准有所提升①。

基于不同的学校类型，高校的招考标准也有所不同。就这个阶段的新生事物军事院校而言，鉴于国防教育的特殊性，其招生标准也较为特殊。加拿大皇家军事学院（Royal Military College Canada）模仿纽约的美国西点军校而建。美国西点军校成立于 1802 年，对加拿大的军事教育产生了极大的影响，加拿大借鉴了其较为全面的课程体系。加拿大的长官们认为："西点军校具有的新世界民主传统比英国贵族气息浓厚的学院更为适合加拿大的国情。西点军校接收来自美国社会各个阶层的学员，其资格考试也相对简单，学员在数学和工程学方面经过四年严格的学习之后，被塑造成士官。这是培养士官最为经济的方式。"② 加拿大皇家军事学院对学生的选拔工作包括资格审查、体检和考试三大部分。在资格审查方面，申请者必须是加拿大公民或永久性居民且年满 16 岁；考试包括军事潜能测试和面试，只有那些在学术、军事、运动和双语（法语和英语）四大领域均衡发展且颇具潜力的申请者才能成功入选。

值得一提的是，招生入学考试在当时加拿大的高校仅是学生获得学位的第一步。1860 年，三一学院规定，学生要想获得学位必须通过 3 次考试：注册入学考试、二年级第一学期的前期考试（Previous）和大学四年级的文科学士学位考试。1877 年，圣·约翰学院（St. John's）、圣·博尼费斯学院（St. Boniacfe）和曼尼托巴学院合并组建了曼尼托巴大学，这是一所无教派的省属大学。曼尼托巴大学的建立在加拿大高等教育史上是一个非常重要的事件，它表明具有不同信仰、不同办学目标的学院能和平共处、资源共享。曼尼托巴大学借鉴英国大学模式，开设了数学和物理课程。学生在入学时要参加初试，初试的科目有拉丁文、希腊文、现代语言（包括英语）和数学。考试论文要有 13 页；在第一学年参加先前考试，考试科目有拉丁文、

---

① Robin S. Harris, A History of Higher Education in Canada, 1663—1960, University of Toronto Press, 1976, p. 47.

② Cameron Pulsifer, The Royal Military College of Canada: 1876 to the Present, http://www.warmuseum.ca/education/online-educational-resources/dispatches/the-royal-military-college-of-canada-1876-to-the-present/.

希腊文、现代语言、数学和物理基础课程；进入二年级后，学生有多种选择，或选择特殊课程，或选择荣誉课程，或选择普通课程。他们要在二年级结束时，参加三年级的选拔考试，在三年级结束时或第四学年要参加毕业考试。毕业考试科目有拉丁文、希腊文、数学、物理、逻辑、形而上学（玄学）、伦理学和至少长达 11 页的论文，考试可用英语也可用法语。对申请古典课程学位的学生没有入学考试，因为在七八年漫长的学习生涯中，学生还要经历几次考试。在拉瓦尔大学，如果学生在第六学年结束时的文法考试中，以及在第八年结束时的科学考试中，获得总分数的 2/3，才会被授予学士学位。

第二节　省内统考制：招考制度的日益严格

一、二战前的高等教育发展

进入 20 世纪，加拿大先后经历了第一次世界大战和 30 年代的经济危机，战争造成了加拿大人员的重大伤亡和物质的极大损失，随后的世界性经济危机则严重冲击了加拿大人民正常的生活秩序，高等教育发展也受到重创。

“战争对加拿大高等教育的影响表现在 3 个方面：财政拨款削减，延误了学校基本建设；大批青年人走上战场，导致在校学生人数减少；课程设置迎合战时经济体制，限制了普通教育、职业教育的发展。”① 尽管一战后高等教育发展有所恢复，但三十年代的经济大萧条再次制约了加拿大高等教育的发展。纵观全国，“法律、医学、牙医等学科的在校生下降，建筑学、药学专业发展受到影响，人文科学、教育学及研究生教育发展势头受到遏制。在麦吉尔大学，1932 年社会学研究和药学专业被迫停顿。尽管人文科学专业的学生增长了 2 倍、研究生增长了 4 倍，但是麦吉尔大学学生总数却从经济危机前的 2 947 人减至 2 771 人，学生减少主要与医学、法律、工程学、牙科学和音乐专业招生人数削减有关。1931 年—1932 年曼尼托巴大学从省政府获得的拨款减少近 100 万加元。经济大萧条导致物价飞涨，教师工资被

① 侯建国：《二战后加拿大高等教育改革与发展研究》，河北大学博士学位论文，2005 年，第 16 页。

大幅削减，失业率居高不下”①。不列颠哥伦比亚大学的在校学生数从 1930 年的 2 000 人降至 1934 年的 1 646 人。尽管这一时期，有的大学学生人数出现反复，但从整个二三十年代来看，加拿大的高校注册学生人数在缓慢增加。因为对年轻人来说，找不到工作只好在高校继续读书，以便经济复苏后获得更佳的就业资本。1920 年，多伦多大学的注册学生数达到 4 000 人，这还不包括在一些校外机构就读的学生。1940 年的人数达到 5 000 人。在女王大学，在 1920 至 1940 年的二十年间没有重大的发展，注册学生数从 1 500 人增加到 1 700 人。

二、省内统考制的形成与录取标准

在 20 世纪初，高校招生的通常做法是让学生参加由各省教育部和该省的大学一起组织的注册入学考试。省教育部与大学联合设立注册入学委员会，其中文理学院的教授们占绝大多数，因为他们多是校方代表。这些教授们如何看待大学入学标准，对委员会的工作起到至关重要的影响作用。在加拿大英语区，还有另外一个因素增加了文理学院对入学考试的影响，以及中学阶段相应的课程学习，这就是高级入学资格学年（senior matriculation year）的引入，也就是在高中阶段提供大学本科学位课程第一年的学习。截至 1900 年，只要通过初级入学资格考试，或者在通过高级入学资格考试的第二年，就可以直接升入绝大多数英语大学的一年级。这种做法的后果之一就是任何省通过初级入学资格考试的学生都具有相似的资质；另一个后果就是带来大学第一年课程的标准化，因为大学一年级的课程要与高中的高级入学资格课程相一致。尽管是由各省自行安排入学考试，然而全国范围在大学一、二年级的入学标准却表现出极大的趋同性②。

到了 1920 年，除了古典的学院体系，大学的入学资格都是预科衔接。就四年制大学的入学条件而言，具有初级入学资格的学生升入大学一年级，具有高级入学资格的学生升入大学二年级。学生需要提供其高中阶段最后一年五门课程的成绩及班级排名，这五门课程依次为：英语、历史、数学、拉丁语及一门其他课程。在当时，仅有不列颠哥伦比亚大学、达尔豪西大学等

---

① 侯建国：《二战后加拿大高等教育改革与发展研究》，河北大学博士学位论文，2005 年，第 16～17 页。

② Robin S. Harris, A History of Higher Education in Canada, 1663—1960, University of Toronto Press, 1976, p. 596.

五所大学要求科学成绩。安大略省的高中学生成功修完 12 年级的学业，就被认为是获得了初级入学资格（junior matriculation），成功修完 13 年级就获得了高级入学资格（senior matriculation）。由于各省学制差异，在新斯科舍省，高中 11 年级修完即获得初级入学资格，12 年级则获得高级入学资格。

在 20 世纪 20 年代，伴随着入学人数的缓慢增长，加拿大的高校也逐步提高了入学标准。到了 1930 年，在全国范围内的高级入学资格已经基本取代了初级入学资格，成为法律等专业院系第一年的最低入学要求。从 1931—1932 学年开始，文学院也要求申请第一年入学者具备高级入学资格。入学要求的提高并没有延长学生获得学士学位的时间，这是因为大学的四年课程被相应地压缩到三年，有些高校的荣誉课程则还是四年①。

为了加强各省大学之间的联系和沟通，加拿大的大学校长们于 20 世纪初开始不定期地召开加拿大大学全国会议（the National Conference of Canadian Universities），商讨各大学普遍关注的问题。通过对其 20 世纪二三十年代所召开的 11 次会议主题进行分析，可以发现：本科阶段的大学入学标准缺乏统一性是当时引起各校广泛关注的主要问题之一。大学对入学标准的关注，在一定程度上是因为一战后中等教育在学人数的增加以及中学职业类课程的增加。截至 1940 年，高中授予学生的高级入学资格成为学生申请大学第一年的基本要求②。

入学资格的变化对高中阶段的教育产生了重大影响，到了 20 世纪 50 年代早期，安大略几乎所有的高中都实施五年制课程体系。在 20 世纪早期，省政府通常采取考试手段来加强对教育的控制。当时在中小学阶段的不同年级设有升级考试，特别是高中升级考试。例如，8 年级的学生需要参加省教育部统一组织的高中入学考试才能进入高中学习。后来，升级的决策权下放给教师、校长和校董会来决定。到了 1950 年，安省仅保留了 13 年级毕业考试（grade 13 departmental）。这种考试是省级的分科统考，在 13 年级结束时由省政府统一出题并改卷。每个考生的考试成绩都会被公布在当地报纸上，考试成绩力求客观公正，不受任何外部因素干扰，教师的平时成绩或者学期考试分数都不会被折算计入统考成绩。因此，学生在 13 年级的学习成

① Robin S. Harris, A History of Higher Education in Canada, 1663—1960, University of Toronto Press, 1976, p. 363.

② Robin S. Harris, A History of Higher Education in Canada, 1663—1960, University of Toronto Press, 1976, pp. 376-377.

绩，甚至是整个中学5年的学习成果都取决于这最终的考试。13年级毕业考试通常在每年天气湿热的六月举行，它由若干场科目考试组成，每场考试历时3小时，对学生而言是一次严峻的考验①。该考试不仅对想要上大学的学生至关重要，对教师和校长们同样重要，因为当时对教学质量的判断和评比取决于考试通过率和获得第一等的考生人数。可以说，实际上13年级毕业考试在当时就是实现公众问责的一种非同寻常的手段，它可以让整个社会相信高中教育没有辜负大众的期望，培养出了众多优秀人才；还能够让学校管理层引以为戒，进行变革②。由此可以看出，安大略省的13年级毕业考试实质上就是该省的高中毕业统考，顺利通过考试的学生可以获得高级入学资格，即大学的入场券，能够申请到什么样的大学在很大程度上取决于学生在这场考试的成绩。

安大略省的全省统考性质的高中入学考试与13年级毕业考试分别发挥了高中教育的准入关和出口关，有效地发挥了考试的问责功能，同时也起到了筛选和分流的功能，如下图所示：

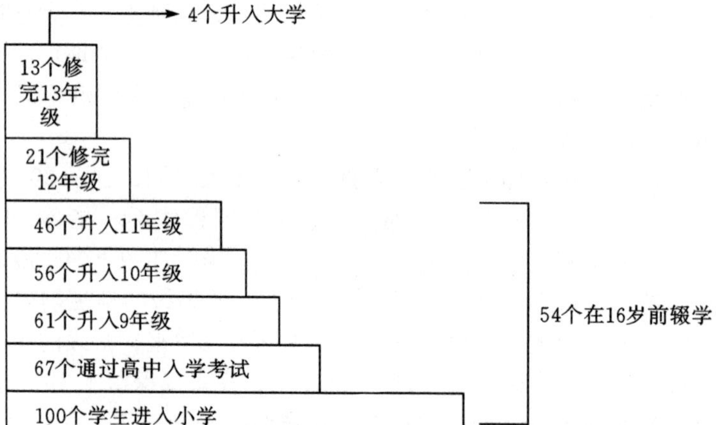

图2-1　安大略学校系统：20世纪中期学生流失示意图（Mid-century attrition）

资料来源：转引自 Robert Douglas Gidney，From Hope to Harris：the Reshaping of Ontario's Schools，Toronto：University of Toronto，1999，p.289。

---

① Robert Douglars Gidney，From Hope to Harris：the Reshaping of Ontario's Schools，University of Toronto，1999，p.20.

② Robert Douglars Gidney，From Hope to Harris：the Reshaping of Ontario's Schools，University of Toronto，1999，p.20.

观察上图可以看出：100 名小学生经过高中入学考试的筛选，仅有 67%的学生能进入高中学习，再经过从 9 年级到 13 年级的升级考试筛选和学生中途辍学，剩下 13%的人能修完 13 年级并获得高级入学资格，而最终成功升入大学的仅为 4%。安大略省所反映的情况在加拿大全国具有代表性：每个省的高等教育规模都非常有限，学生在教育系统向上流动过程中的流失情况严重，他们上大学的意愿也并不强烈。这些情况在 50 年代后期发生了巨大变化。

第三节　全国统考制：招考制度的反复探索

一、二战后的高等教育发展

加拿大在二战后一跃成为世界上最发达的工业国家之一，这让这个年轻的国家感受到了从未有过的自信。作为一个强大、独立的中等国家，她逐渐在国际事务中扮演着重要角色。在高等教育领域，加拿大政府也开始进行大规模投资和重新规划。

（一）政府投资加大

第二次世界大战期间，加拿大大学的科研能力得到了充分的发挥，并且为政府解决了一系列重大的军事技术问题。战后，大学又出色地完成了对复员军人的再培训任务，使政府真正认识到了大学的重要作用，开始重视对大学的投资。从 50 年代后期到 70 年代初，整个加拿大的大学教育都呈现出欣欣向荣的景象，造成这种形势的主要动力就是联邦政府与省政府给大学带来的空前而巨大的经济支持。

1951 年加拿大联邦政府成立了一个皇家全国艺术、文学与科学发展调查委员会（Royal Commission on National Development in the Arts, Letters, and Sciences）。该委员会的调查报告书指出："这个世界上没有一个国家的文化生活比加拿大更需要依靠大学来滋养。"而"大学的经费多年来因为政府的忽视，已经到了一个近于危机的地步"。报告书呼吁联邦政府给大学提供直接经济资助①。报告书发表之后，立即引起了加拿大各界极为强烈的反

① Royal Commission on National Development in the Arts, Letters, and Sciences, Report, 1951, p. 143.

应。同年，联邦政府宣布要破例给全国各大学每年以经济援助①。1957 年加拿大政府又成立了一个叫作“加拿大理事会”的机构，专门负责协助协调全国性的文化、教育活动。理事会有 1 亿加元基金。其中 5 000 万加元作为日后人文与社会学科的研究金、奖学金以及其他发展等经费，另外 5 000 万加元指定用于帮助大学扩建校舍②。

当时的国际局势也助推了加拿大的高等教育发展。第二次世界大战后，苏联的崛起对西方世界构成一种威胁。1957 年，苏联成功地发射了第一颗人造地球卫星。同时期内，美国的发射计划全归失败，西方世界一夜之间似乎陷入了一片恐慌状态。加强大学的科研工作，顿时成了西方诸国国家计划中的重要战略部署。1963 年，美国的《国防教育法》第 101 条将这种概念正式明文化：“我国的国防安全取决于我们是否能够充分发展我国青年男女的智力与技能……取决于我们是否能在新理论、新技术和新知识方面有所发现与探索。为此，我们必须做出最大的努力来教育培养我们的人才，做出更多的计划来保证每一个有能力的青年都不致因为受了经济条件的限制而无法进入大学。”③ 两年以后，美国总统约翰逊在国会中提出要在下年度预算中划出惊人的 16 亿 5 000 万美元作为发展教育的特别补助。美国政府这种痛下决心发展教育，尤其是大学教育的政策对其他国家来说不仅是一种启发，而且也是一种考验。加拿大为美国北邻，对美国政策的动向素来敏感，加拿大的大学与美国的大学在聘请教员、吸收优秀研究生与申请基金会研究费等方面都经常处于一种竞争的状态。在此紧要关头，加拿大政府为了维持其大学的竞争能力，保持工业、农业产品在国际贸易上的优势。为了延续国家的

① 加拿大各层教育工作按照国家宪法是隶属于各省政府的职权范围。联邦政府除了设立一些理事会负责拨款协助全国研究单位以及研究生以外，既无责也无权过问大学教育工作。因此，在梅西委员会发表其报告书后，联邦政府因为碍于宪法上的规定，无法直接拨款给大学，只好将款项先拨给一个非官方的全国性大学联合组织，再由这个组织转交给各省大学。到了 1966 年，联邦政府与各省举办了一个大学教育会议，会上，联邦政府同意终止上述拨款方法，而将一部分联邦政府的征税权转让给各省。各省将所转让的税收拨给省内大学。自 1968 年以后，各省立大学的教育经济补助名义上是来自省政府，而实际上其中一部分系来自联邦政府。详情请阅：Leslie，Peter，Canadian Universities，pp. 146-159。

② 朱维信、卜英勇编著：《多伦多大学》，湖南教育出版社，1989 年，第 65～69 页。

③ U. S. National Defense Education Act，Section 101，Amended in 1963.

经济命脉，他们下定决心对大学给予尽可能大的经济援助①。

联邦与省政府对高等教育的资助使大学的经费充足。1951 年加拿大各大学日常事业费总收入不过 4 100 万加元，其中联邦政府与各省政府的资助占了 46.2%，即 1 894 万加元。而 1961 年两级政府对各大学的资助增加到 19 000 万加元，为十年前的 6 倍；到了 1971 年，这个数字跃到 94 000 万加元，10 年之中又增加了 8.5 倍，占各大学总体经济来源的 80%。换言之，自 1951 年到 1971 年 20 年间，加拿大政府对大学的经济支援增加了50 倍②。政府的资助使高校有了充分的经费可以用来逐步实现其发展计划。例如多伦多大学，1955 年大学日常事业费收入是 1 140 万加元，全日制本科生人数 10 009 人,研究生 1 214 人。到了 1974 年，日常事业费收入达到 18 190 万加元，为 20 年前的 16 倍。而该年全日制本科生人数 31 684 人，研究生 7 637 人，学生总数是 20 年前的 3.7 倍③。这种高速持续式的增长率并非一种暂时的偶发现象，而是反映了那个时期政府对大学教育的态度有了根本性的改变④。

（二）高校入学人数的激增

首先，退伍军人培训促成高等教育的迅速发展。二战前，联邦政府在教育方面发挥的作用非常小，省政府在宪法上对教育负有义务。二战期间，联邦政府由于战时需要而大力资助高等教育，培养了大批专业技术人员；二战开始后，联邦政府于 1943 年专门设立复退军人事务部，负责为进入高校培训与学习的复退军人提供学费和生活津贴。随着二战结束，大批军人涌入高校接受职业培训和高等教育，“到 1946—1947 年，在高校接受培训和教育的复退军人数量已经占到加拿大高校学生总人数的近一半。1946 年加拿大联邦议会通过《复退军人再培训法案》，规定高等院校每接受一名复退军人，联邦政府就为其提供每年 150 加元的资助。从 1943 至 1952 年，加拿大高校为 13.5 万复退军人提供了培训和教育，从联邦政府获得资助资金 5 500 多

---

① 朱维信、卜英勇编著：《多伦多大学》，湖南教育出版社，1989 年，第 65～69 页。

② Leslie, Peter M. Canadian Universities 1980 and Beyond, Association of Universities and Colleges of Canada, 1980, pp. 135-136.

③ Hanly, Charles, Who Pays? University Financing in Ontario, Toronto James Lewis and Samuel, 1970, pp. 150-155.

④ 朱维信、卜英勇编著：《多伦多大学》，湖南教育出版社，1989 年，第 65～69 页。

万加元"①。在这一系列资助政策的鼓励下，加拿大的高等教育得到迅速发展，开始迈向大众化阶段。

表 2-1　战后加拿大退伍军人接受高等教育人数统计

学年	注册学生数（人）	其中退伍老兵人数（人）	退伍老兵所占比例
1943—1944	35 132	68	0.19%
1944—1945	38 516	500	1.3%
1945—1946	61 861	20 000	32%
1946—1947	76 237	34 000	45%
1947—1948	79 346	29 600	37%
1948—1949	75 807	21 800	29%
1950—1951	64 036	6 126	9.6%
1951—1952	59 849	2 464	4.1%

资料来源：根据 Robin S. Harris，A History of Higher Education：1663—1960，Toronto and Buffalo：University of Toronto Press，1976，pp. 456-457 材料整理。

由上表可以看出，1945—1946 学年的高校注册人数快速攀升，"1945 年后给予复员军人的利益是接受在军队服役过的青年进入大学，可驻校同服役一样长的年限。1949 年复员军人的流入使大学注册学生增至战前的三倍。然而，当时教授收入低、地位低下，影响教学质量，学校因此受到批评，但接受教育仍是加拿大人战后十分向往的事情"②。

其次，婴儿潮与新移民的涌入。二战后加拿大人口急剧增长，"从 1945 年的 1 200 万增长到 1961 年 1 800 万，增长比例近 55%。出生率的上升导致高等院校在校学生人数增长 2 倍，小学和中学人数增加 2 倍多"③。1955 年联邦政府统计局预测战后 20 年，即 1965 年加拿大适龄大学生人数会因战后婴儿出生率的剧增和新移民的涌入而增加到 1955 年的两倍。事实表明，1965 年加拿大全国大学生人数为 17.8 万人，几乎是 1955 年的三倍。1963

① 符华兴、王建武：《世界主要国家高等教育发展研究》，湖南人民出版社，2010 年，第 390 页。

② 李节传编著：《图本加拿大通史》，山东人民出版社，2011 年，第 237 页。

③ 侯建国：《二战后加拿大高等教育改革与发展研究》，河北大学博士学位论文，2005 年，第 46 页。

年，加拿大政府又作了一次预测，估计到1975年全国大学生人数会增加到46万人，为1963年全国大学生人数的三倍。这些官方的预测，对各级政府制定政策产生了很大的影响，使他们认识到，眼前的问题已经不是是否需要大量增加对大学的经济支持，而是如何在最短的时间内做好大批新生入学的必要准备。

此外，战后人口的增长也改变了加拿大的城市面貌，到了1961年有77%的人口生活在城镇，加拿大成为世界上城市化程度最高的国家之一。"人口结构的改变，年轻人所占比例的上升，对加拿大社会、经济、文化发展提出了新的要求。满足年轻人的学习需要，提供良好的高等教育机会，成为摆在政府、大学面前的重要任务。"① 为了适应经济快速发展的需要，在联邦政府和省政府的共同资助下，一批大学和学院如雨后春笋般冒了出来。"1967—1968年，加拿大有学位授予权的大学和学院62所，其他各类高校250所。在250所高校中包括90所初级学院或社区学院、75所师范学校、70所护理学校以及3所军事院校。"② 这一时期，加拿大高等教育发展迅猛，高校的数量、质量和科研水平迅速进入了世界前列。联邦政府通过立法把这些高校都改造成为公立高校，面向社会公众全方位开放，从而使加拿大的高等教育进入了一个蓬勃发展的黄金时代。

（三）社区学院的兴起

二战后，接受高等教育的青年数量激增，他们中多数人会选择大学，有的是从中学直接升入大学，有的是中途辍学又重返大学，大学教育经费开支随之大幅增加。然而，不断上涨的教育开支开始招致人们对大学作用的评价和质疑。为了控制预算，一些省的政府开始谋求对大学预算施加更多的控制。鉴于大学自治的悠久传统，各大学一次次成功抵制了省政府对其预算进行严密控制的企图。尽管如此，政府对大学的态度已经明确："为了维持社会所需要的所有服务项目开支的合理平衡，政府将不再容忍大学为追求不切实际的、不经济的理想而造成的无限制的开支。大学也认识到它们已不再是通往高等教育的唯一康庄大道，技术学校、技术学院所提供的教育对许多学

---

① 侯建国：《二战后加拿大高等教育改革与发展研究》，河北大学博士学位论文，2005年，第46页。

② 侯建国：《二战后加拿大高等教育改革与发展研究》，河北大学博士学位论文，2005年，第46页。

生，对工商部门更适合，因而大学需要重新估价它们的整体社会价值。种种迹象表明，学生、家长、实业家们正警觉地注视着这些新的发展前景。”①

的确，二战后加拿大的社区学院发展迅速，极大地扩大了学习者的选择范围。以职业教育和技术培训为主的各类课程在商务、医学、科技等学科领域遍地开花。可以说二战后加拿大高等教育普及化的实现，在很大程度上得益于各类学院。社区学院教育是一种新型的教育理念和教育制度，20 世纪 50 年代后期受美国影响在加拿大逐渐兴起。社区学院与正规的大学教育不同，它不能授予学位。与早期的技术学校也不同，技校的教学内容完全是在技术领域，教育目的倾向于就业，使学生毕业后能胜任有关的专业技术工作。社区学院是一个统称，包括了公立和私立的技术学院、师范学院、农业学院和艺术学院等，但不包括大学内的直属学院。各省对社区学院的称呼也不同，有的称应用艺术和技术学院，有的称普通教育与职业教育学院。社区学院的课程是综合性的，既有就业前的技术训练，又有大学预科式的教育，开设的课程有大学基础课程、职业课程和技术课程②。

社区学院能迅速发展有以下原因：一是对高等教育需求量的增大，正规高等学校的扩充和新建无法满足这种需求，而政府认可了这种相对投资少、见效快、普及面广的教育形式，于是迅速立法予以财政支持。魁北克省一些社区学院还对全日制学生免去学费。二是经济转型导致对技术人员的需求和技术更新的加速，迫使就业者和谋职者不断接受教育。社区学院学费低、学制灵活、课程实用性强等特点，吸引了广大学员③。社区学院的涌现丰富了高等院校的类型，也对高校招生方式提出了新的要求。

二、全国统考制的形成与录取标准

二战打乱并改变了人们正常的生活节奏，同时也改变了公众对大学地位和价值的传统看法。二战后，加拿大的高等教育已经打破了传统上较为单一的教育模式，各种类型的社区学院和私立学院得到了相当程度的发展，大学不再是获得高等教育和各种学位的唯一通途。中等教育的发展和新型学院的

---

① 约瑟夫·卡茨：《加拿大的教育》，刘庆荣，等译，内蒙古大学出版社，1992 年，第 67 页。

② 刘军编：《列国志·加拿大》，社会科学文献出版社，2005 年，第 249 页。

③ 刘军编：《列国志·加拿大》，社会科学文献出版社，2005 年，第 250 页。

产生打破了以往高校既定的招生方式，由外部机构组织的全国统一招生考试应运而生。

（一）全国统考制的背景

加拿大二战后的社会环境发生了巨大变化，成为诱致人们启动高校招生规则调整的重要因素。

其一，人口数量激增。

战争胜利后，加拿大的军人从战场上回归到家庭，国内经济形势一片大好，许多在三十年代大萧条时期推迟生育计划的家庭也恢复了对扩大家庭的信心，1945 年加拿大的人口出生率从 1937 年的最低点 20.1‰增至 24.3‰，随后一直平稳上升，1959 年达到 28.5‰的最高峰后才开始放缓[①]。自 1945 至 1965 年的二十年被誉为加拿大的婴儿潮时期，这股潮流为加拿大带来了 150 多万的新增人口。

与婴儿潮几乎同步的是加拿大移民政策的逐步宽松。1947 年加拿大政府废除了《排华法案》，但在政策上依然优待英国人，1949 年把优待范围扩大到法国人，1951 年再扩大到其他西北欧国家。而到了 20 世纪 60 年代，在国内外种种因素的作用下，加拿大政府不得不修改以至废除种族歧视色彩浓厚的移民政策，改为根据申请人的受教育程度、语言能力和专业技能等方面来确定是否接收其移民请求。1967 年的移民法允许所有族裔的移民资助其远亲进入加拿大[②]。此外，出于人道主义精神，加拿大政府还接纳了相当一部分难民，在特殊时期为一些内乱国家寻求避难的人提供了安身之所。

二战后婴儿潮的出现与新移民的涌入极大地改变了加拿大的人口结构。新增的人口使这个国家变得年轻而充满活力。总人口从 1945 年的 1 200 万增长到 1961 年 1 800 万，增长比例近 55%。出生率的上升导致高等院校在校学生人数增长 2 倍，小学和中学人数增加 2 倍多。1965 年加拿大全国大学生人数几乎为 1955 年的三倍[③]。年轻人所占比例的上升带来人口结构的

① Baby Boom，http://www.thecanadianencyclopedia.com/en/article/baby-boom/2012/，2013-12-16.

② 龙瑞光：《试析二战后加拿大废除种族歧视性移民政策的原因》，《内蒙古农业大学学报》（社会科学版）2007 年第 5 期。

③ 侯建国：《二战后加拿大高等教育改革与发展研究》，河北大学博士学位论文，2005 年，第 46 页。

改变，如何满足这些年轻人的学习需要、提供良好的高等教育机会，成为摆在政府、大学面前的重要任务。

其二，全国高校数量大增。

由于二战后退伍军人和新移民的加入带来高等教育的迅猛发展，原有高校的承受能力已经极度饱和，校舍从早到晚的使用率已经发挥到了极致，老学校、士兵宿舍、活动房屋、教堂地下室等都被大学用来当教室使用。一些大学甚至在以往的军事重地兴办分校，例如，多伦多大学的阿贾克斯校区（Ajax campus）就是曾经的军火厂①。各省的民众都迫切需要政府新增一些高校，方便学生就近入学。

为了应对民众对扩充高等教育的需求，从 1945 年至 1969 年的 25 年间，加拿大能够授予学士学位的高校（几乎全是大学）的数量由原先的 28 所增至 47 所②。有些省的大学数量并未增加，但却发生了内涵式的变化，这包括学院改制为大学、教会大学改制为世俗大学等。例如，纽芬兰省在 1949 年前仅有纪念大学学院提供两年制的文理科课程，之后学生需要继续到英国或其他省的大学攻读学位。而战后人口的迅速增长和对高等教育日益高涨的期望迫使这所学院改制为纽芬兰纪念大学（Memorial University of Newfoundland），获得了法律上的重新认定，并完成了办学理念的重构③；在爱德华王子岛，原先仅有一所四年制的天主教大学圣邓坦斯大学（Saint Dunstan's University），1968 年该教会大学被改制为公共性、世俗性的“爱德华王子岛大学”（University of Prince Edward Island）；其间，大多数省的高校数量都增加了，其中增幅最大的就是安大略省和不列颠哥伦比亚省，前者的大学数量从 6 所增至 16 所，后者从 1 所增至 5 所。大学数量的增多以及考生的增加，迫使人们思考举行全国统一考试的可行性。

其三，高校入学竞争日益激烈。

二战后，由于大学入学标准相对提高，入学竞争日趋激烈。在 1947—

---

① Robin S. Harris, A History of Higher Education: 1663—1960, University of Toronto Press, 1976, p. 417.

② Robin S. Harris, A History of Higher Education: 1663—1960, University of Toronto Press, 1976, p. 422.

③ 格兰·琼斯：《加拿大高等教育——不同体系与不同视角（扩展版）》，林荣日译，福建教育出版社，2007 年，第 274～276 页。

1948 学年，安大略省的教育部长收到了二十几封来信，来信者均是对子女教育抱有期望的医生、律师、教师和工程师，他们给教育部长致信，希望部长能帮助他们的子女进入理想的大学。部长在回信中礼貌而坚决地表示：他不能干涉大学的录取程序，这有碍于大学自治的理念①。这个事件影射了当时的社会现实，那就是高校学额有限，难以满足入学需求。如何对众多的申请者进行有效筛选，成为各个高校不得不面临的问题。

其四，高校招生效率偏低。

大学数量的扩增以及申请者人数的增加，使得如何对众多的申请者进行经济有效的筛选，成为各个高校不得不面对的问题。此外，与高校数量增加同步，各省之间学生的流动性也在增加，民众开始担心：如果缺乏一个全国通用的教育测量工具，那么各省在高校招生方面的做法将日益大相径庭。于是，举行全国统一考试的可能性被提上议事日程，最终安大略省的考试改革加速了这种可能的实现。

安大略省的高校招生自 20 世纪初就推行高中阶段的高级入学资格制度，获得该入学资格这是安省所有高校对申请者的基本要求②。到了五十年代，高中生只有通过 13 年级毕业考试（Grade 13 Departmental）才能获得高级入学资格。到了 20 世纪 60 年代早期，学校和政府层面都对 13 年级的设置及其最后的考试表示出日益强烈的不满。为了解决这一问题，1964 年安省教育部委任了一个由大学和中学代表、杰出的地方学校管理者等组成的 13 年级调查委员会（Grade 13 Study Committee），委员会成员既有该考试的支持者，也有反对者。最终在经过长时间的激烈辩论之后，该委员会建议政府制订长期计划，逐步取消 13 年级及其考试制度。但委员会同时还担心：取消 13 年级毕业考试之后，高中学业标准的一致性和严格性难以维系。为了避免这些问题，委员会建议采用其他的认证方式③。

1966 年安省教育部长戴维斯（Davis）宣布取消 13 年级毕业考试这一

① Paul Axelrod，Scholars and Dollars：Politics，Economics，and the Universities of Ontario：1945—1980，University of Toronto Press，1982，p. 27.

② Paul Axelrod，Scholars and Dollars：Politics，Economics，and the Universities of Ontario：1945—1980，University of Toronto Press，1982，pp. 376-377.

③ Robert Douglars Gidney，From Hope to Harris：the Reshaping of Ontario's Schools，University of Toronto，1999，p. 67.

导致填鸭式教育的省级统考制度，大学入学准备将通过 12 年级的有关课程来完成，把高中生的离校考试交由学校自行组织。当局认为这样做有利于加大管理的灵活性、增加教师的责任感、下放政府对课程的管理权，并且减少学生不必要的考试压力。对于取消考试的现实原因，戴维斯也直言不讳：参加考试的考生人数不断攀升，致使阅卷工作量陡增，几乎不可能按时完成阅卷，无法及时为大学的入学筛选提供信息。然而取消考试之后，高中学业标准的一致性和严格性又将难以维系。为了解决这些问题，当局打算引进一套新的能力和成就测验方案，测验成绩将和学生在校成绩一起提供给高校做参考①。

作为人口数量占加拿大总人口三分之一的教育大省，安大略省的考试改革对全国产生了巨大的影响，它将各省的高中毕业考试推向了改革前沿。部分省的高中毕业考试在取消之后急需其他替代性的测评方式来监控高中教学质量。一些加拿大人意识到应该对高校招生提供国家层面的服务，迫切需要能适用于全国范围的教育测量工具。

（二）全国统考制的试行

在上述背景因素的共同作用下，加拿大全国性的考试服务机构呼之欲出。人们普遍认为：全国范围的测试能够改善高校招生工作的有效性，因为有了这样的测试，高校在招生时除了参考各省的高中考试成绩外，还能够参照全国性的标准。特别是当时有些省的统考成绩发布时间较晚，不能够及时为高校择生提供参考，不利于高校与学生之间的双向选择。而如果国家考试成绩能较早公布，就能够在相当程度上加速大学的招生工作。正是在这样的背景下，加拿大的一些大学开始认可由高校入学考试委员会（the College Entrance Examination Board）推出的考试；除了教育测量的作用外，人们认为全国考试还能够在其他方面发挥重要作用，这些方面包括如何解决中等教育过渡到第三级教育之间的衔接问题、如何对学业成绩进行合理解释、如何改善高校选拔和招生程序、如何评定奖学金和助学金等②。

1962 年初，一个工作小组调查了美国高校入学考试委员会和教育考试

---

① Robert Douglars Gidney，From Hope to Harris：the Reshaping of Ontario's Schools，University of Toronto，1999，p. 68.

② Service for Admission to College and University，the SACU Guidance Manual 1971 Test Administration.

服务社（ETS），并在加拿大高校联合会（AUCC）的年度会议上作了报告，提出建立加拿大国家层面的高校考试委员会。经过几年的可行性研究和具体规划，1966 年高校招生服务社（Service for Admission to College and University，简称 SACU）获准成立。该机构是一个非营利性的国家组织，其会员为各高校、各省教育部，以及相关的教育部门。该机构的工作目标包括：

——设立不超过 2 个测试服务中心，至少一个在魁北克，为讲法语的学生提供服务，另一个设立在魁北克以外的其他地方，为讲英语的学生服务。两个考试中心都要负责开发和组织适当的学术能力和学业成就测验；

——促进高校招生选拔程序的改善，为奖学金和助学金的评定提供参考；

——帮助高校分析和解释申请者的学业成绩记录；

——进行并支持有关高校招生考试方面的研究；

——收集并发布高校入学要求、选拔标准、申请程序、奖助学金等相关信息；

——为中学、大学和其他高校、各省教育部门等组织和机构搭建交流平台，商讨其共同面临的问题和彼此的协作问题。

高校招生服务社于 1969 年组织了加拿大历史上首次全国性的统一考试，此后每年举行一次。截至 1971 年，有两个省的教育部在全省推行该考试，三个省以及魁北克的英语地区的所有大学都要求或建议学生在申请入学时提交该考试成绩①。在 1971—1972 学年，大约 10 万名学生参加了考试，考试分为两个部分：

第一部分：加拿大学术性向能力测验（the Canadian Scholastic Aptitude Test，简称 CSAT），该测验旨在测量学生的语言和数学能力的发展程度。语言部分测量学生对词语和观点的理解能力。数学部分测量学生对数学符号的理解能力、推理能力以及解决实际问题的能力。

第二部分：加拿大英语语言成就测验（the Canadian English

① H. A. Elliott，Associate Director's Report：SACU in Admission，Placement and Guidance，Proceedings of the Annual Meeting of Service for Admission to College and University，1971，p. 36.

Language Achievement Test，简称 CELAT），该测验旨在测量学生英语学科方面的学业成就。

以上两种测验均有对应的法语版本，考试的题型都是客观性的选择题，便于机器阅卷。高校招生服务社组织的统一考试一经推出就被众多高校广泛采纳。当时，多伦多大学、布洛克大学、女王大学等均在其入学要求中明确要求申请者提供高校招生服务社考试的成绩，见下表：

表 2-2　1972 年—1973 年多伦多大学等三所高校的入学要求

学校	入学要求		
多伦多大学	修完中等教育阶段的课程，包括安大略省 13 年级所有课程	要求 SACU 成绩	最后一年的课程学习至少应该有英语、法语或其他语言、数学、科学中的 2 门
女王大学	申请者的教育水平要达到相当于成功修完安大略省 13 年级的程度，学校需要提交证明。所有科目最低平均排名要在 60%以上	要求 SACU 成绩	申请文科的，需要修过 2～3 学分的数学；申请理科的，需要修过 2～3 学分的数学，以及 2～3 学分的生物、化学或物理
布洛克大学	安大略中学 13 年级荣誉毕业文凭，或相当学历。该文凭的 6 个学分至少需要来自 3 个科目，且平均排名在 60%以上	要求 SACU 成绩	获得初级入学资格的 12 年级学生，可先修读特制的夏季课程，如果成绩优异可直接升入大一

资料来源：根据 SACU 资料 Perspectives 1972—1973：Includes Information on Requirements for Admission to Canadian Colleges and Universities，pp. 31-32，42-43，46-47 相关内容改编。

通过分析上表可以看出：在当年的高校招生中，普遍要求申请者提供全国统一考试成绩，包括完整的两个部分，即加拿大学术性向能力测验和加拿大英语语言成就测验。此外，还要求学生提供高中 13 年级相关课程成绩。

第四节　综合选拔制：招考制度的逐步完善

一、近 40 年的高等教育发展

（一）接受高等教育日益受到民众重视

加拿大民众在七八十年代对高等教育的重视程度超过以往任何时期，高校的申请人数与日俱增，接受高等教育在加拿大已经成为一种刚性需求。

“到了 1989 年，高校注册的全日制学生有 51.4 万人，比 1980 年增加了 12 万人。这十年内，高校注册学生人数以每年 3%的速度增长，而十年间 18～24 岁的学龄人口总数整体下降了 13%。非全日制注册学生人数 1989 年达 30.5 万，比 1980 年的 24.5 万增加了 24%。”① 这些数据说明，加拿大高等教育的普及速度很快。事实上，经过几十年的持续稳定发展，到 20 世纪 90 年代，加拿大高等教育的多项指标已高居世界主要发达国家的前列，在有些方面甚至超过美国。“如，1991 年 18～24 岁年龄组中，接受大学教育的人所占比例为 22%（仅次于美国的 23%）；1999 年 25～64 岁人口中接受高等教育的比例为 39%（高于美国的 34%）；1991 年加拿大的高等教育毛入学率为 74%；1989 年每十万人中有大学生 5 030 人（美国为 5 600 人），1995 年高等教育的经费支出占国民生产总值的比例为 2.5%（美国为 2.4%），1999 年大学生人均教育经费为 6 396 美元（美国为 4 717 美元）。”②

迫使人们重视高等教育的一个重大推手就是劳动力市场对高级人才的需求。对教育的投入是对国家经济和国民的投资，如果国家要繁荣富强，教育投入要引领经济增长。职业培训需求显示，在 1989 年至 2000 年间，2/3 的就业机会要求劳动者具备至少 12 年的受教育经历，40%的工作要求至少 16 年的教育经历③。

虽然申请上大学的人数不断上升，但是，政府作为大学资金最重要的提供者，对大学的投入却有减无增。例如，在 70 年代晚期，省政府大约花费 26%的预算用于高等教育。然而到了 1989 年，这一比例逐步下降到 23%。此间，联邦政府对高等教育的资助也逐步缩水。由于公共资助的减少，大学在整个 80 年代面临严重的财政困难。为了摆脱严峻的财务困境，大学不得不在学费和其他收费上来增加收益，导致高校数十年的学费上涨。

（二）私立高校出现

除了公立的高校外，私立高校，特别是职业培训学院在 80 年代兴起，

---

① Association of Universities and Colleges of Canada, Trends: the Canadian University in Profile, Research and Policy Analysis, Ottawa, 1991, p. 1.

② 符华兴、王建武：《世界主要国家高等教育发展研究》，湖南人民出版社，2010 年，第 392 页。

③ Association of Universities and Colleges of Canada, Trends: the Canadian University in Profile, Research and Policy Analysis, Ottawa, 1991, p. 1.

这些高校招收大量学生进行学术学习或职业培训。到 90 年代晚期，加拿大全国建立起许多私立高校，尤其是在安大略省。

安大略省是加拿大的高等教育大省，该省人口众多，仅多伦多一个城市就有 500 多万，占全国人口的六分之一，因此，其潜在的高等教育生源市场颇为壮观。安大略省议会通过了由省教育部提交的高等教育选择与优化法案，允许在安大略省创办有学位授权的私立大学，但不允许私立大学申请政府资助。该省教育部长认为："虽然通过私立大学立法可能会引起不少争议，但私立大学的出现将给该省学生以更多接受高等教育的选择机会，有利于高等教育机构之间展开竞争，不断按照学生的需求改进教学项目，满足不同类型学生的接受高等教育的要求，并不断提高教育质量。"[①]

除了安大略省外，不列颠哥伦比亚省、阿尔伯塔省、纽芬兰省都在私立大学方面有所尝试。特别是纽芬兰省在私立大学方面涉足较早，该省的兰斯布里吉大学（Lansbridge University）是加拿大第一所通过网络授课颁发学位的私立大学。该大学在互联网上开设比普通大学收费低得多的本科和企业管理硕士课程，形成了较大的招生规模。其校长表示："以营利为目的的管理体制将更能保证教学质量，因为私立大学要对股东负责，如果教学质量不高，学校效益不好，股东可能会抽回投资。"[②] 虽然法律规定私立大学不得申请政府资助，但是私立大学的学生却可以通过联邦和各省的学生资助项目申请学生贷款、享受返税等优惠。这引起了许多人的不满，他们担心私立大学让本已捉襟见肘的教育拨款更加分散。尽管反对之声不绝于耳，但加拿大的私立高校还是于逆境中踏上了发展之旅。

加拿大私立高校的类型多集中在学院层次，在整体实力上难以与老牌公立大学抗衡，这点与美国的私立大学迥然不同。但作为一股新生力量，私立高校的确给加拿大的高等教育系统带来了活力，为学生提供了另一种选择，也使加拿大高等教育机构的类型更加多样化。

（三）90 年代末的高中学制改革

学制的构成在很大程度上决定了考试制度的构成，高中学制的改革也牵动着高校招考工作的神经。由于历史原因，安大略省的高中长期设有 13 年

---

① 符华兴、王建武：《世界主要国家高等教育发展研究》，湖南人民出版社，2010 年，第 393 页。

② 符华兴、王建武：《世界主要国家高等教育发展研究》，湖南人民出版社，2010 年，第 394 页。

级，它在功能上相当于大学预科，许多课程也与大一课程相重叠，以往学生只要顺利修完 13 年级就有资格申请就读大学二年级。尽管高中的 13 年级毕业考试早在 1966 年就被宣布废除，但随后由高校招生服务社组织的全国统考未能稳固确立，仅实施四年就被全面废止。因此 13 年级的学习成绩成为随后二十年高校招生的重要参考依据。然而，进入 90 年代后取消 13 年级呼声日高，其主要原因之一就是发展壮大的社区学院承担了许多 13 年级的预科功能，致使 13 年级逐渐失去存在的合理性。

安大略省于 1999 年 9 月正式开始实施高中四年制学制改革，9 年级学生进行学术定向和职业定向的分流，实行学分制，两类定向的学生在毕业时都要修完 30 个学分。尽管 9 年级的课程有所分流，但都包含共同的核心内容 (common core)，以确保十三四岁的学生不会被束缚在既定的轨道里，如果日后改变心意，仍有学习另一类课程的基础条件。从 10 年级到 12 年级两类课程依然并行，为学生接受高等教育或进入社会工作做准备，此阶段学校仍然会为改变想法的学生安排一些转轨课程。高中毕业前，所有学生都要完成 40 小时的社区服务（community involvement)，此部分为没有学分的强制要求。高中文化考试（the high school literacy test）的时间被提前到 10 年级结束前举行，以便补考的学生有充足的准备时间，这一考试的成绩将被记录在学生的成绩卡上。在学分调整方面，数学和科学必修课的学分略微提高，英语必修课从 5 学分降低到 4 学分。整体情况基本保持了原有课程体系①。高中学制改革带来的一个问题就是，由于 1998 级学生的学制缩短到四年，而 1997 级是最后一届高中五年制，导致 2003 年两级学生同时毕业，这使高校招生面临前所未有的巨大挑战。

高中学制改革对高校招生产生了巨大的影响。以往对 13 年级的毕业生应该达到的入学要求现在成为对 12 年级学生的要求。对高中而言，如何在缩短一学年的条件下仍然保证为大学输送合格生源，如何做好高中教育与大学教育的衔接过渡，这对高中教育提出了挑战；对高校而言，在没有类似预科的 13 年级的前提下，如何对众多申请者进行择优选拔也成为一大挑战。

（四）开放入学的观念兴起

开放入学在 20 世纪 70 年代的北美已经不是新鲜事物。这一观念在 30

① Robert Douglars Gidney, From Hope to Harris: the Reshaping of Ontario's Schools, University of Toronto, 1999, p. 239.

年代开始流行，当时由于高校招生不够，有许多空缺的学额，所有凡是申请的学生都能入学。但70年代的开放入学却有着本质的区别：首先它是为了满足众多的求学需求；其次它是西方教育民主运动的成果。在70年代的英国，开放大学（The Open University）只有两个入学条件：学生入学时必须年满21岁以上，而且必须是英国国民。这使校方面临一系列的两难问题：是否需要保持学术标准？是否需要设置基础入门课程，这对学术功底较好的学生可能是多余的，对底子不太好的学生却是必要的。那么，如何更好地帮助学生为大学学习做准备？是否需要平衡学生人数与教育资源？是否要让不同社会和教育背景的学生人数达到合理的平衡？① 在美国，开放入学政策在六七十年代得到了极大的促进，在民权运动的背景下，开放入学被视为一种在高校招生中减少歧视、增进公平的方式。首先在美国纽约城市大学（City University of New York）得到实施。批评者们认为：开放入学政策迫使高校要么提高学费以控制人数，要么向政府申请更多的补助，要么为了控制成本而降低教育标准和减少服务。1970年的《纽约时报》也对开放入学是"美国梦"还是"美国灾难"进行了讨论，认为该政策对一些人而言或许是民主的胜利，对另一些人而言，则预示着一个灾难，那就是学校人满为患②。

受到英国和美国的影响，随着加拿大六七十年代社会民主运动的兴起，高等教育也开始了民主化的进程，高等教育的受教育权利不再被视为是中上阶层的专属权利，少数族裔和低收入群体等弱势群体接受高等教育的权利日益受到关注，探讨的问题也从如何对他们进行筛选转移到如何对他们提供更多的指导和咨询③。其中，在社区学院一级实施开放入学政策成为扩大入学机会的途径之一。加拿大的高校招生服务社于1971年在渥太华就高校开放入学（Open Admission to Post-Secondary Education）进行了专门讨论。由

---

① D. J. Clinch, Admission in An Open University, Marie Sivyer, edited, Service for Admission to College and University: Transactions of the Annual Meeting, Ottawa April, 1971, p. 13.

② Education: Open Admission: American Dream or Disaster? Time, 19 Oct. 1970, http://www.time.com/time/magazine/article/0,9171,944161-5,00.html.

③ Léopold Lamontagne, Introduction, Marie Sivyer, edited, Service for Admission to College and University: Transactions of the Annual Meeting, Ottawa April, 1971, p. 1.

此可见，在当时的加拿大，开放入学政策已经逐步被提上议事日程。下文将对该政策进行详细介绍。

二、综合选拔制的形成与录取标准

（一）全国统考制的废止

加拿大高校招生服务社组织的全国统考在 1969 年首次实施后，到 1972 年就被废止。这是多种原因导致的结果。加拿大学者阿兰·京（Alan King）对此做了中肯的概括："高校招生服务社组织的全国统考被取消，在一定程度上是因为高等院校的扩充需要大量生源，这使入学考试的重要性降低。同时，当时研究表明：加拿大学术性向能力测验的成绩，无论是语言部分还是数学部分，都不能正确反映学生的真实学习潜能，其测验成绩与学生在大学一年级的平均成绩的相关性非常低。13 年级的平均成绩反倒能够更为准确地预测学生在大学的表现。由于这些原因，再加上资助大规模测验的经费不足，致使这一标准化考试没能成为加拿大高校招生的参考。相反，13 年级的课程结业考试，外加高中不同年级既定科目的考试成绩却成为高校的基本入学参考。"① 其他的研究也发现：高中考试的成绩是预测大学成功的最佳指标。不列颠哥伦比亚省和安大略省明确表示要弱化省级统考，所有的省都积极地对课程和学校机构进行改革，旨在给予高中教师更多的自由②。

高校招生服务社组织的统一考试被废止对加拿大当今的高校招考制度影响深远，它是加拿大高等教育历史上积极学习美国先进教育考试经验的一次大胆尝试，然而却以失败告终。其原因诚如阿兰·京所言，首先是统一考试需要的缺失，其次是考试信度过低。究其本源，可能还存在更为内在的原因，那就是加拿大各省教育事务高度自治的传统，以及广大民众对外部标准化考试的抵触。此外，还有加拿大在现代教育测量评价技术方面相对落后等情况，这些都可能是加拿大学术性向能力测验难以为继的深层原因。这也在一定程度上体现了加拿大与美国两个邻邦在教育文化方面的根本差异。

---

① Alan J. C. King，Marjorie J. Peart，The Numbers Game：A Study of Evaluation and Achievement in Ontario Schools，OSSTF，1994，p. 205.

② Vincent D'oyley，Canadian Post-secondary Institutions：A Challenge to Counsellors，Conseiller Canadien，Vol. 4，No. 2，1970，pp. 87-97.

（二）择优录取

由于加拿大在全国范围缺少统一考试，加之联邦政府在宪法上无权对各省高校进行管理，没有设立类似美国教育部这样的教育管理部门，所以加拿大各省高中的学制和课程不同，导致高校入学条件也非常多样化。绝大多数省实行 12 年一贯制，学生 12 年中学毕业后就可申请高校。安大略省的学生曾经必须读完 13 年级才能上大学，1999 年进行学制改革后，取消了 13 年级，在高中学制上与其他英语地区取得一致。法语区的魁北克省所实行的高中学制与众不同，该省的中小学为 11 年制，但 11 年级的毕业生不能直接申请大学，必须先上两年预科学院，即 Cégep（Quebec Colleges d'ensignement general et professional），之后才能升入大学。此外，各省高中的课程设置也存在巨大差异。鉴于全国统一考试的试验失败，各省高校开始进行自主招生。

各省高校在招生时会关注申请者的三大方面：第一个方面是要看申请者是否完整地修完了高中课程。通常，申请者要有高中毕业证书，证明他已经令人满意地学完了 11 年至 12 年的中小学课程，有资格升入高校一年级学习；第二个方面是审查申请者的高中学习成绩，特别是高中最后一年平均成绩点数（Grade Point Average，简称 GPA）。一般分 4 级：A 级或 4 点，相当于平均 90 分以上；B 级或 3 点，80 分以上；C 级或 2 点，70 分以上；D 级或 1 点，60 分以上。通常，学生各科成绩平均 70 分以上为高校录取的最低要求，热门专业对成绩的要求高一些。较有竞争性的大学入学要求达到 2.5～3 点，即 75 分以上。名牌大学要求在 3 点，即 80 分以上。总体而言，只要各科成绩及格，主科成绩在 65～70 分以上者均有机会被高校录取。

第三个方面是审查申请者是否满足填报专业的附加条件。凡申请牙科、法律、医科、工商管理等专业的学生，还需参加专门的学术性考试，例如医学院入学考试（Medical College Admission Test，简称 MCAT）和法学院的入学考试（Law School Admission Test，简称 LSAT）等。以后者为例，该考试由位于美国宾夕法尼亚州的法学院入学委员会（Law School Admission Council）负责主办，是美国法学院申请入学的参考条件之一。LSAT 考试是标准化考试，共有五个部分，包括三个方面的内容，每部分时间为 35 分钟，另加 30 分钟的写作。三个方面的内容是阅读理解、逻辑推理及分析推理。考试旨在判断申请者四个方面的能力，即准确阅读并理解复杂文章的能力、组织有关信息并得出合理结论的能力、批判性地推理能力、对他人的推理进行分析和评价的能力。加拿大高校沿用了美国的考试，也将该考试成绩作为申请法学院的录取条件之一，用来预估申请者在法学院的未来学习能力，几乎所有加拿大高校的法学院都要求申请者提供 LSAT 考试成绩。通常，如法学院一般，要求提供入学考试成绩的学院都是入学竞争非常激烈的热门学院，虽然学费高，但未来的就业前景美好且报酬丰厚，因此录取门槛也水涨船高。

总体说来，加拿大全国高校根本没有统一的招生标准，作为大学自治的一部分，具体的招生条件由各校自行制定，有的省或地区（如安大略省）通过网络中心进行统一招生。外省的申请者需要达到所在省大学的入学要求，并要求提供相当于本省高中生的毕业证书。由于各省高中的课程不尽相同，因此为了方便申请者进行比对，高校招生部门会把对每个省申请者的课程修读要求分别罗列在招生网站上。

（三）开放入学

社区学院所实行的开放入学是加拿大教育史上前所未有的。开放入学的本意是希望对所有具有合法身份的学生敞开大学之门。开放入学意味着不论申请者原有的文化水平，不管他们离开正规学校有多久，他们都有机会尝试一下自己感兴趣的课程。实际上，各门课程还是有一些基本要求的，有些专业也有一定的名额限制，并非所有申请入学者都可以就读所申请的课程，有些人在入学前还要先完成文化补习的任务。

加拿大的开放入学政策主要在社区学院实施。无需入学考试，但有入学要求，申请者一般要具有高中毕业文化水平。社区学院的专业设置不同，每个专业都有特定的入学要求，申请者要符合或设法达到入学要求才能被录取。某些专业则只要求申请者读完 10 年级，对年逾 19 岁的学生，即使高中尚未毕业，或没有读完 10 年级也可以申请入学，但要求学生自己设法补修某些必要的基础知识或课程。某些专业对学生的特定课程，如数学、英语等有较高的成绩要求。例如，对两年制文凭社会服务工作专业的入学要求，是要达到英语 12 年级，对数学则无任何要求；但对两年制兽医技师专业的入学要求就比较高，英语要达到 12 年级水平；数学要达到 12 年级水平或有高等数学学分；化学和生物均达到 11 年级或 12 年级的水平。实施开放入学的学院会开设各种文化课供学生选修，学生若跟不上学习就难以完成学业，导致退学或自然淘汰。尽管学生间存在一定的个体差异，但由于加拿大平均受教育年限较高，入学新生的文化基础普遍比较过硬①。

---

① 曾子达：《加拿大社区学院》，北京大学出版社，1994 年，第 105～106 页。

关于社区学院与大学入学的衔接问题，加拿大各省的做法各异。加拿大的社区学院与美国不同，美国的社区学院类似于初级学院，学生毕业后一般可以直接申请大学以获得本科学位。虽然加拿大各省建立社区学院的初衷都是为了在高中和大学之间设置一个中间层级的院校，以满足日益膨胀的学生群体，同时还能在科技不断翻新的时代对工人进行在职培训，但在实际操作中，各省的社区学院在类型和功能上各有千秋。

加拿大学者加拉格尔（Gallagher）等人将其分为五类：第一类是安大略省和爱德华王子岛省的社区学院，它们多是综合性、应用性的技术学院，特色鲜明且与大学毫无关联，不提供学分转移。其功能就是培养那些没有资格进入大学的年轻人进入就业市场；第二类是阿尔伯塔省和不列颠哥伦比亚省的社区学院，它们类似于美国的初级学院（junior college），这些学院的课程设置非常全面，将大学学分转移课程与技术职业类课程相互结合，与大学之间具有明确的学分转移和衔接，学生有上大学的二次机会；第三类是曼尼托巴省、新不伦维克省、纽芬兰省和育空及西北地区的社区学院。与第一类学院相似，此类学院提供中等后的职业技术教育，但不提供大学转移课程。其区别在于后者更强调短期的入职培训，而不是高深的技术教育；第四类是萨斯喀彻温省所独有的类别。该省的社区学院由农村地区的无围墙学院和城市地区的技术学院构成。农村的无围墙学院实则扮演着经纪人的角色，安排其他教育机构和社区机构提供教育服务。采取这种方式是为了满足分布极度分散的社区对成人教育和社区发展的需要；第五类就是最为特别的魁北克省的学院 Cégep，它们都是综合性的公立院校，是学生接受大学教育的预科阶段。该省的模式借鉴了欧洲的经验，学生在高中 11 年级结束后除了少数学生辍学外，绝大多数学生都要进入 Cégep 继续学习，学院内提供两种不同定向的课程：一种是 2 年制的大学预备课程，如果学生准备升入大学，则必须选择此类课程；另一种就是 3 年制的职业和技术教育课程，选择此类课程的学生毕业后直接进入劳动力市场。在全国范围内，无论是哪种类型的学院都具有职业教育的功能，即为劳动力市场服务①。

---

① Michael L. Skolnik，Community Colleges and Further Education in Canada，From P. A. Elsner，G. R. Boggs，and J. T. Irwin Eds，Global Development of Community Colleges，Technical Colleges，and Further Education Programs，Community College Press，2008，pp. 41-50；Theresa Theresa Shanahan & Glen A. Jones，Shifting Roles and Approaches：Government Coordination of Post-secondary Education in Canada，1995—2006，Higher Education Research & Development，2007，No. 26，p. 1，pp. 31-43.

综上所述，并非所有社区学院的毕业生都能升入大学，实际上仅有三个省的社区学院能够为学生提供升入大学的机会，而且学院和大学的相关专业课程必须能够衔接起来。1989 年，安大略省的高教部门开始关注社区学院毕业生转入大学的可能性："社区学院虽然不打算成为大学生源的供应者，社区学院两年制专业的个别学生可以被接纳到大学的某些专业一年级就读。"① 尽管官方的文件到 1989 年才出台，但社区学院个别学生转入大学的现象却早已有之，只是学院没有开设系统的转学课程。例如，根据安大略省古尔夫大学（University of Gulph）入学申请中心的资料，1986 年全省的申请者中有 1 326 人，即 3.3%的人在社区学院就读过，而其中的一半人左右即 677 人毕业于社区学院②。

社区学院的灵活性确实很大，学习普通专业或接受职业教育的学生可以通过各种办法达到目的，如带着学分一起转学，参加旅行讨论，进行跨学科的学习与研究，或在家接受网络远程教学等等。由于入学门槛很低，许多学生的学习基础并不能胜任学院的学习任务，因此学生中途辍学的事情时有发生，这种现象被戏谑为从开门（open-door）到旋转门（revolving-door），即学生入学不久就辍学离开。这是实施开放入学的社区学院面临的普遍问题，也是英美等实施开放入学的国家面临的普遍问题。为了解决这一问题，加拿大的有些学院采取了一些变通的做法：其一，要求学生在既定的毕业年级科目上成绩高于平均水平，更是高于获得高中毕业证书的最低要求；其二，面对招生压力，高校有权设置录取的最高人数限制。

本章小结

纵观加拿大高校招考制度在三个多世纪的历史演进中，可以发现许多因素主宰着它的变革及发展方向。这些因素既有来自高等教育体系内的，更多的则是来自政治、经济、文化等社会外部环境。在这些内外环境的塑造下，加拿大各省的高校招考制度先后历经了不同的变革。本书尝试性地对这段高校招考制度的演变史进行划分，依次探讨了加拿大高校招考历史上的个校筛选制、省内统考制、全国统考制和如今的综合选拔制。不同的高校招考制度

① 曾子达：《加拿大社区学院》，北京大学出版社，1994 年，第 119 页。

② 曾子达：《加拿大社区学院》，北京大学出版社，1994 年，第 119 页。

都是高等教育特定历史阶段的产物，适应并推动了当时的高等教育发展。

加拿大早期的高等教育规模十分有限，17 世纪的大学几乎都是神学院，那时的大学教育是中上阶层男性的特权，他们希望在大学获得古典的通识教育，或者获得牧师资格。通过在这些神学院接受教育，以牧师的身份毕业能够帮助他们在其社区里谋得令人敬仰的职位。寥寥无几的高校以及特权阶层出身的少量学生人数给当时的高等教育深深地打上了“精英教育”的烙印。有限的学校及有限的学生决定了最初的高校只能以零散的、自发的形式进行个校筛选。这种适合精英教育的高校选拔制度以申请者的出身和地位为资格审查的前提，以他们在入学考试的成绩和中等学校的杰出成就为选拔依据，为维护和巩固特权阶层的利益服务。

与 17 世纪相比，加拿大高等教育在随后两个世纪的发展要更为丰富多彩。18 世纪美国独立战争后大量保皇党人的涌入，引起了种族以及宗教力量的重新调整，各类基督教教派的学院相继问世，打破了天主教神学院的优势地位。随着 19 世纪的到来，人口的兴旺导致宗教和文化身份的进一步多样化。此间，麦吉尔大学、达尔豪西大学、蒙特爱立森大学、国王学院等高校先后建立。有志于成为牧师、医生、律师或其他职业绅士的人申请进入这些大学学习，这种教育经历是他们进入高深职业的入场券。即使到了 1871 年，也仅有少数人能够有机会进入加拿大当时的 17 所高校。全国的在校学生总数仅为 1 561 人，其中麦吉尔大学以 323 人的人数拔得头筹，有 10 所大学的学生人数甚至不足 50 人。按照 1867 年的宪法（The Confederation Agreement），这些院校都受省政府而不是联邦政府的管辖。尽管此时的高等教育依然保留着精英教育的特征，但学生的构成开始多元化，就高等教育的培养任务而言，对牧师的培养逐步让位于对职业人士的培养，高等教育不再是权贵阶层独享的特权，社会经济的发展带动了基础教育的逐步普及，高等教育不得不接纳具有多元背景的学生。到了 20 世纪早期，中等教育的普及造就了相当数量的高校潜在生源，到了 50 年代，为了对学校的教育质量进行问责，也为了对学生进行相对公平有效的选拔，个校筛选制让位于省内统考制。安大略省的 13 年级毕业考试成为该省彼时名副其实的高考。

二战之后，大量的退伍军人进入加拿大各类高校接受高等教育，联邦政府丰厚的资助和源源不断的生源使加拿大的高等教育进入了一个热火朝天的发展阶段。加拿大战后经济的发展也激发了人们对高等教育的需求，高校入学竞争异常激烈。与此同时，安大略省 13 年级毕业考试因为种种原因被取消，而学生跨省流动的现象开始增多，如何有效地筛选学生成为各高校的当务之急。在这些背景下，受到美国教育考试服务社（Education Test Service）SAT 考试的启发，加拿大成立了高校招生服务社并于 1969 年开始在全国展开加拿大学术性向能力测验，即加拿大的 SAT 考试。尽管该考试在实行四年之后，由于缺乏考试信度等原因被废止，但它仍然可以被视为加拿大高校招生考试制度历史上的标志性事件。

加拿大的大学从来就不是与世隔绝的象牙塔。在其早期发展阶段乃至整个 19 世纪，大学受到宗教，特别是基督教的影响和塑造。之后，随着教会权威的衰退，高等教育在经济上的作用日益受到关注。大学成为中产阶层的职业人士接受教育培训和社交的场所，两次世界大战促使大学的科研受到政府大力支持，在经济的繁荣与衰退相互更替的年代一路乘风破浪。到了 20 世纪末，大学与各类学院一起致力于为全球经济培养知识型工人①。从 70 年代至今的四十多年间，加拿大的高等教育已经打破了传统上较为单一的教育模式，各种类型的社区学院和私立学院得到了相当程度的发展，大学不再是获得高等教育和各种学位的唯一通途。中等教育的发展和新型学院的产生打破了以往既定的高校招生方式。为了满足多样化的入学需要，经过多年发展，加拿大逐步形成了高选拔性招生与开放入学并存、高校自主招生与省内集中申请并存的综合选拔制，适应了不同就学者的多元化学习需求。法律、医学等专业甚至需要参加全国统一的入学资格考试，这一点又与美国的做法一致。也正是在这几十年间，加拿大高等教育步入大众化阶段。经过六七十年代的民主运动洗礼，教育机会均等的观念深入人心，社会边缘群体和阶层的受教育权利日益受到关注，土著民族、女性、新移民对高等教育的参与程度提高。目前，加拿大的高等教育正在向普及化发展，其理想状态就是向所有希望入学或有资格入学的人开放，使高校入学机会在社会阶层、种族、民族、性别等方面合理分布，最终实现群体成就的平等而不单是个体的机会平等。

---

① Paul Axelrod, The Character of Canadian Higher Education: An Historical Perspective, Marcelo A. Romanello edited, Perspectivas Criticas Desde El Siglo XXI Sobre La Educación En Argentina Yen Canadà, Buenos Aires: Gràfica-G. Press, 2006, p. 136.

要办好大学，既需要有好的教师，同样也需要有最优秀的学生。……在一所学生资质不称的学校里，最好的教授都会举步维艰。……无论在什么情况下，真正伟大的人物是没有办法通过考试预先选拔和识别的……选拔工作要做到绝对公正也是不可能的，总免不了会有一些偏向。所以，对待选拔工作应尽量做到既不妨碍那些凤毛麟角的天才人物脱颖而出，又不偏袒那些平庸和资质低劣的人①。

——［德］卡尔·雅斯贝尔斯

第三章　加拿大高校招生考试制度的现状透视

加拿大高校的招生考试制度在经过三百余年的发展后，如今已日臻成熟完善，且自成一体，独具风格。其招生制度的基本理念体现了加拿大这个国家的精神与气度，高校的招生政策则是招生理念的外化与落实。其招生理念与招生政策一起统摄着高校招生工作的实施。

第一节　加拿大高校招生制度的内涵

一、招考制度的核心理念

追求高等教育机会均等（equal access）是高等教育民主化的重要表现。民主化是 20 世纪 60 年代以来一个强有力的政治观点，“它明确地提出了高等教育的入学机会，特别是大学或类似机构的平等；要推翻社会阶级偏见和限制性入学的障碍而雄心勃勃地追求平等目标。这一观点影响了政治活动，

① 卡尔·雅斯贝尔斯：《大学之理念》，邱立波译，上海：上海人民出版社。

并引起一些变化，拓宽现有学校的入学途径便是延续至今的成果之一”①，机会均等意味着要确保各阶层的学生都能够在中学教育结束后继续在高等教育体系内流动并完成再次分配，在学生通过学术筛选的前提下，不能让社会筛选成为学生向上流动的绊脚石。只有实现学术筛选和社会筛选的公平公正，才能确保所有学生平等的入学机会。为了实现这一目标，加拿大联邦政府、省政府和各高校做出了巨大的努力。

首先是发展全国范围高质量的免费基础教育，经济落后的三个行政区受到邻省的教育扶持，例如育空地区采用不列颠哥伦比亚省的课程体系及标准。由于各省的教育资源配置较为平衡，加拿大没有出现美国基础教育领域那样严重的教育失衡和成绩差距，其各地的教育质量水平旗鼓相当，这是高校在没有全国统一考试的前提下进行公平的学术筛选的前提。有鉴于此，各高校在甄选不同省的申请者时能公平地看待不同生源地学生的高中成绩，认为不同省份的学生，不论他们在哪个高中接受了教育，如果同一科目的成绩是相同的，那么他们的智力水平和学术背景也是相同的。这种建立在公平基础上的绝对信任是加拿大高校招考制度得以建立的基石，如果缺乏了这种以质量保障为前提的信任，其整个国家的这一“抡才大典”就会在瞬间分崩离析。

追求平等的另一面就是对多样的追求，即平等是多样的平等，多样是平等的多样，在加拿大高校招生制度中两者缺一不可。加拿大是多民族、多种族的国家，自特鲁多时代以来就奉行多元文化政策。所有高校都希望自己的生源具有足够的多样性，能够体现出学生所在省份、所在城市、所在学校在民族、种族、文化方面的社会多样性，希望学生所代表的群体在高校中的比例与其人口比例基本一致，而不是“被不充分代表”（underrepresented）。为此，高校鼓励有色人种、残疾人、土著族裔积极申请。英语生源占压倒性多数的高校，则特别鼓励法裔学生申请就读；在一些传统学科领域，对生源性别平衡的追求也是追求多样的表现之一。

毋庸置疑，高等教育具有强大的文化传承作用，如何让来自不同文化群体的人都能享受良好的高等教育，如何在学额有限的情况下确保每个种群或族裔都能有适当的入学机会，这是所有加拿大高校在招生实践中不能回避的

① 经济合作与发展组织编，谢维和，等编译：《重新定义第三级教育》，高等教育出版社，2002 年 ，第 16 页。

问题，是盘旋在所有招生人员潜意识中的问题。对此没有标准答案，更没有万能的计算公式。笔者在加拿大访学期间曾经就此询问过多伦多大学、约克大学、瑞尔森大学的招生主管人员，反复地追问他们对少数族裔是否有固定的名额照顾，他们给出的回答无一例外都是 No quotas（没有名额）。他们所能做的就是把对多样性的追求写进学校的招生规定里，而在每个具体的招生情境中只能采取变通的做法。例如，多伦多大学的招生政策中这样写道："多伦多大学深知自己对多伦多市、安大略省以及国家肩负的特殊责任，在某些情况下，为了确保生源的多样性，在学术委员会认为必要的前提下，可能会对某些申请者执行特殊标准和程序，此举旨在改善特定群体的高等教育参与程度。"而在具体的招生情境中，即便要采取变通的做法，也必须兼顾公平，学术筛选永远是第一位的，只有在二者其他条件基本一致的前提下才会考虑适当的倾斜。

二、招考制度的政策规定

（一）省际关于招生的政策与规定

在没有联邦教育部的前提下，加拿大教育部长联席会成为加拿大教育的代言者。在各省部长的协作下，该组织制定出了一些用以指导各省高等教育的政策与规定。由于高校的招生指导政策属于各省的管辖范围，即便教育部长联席会也无权干涉，因此，如何促进各省之间的学生流动、协调各省大学之间的学分互认和转移，成为教育部长联席会的重要工作之一。

《加拿大教育部长联席会对学分转移的规定》（CMEC Ministerial Statement on Credit Transfer in Canada）中提到：在高等教育院校之间达成学分转移的主要目的是为促进学生在不同院校之间的流动，增加学生的高等教育受教育机会。但学生需要确保在先前的学习中获得适当的学分，能够在其他的高等教育机构继续接受学习，并最终完成他们的教育计划。学分转移协议在各省和行政区之间所有差别，对先前学业成就的认定也存在多种方式，包括但不局限于常用的课程对等方式。该委员会还列出了学分转移的六项原则：

> 第一，要使转学协议促成理想化的学生流动，需要学生在转学前就了解有关学分转移的机会和限制。院校也要全力为学生提供当前可靠的学分转移政策，以及如何办理相关程序。
>
> 第二，高校应该制定并严格恪守学分转移的政策和程序。如果拒绝学生的申请，高校应该向学生解释原因，并且高校还应该制定清晰的复

议程序，便于对结果有异议的学生提出申诉。

第三，各个省/行政区的高校都应该与其他高校、相关部门、政府机关等密切合作，一起改善学分转移的工作。在学分的对等性方面，院校应该意识到：尽管学习的途径四通八达，但学习经历的本质在内容、严格性、结果方面可能是对等的。

第四，教育部长们要知道，所有的转学协议都要与专业的学术诚信一致，高校有权自行决定其课程设计和讲授、自行决定录取的学业条件、自行设定录取标准及学业成就的证明材料。部长们还要知道高校个体及其专业的学术诚信和学术自治必须受到保护。

第五，无论是转学的学生还是直接入学的学生，都不能因为学分转移而受到照顾或另眼看待。

第六，要转学的学生应该清楚，除了学业表现之外，具体专业的录取标准和其他因素也可能被作为录取的要求。也就是说，学业方面达到了前提条件仅仅意味着某位申请者获得了录取资格，但不能保证最终能被特定专业录取。①

（二）省级层面关于招生的政策与规定

为进一步做好招生与转学工作，在入学权利委员会（the Access Committee）的建议下，许多省建立了自己的招生与转学委员会（Council on Admission and Transfer）或类似机构。这些委员会都是准独立自主的机构，为有关招生、课程与学科等值化、获得学位、课程学分的互认转换等经常发生的问题提供有效的解决机制。各省的招生与转学委员会具有来自大学和学院两个层次的广泛支持，先后制定并采取了许多措施，其中最为突出的措施之一就是制定全省统一的转学指南，以取代先前由各个大学自己制定的指南。例如，成立于 2011 年的安大略省衔接与转学委员会（Ontario Council on Articulation and Transfer）就是一个由该省 44 所公立大学和学院组成的会员组织，旨在为大学生在这些高校之间流动减少障碍②。

① CMEC Ministerial Statement on Credit Transfer in Canada，http：//www. cmec. ca/Publications/Lists/Publications/Attachments/216/ministerial-statement-credit-transfer-2009. pdf.

② Ontario Council on Articulation and Transfer，https：//www. ontransfer. ca/index _ en. php? page=about _ us.

在转学的探索和实施方面，阿尔伯塔省是全国的先行者。应大学协调委员会和一些高校校长们的请求，1974 年 9 月阿尔伯塔省教育部宣布成立阿尔伯塔招生和转学委员会（the Alberta Council on Admissions and Transfer），其使命是成为必要变革的催化剂，促进学生进入和转入不同的专业或教育机构，帮助学生通过全国或全世界范围的入学和转学体系接受理想的高等教育。“这个独立的机构负责制定政策、方针和实施步骤，旨在促进中学后教育机构之间的转学事宜顺利开展。经过几年的发展，招生和转学委员会成为中学后教育体系的一个重要组成部分。1993 年全省共有 9000 多名学士进行了转学或转学分工作。大部分学生是从学院转到大学的。但是，越来越多的大学学生正在转到其他教育层次。例如，在 1993 年秋季，进入公立学院的大学生中有 38%来自大学。此外，转入专科学院的转学生中，有 41%来自大学。”①《阿尔伯塔转学指南》（Alberta Transfer Guide，1994）自发布以来，在本省和其他省份广泛发行。作为在加拿大最早出现的转学指南，《阿尔伯塔转学指南》已经成为学生们安排自己课程计划以及各高校评估学生成绩的得力工具。《阿尔伯塔转学指南 2009—2010》（2009—2010 Alberta Transfer Guide）为最新修订的版本。该指南列出了所有参加转学委员会的会员院校，共计 36 所，针对每个院校有具体的课程对等表。例如，卡尔加里大学（University of Calgary）的英语课程 ENGL202 对应阿萨巴斯卡大学（Athabasca University）的英语 ENGL211/212（6），该校工程学院与阿尔伯塔大学互相承认的课程有 6 门，前者的化学 CHEM209 对应后者的化学 CHEM105（3）等②。转学指南为学生选课提供了重要参考。通常，学生在转学前必须已被另一所学校录取，并且已付学费押金。一般情况下，省内转学无须更新学习许可证（study permit），省外转学则需要。

阿尔伯塔招生和转学委员会还积极促成省际和全国范围的合作，先后与不列颠哥伦比亚省签订转学协议，并发起了加西招生与转学共同体（Western Canadian Consortium on Admissions and Transfer）、泛加拿大招

① 李桂山：《加拿大社会与文化散论》，北京航空航天出版社，2008 年，第 99～100 页。

② University of Calgary，http://www.acat.gov.ab.ca/alberta_transfer_guide_download/pdfs/2009_2010/UofC.pdf.

生与转学共同体（Pan-Canadian Consortium on Admissions and Transfer）。

除了省内大学之间和省际大学之间的转学外，加拿大大学与学院之间的学分转换也进行得较为成功。各公立学院的课程设置经本院学术委员会审核批准，以法律草案的形式，同公立大学签订学分互认转移协议。对于不同学校的课程之间的学术可比性问题，则通过“衔接委员会”（Articulation Committee）来协助解决。该委员会的委员由来自学院和大学的代表组成。他们针对每一学科进行一系列的研究并付诸实践。学院与大学多年的合作经历表明，转学政策、互认学分制度对学生是大有裨益的。依照常规，各大学或学院，在学生入学时校方有责任向学生明示，只要按照《转学指南》选修课程，他们所取得的学分也将被另一所学校所承认①。

（三）高校层面关于招生的政策与规定

由于加拿大的高等教育实施高度的地方自治，没有国家层面统一的招生法规、政策，因此各高校在招生方面享有极大的学术自由。为了保证招生工作的公平与公正，许多高校都自行制定了招生政策。

以布洛克大学为例。该大学在教师手册里详细说明了本科生的招生政策及流程，这些程序得到安大略大学委员会的批准。其重点内容包括：本科学生事务委员会（the Undergraduate Student Affairs Committee）负责向学术评议会（Senate）提交关于招生的规定、政策和学术标准；招生办公室负责实施学术评议会通过的招生政策；在录取标准方面，关于录取平均分（Admission Average）的计算，布洛克大学规定：取学生 12 年级大学预科课程（课程代码以 U 结尾）和大学/学院混合课程（课程代码以 M 结尾）中分数最高的 6 门课程平均分。通常，平均分 70 分以上是最低录取要求；招生名额是有限的，这样可以保证学生受益于大学重视个体的传统，让每个学生都能得到足够的个体关注②。此外，布洛克大学的教师手册还对申请者的种类划分、不同类别的申请程序、不同申请者学习经历和证书的认证等等做了详细说明。

再以多伦多大学为例，早在 1991 年，多伦多大学校董会就通过了多伦

---

① 李桂山：《加拿大社会与文化散论》，北京航空航天出版社，2008 年，第 99～100 页。

② Faculty Handbook, Section 3: Academic Regulations, http://www.brocku.ca/university-secretariat/facultyhandbook/section3#_genIndex4.

多大学招生政策与原则（Policies and Principles for Admission to the University of Toronto），为全校各院系制定招生政策奠定了基调。该文件包括了序言、选拔的政策与原则说明、学生录取及对外联系说明、院系政策及要求等四部分，中间两部分为重点内容，其中提到的关键原则包括：

> 多伦多大学深知自己对多伦多市、安大略省以及国家肩负的特殊责任，在某些情况下，为了确保生源的多样性，在学术委员会认为必要的前提下，可能会对某些申请者执行特殊标准和程序，此举旨在改善特定群体的高等教育参与程度。
>
> 除此之外，大学及其所属院系机构都不会公开或秘密地根据个人的情况另立标准，录取工作不会受其种族、血统、肤色、民族、性别、信仰、年龄、婚姻状态、家庭情况、性取向、残疾、校友身份、捐赠人身份等因素影响。①

在保证与大学的招生政策和原则一致的前提下，院系一级也会根据自己的特殊性制定相应的招生政策。以多伦多大学安大略教育学院（Ontario Institute for Studies in Education，简称 OISE）为例，该学院清楚表明自己招生政策的核心就是平等与多样（equity and diversity at OISE），学院的具体解释为：

> 安大略教育学院致力于在其各项工作中实现社会正义。这意味着我们会公平对待我们社区的每位个体以及我们所服务的广大社会。这还意味着，在对待差异性方面我们会尤为警惕，确保差异性不会受到直接或间接的歧视。我们对社会正义的承诺还意味着，我们会尽自己最大的努力帮助我们工作和生活中那些受到个体性或制度性歧视的人，使他们战胜自己在社会中的劣势和身体上的残疾。应该要明白，公平对待有时是指一视同仁，而有时为了结果的公平却需要进行差异化对待。因此，在与多伦多大学招生政策与原则保持一致的前提下，安大略教育学院将努力招收合格的候选人，他们身上要能体现出多伦多市、安大略省和安大略学校在民族、文化方面的社会多样性。我们鼓励有色少数族裔、残疾

---

① Policies and Principles for Admission to the University of Toronto, http://www.governing council.utoronto.ca/policies/admit.htm.

人、非传统学科领域的女性、土著人和法裔积极申请我院。①

多伦多大学的招生政策在全国很有代表性。无论在大学还是学院层面，其招生工作都十分注重公平，但这种公平也不是绝对公平，“有时为了结果的公平却需要进行差异化对待”。大学深知高等教育机会对个体日后成功的重要性，因此，“改善特定群体的高等教育参与程度”是各高校的奋斗目标。

第二节　加拿大高校招生工作的实施

一、高校的录取要求及招生流程

加拿大既无统一的大学入学考试，也无全国统一的招生制度，都是由各高校根据自行规定的招生标准进行招生。各高校不同专业的招生条件虽然千差万别，但都有一个共同的最低要求，那就是申请者必须拥有高中文凭。此外，申请者高中最后一两年的成绩也非常关键，这决定了他能否最终被成功录取。

（一）关于高校筛选程序的研究

如何看待高校招生过程（admission process），有两种截然不同的视角。以第一种视角来看，招生过程就是一系列的具体细节（nuts and bolts），是有限的行政程序（administrative procedures），由校方授权特定的招生人员来负责这些行政程序；第二种视角被埃尔登·斯莱舍（Alden Thresher）称为系统方法（systems approach），从这种视角看，招生过程是一个由相关部分构成的系统。其思想基础是：“学生群体在小学和中学教育系统之后的继续流动、他们在高等教育不同阶段的再次分配，以及致使他们坚持完成学业或中途辍学的力量和动机，所有这些都构成了一个巨大的社会体系。”② 高校招生是这个体系不可或缺的组成部分。如果把招生视为具体细节，那么它很有可能会演变为：按照既定学术标准对学生进行例行公事的筛选，而根本

① Ontario Institute for Studies in Education Consecutive Bachelor of Education 2013-14 Application Handbook, http://www.oise.utoronto.ca/ro/UserFiles/... /UTorBEdHandbook13.pdf.

② B. Alden Thresher, College Admission and the Public Interest, College Entrance Examination Board, New York, 1966, p. 66.

不考虑这种筛选的社会背景以及可能产生的社会影响。第二种视角与高等教育入学机会（access to higher education）密切相关，在这种视角看来，招生过程涉及两个教育阶段和两个相互关联的筛选模式。前者包括：直至高中毕业的整个基础教育阶段以及实际的高校入学阶段；后者包括学术筛选和社会筛选。学术筛选是指学生所修的高中课程及其成绩所体现出的智力水平和学术背景；社会筛选是指与社会阶级、阶层和种族有关的因素对招生入学产生的影响①。

第二种视角在加拿大高校的招生理念中得到了充分的体现，那就是对平等（Equity）而多样（Diversity）的不懈追求。实现社会筛选的公平就是要确保所有学业合格的学生都能够上得起大学，都能够上适合自己的大学。不能让对学费的担忧妨碍学生做出正确的选择。一部分加拿大学者和行政人员认为：实现这个目标有多个途径，但值得注意的是，有些途径甚至可能会减少入学机会。其中最为极端的一种做法就是让大学完全免费，由省政府来支付学生学费和生活费。对此，安大略省前教育部长雷（Rae）做出了这样的解释：在那些实行免费高等教育的国家，其高等教育的规模通常相对较小，相比之下，如果高等教育规模很大，政府承担的成本也很大。例如，以安大略省为例，如果在不缩小规模的前提下免除大学的全部学费，需要每年约20亿加元的政府资助。如果还要支付学生的生活费，政府将要提供更多资助。这样做的结局可能就会像如今的医疗体系，对全民免费，但却不能使真正需要救治的病人获益，尽管政府投入巨资②。虽然这一观点遭到有些人反对，但也受到了许多人的肯定，特别是受到了政界人士的欢迎，因为它迎合了加拿大当下的政治意识形态与经济现状。以安大略省为代表，各省纷纷推出了在规定年限内逐步提高学费的做法，收取的学费中有相当一部分被专门划拨出来，用以资助确实有经济困难的学生以及奖励学习优秀的学生，还有一部分被用来改善高校教育质量。

（二）高校的最低录取要求

虽然加拿大各省和地区的教育制度不相同，但除魁北克省外，其高等院

---

① Robert Pike, Open Admission: Some Problems of Definition, at Marie Sivyer, edited, Service for Admission to College and University: Transactions of the Annual Meeting, Ottawa April, 1971, pp. 4-5.

② Charles M. Beach, A Challenge for Higher Education in Ontario, McGill-Queen's University Press, 2005, p. 100.

校的入学申请资格基本上没有太大差别。加拿大高校的入学资格通常由各高校自行规定。一般而言，高中文凭是进入加拿大高校接受本科或大专教育的基本前提；其次，高中最后两年的主课成绩是高校录取的重点依据。由于各省和行政区的课程体系不尽相同，因此，高校在招生时需要针对性地说明每个省和行政区的最低录取要求，以便申请者参考。例如，在约克大学的招生网站上，对不同省高中学生的录取要求进行了分门别类的说明，列出了针对各地学生的最低录取要求，详见下表：

表 3-1　约克大学对各省和行政区的最低录取要求

省/行政区	最低录取要求
安大略	获得安大略省中学文凭 且修过 6 门大学定向或混合定向的课程，其中包括 ENG4U，即 12 年级英语
阿尔伯塔	获得高中文凭 且修过 5 门学术类课程，包括英语 30（ELA30－1）
不列颠哥伦比亚省	获得高中文凭 且修过 4 门 12 年级的学术类课程，这些课程不一定是省级统考的科目 但不包括缺乏或不够学术含量的自动科技、职业生涯规划、纺织、旅游等课程
曼尼托巴	获得高中文凭 且修过 5 门 12 年级的学术类课程，其中必须包括英语 40S 和三门 40S 水平的课程，另外一门可以是 40S 或 40G
新不伦维克	获得高中文凭 且修过包括英语在内的 6 门 12 年级学术类课程（即大学预科类 120，121 或 122）
纽芬兰与拉布拉多	获得高中文凭 且在 3 000 水平的课程中获得 11 个学分，其中包括英语 3 201
西北行政区	获得高中文凭 且修过 5 门学术类课程，其中包括英语 ELA30－1 或英语 30
新斯科舍	获得高中文凭 且修过 5 门学术类课程（即大学预科或高级课程），其中包括英语
奴那瓦特	获得高中文凭 且修过 5 门学术类课程，其中包括英语 ELA30－1 或英语 30
爱德华王子岛	获得高中文凭 且修过 5 门 12 年级的学术类课程（标号为 611 或 621），其中必须包括英语

续表

省/行政区	最低录取要求
魁北克	获得 12 年级毕业证书（Grade 12 Certificate of Graduation） 且修过 6 门大学预科水平（university preparation level）的课程，其中必须包括 12 年级英语
萨斯喀彻温	获得 12 年级毕业证书（Grade 12 Certificate of Graduation） 且修过 6 门大学预科水平（university preparation level）的课程，其中必须包括 12 年级英语
育空行政区	获得高中文凭 且修过 4 门 12 年级的学术类课程，这些课程不一定是省级统考的科目 但不包括缺乏或不够学术含量的自动科技、职业生涯规划、纺织、旅游等课程

资料来源：根据 http：//futurestudents. yorku. ca/requirements/highschool 网页资料整理。

从上表可以看出，育空行政区与不列颠哥伦比亚省的要求完全相同，这是因为前者执行后者的课程标准。尽管约克大学对各地的最低录取要求所有差别，但整体而言都包括两个方面：第一，高中文凭；第二，高中最后两年的大学预科课程。下文将对这两点做进一步分析。

1. 获得高中文凭

获得高中文凭是申请高校的前提。在加拿大，高中也被称为中学（Secondary School）或学院（Collegiate Institute），通常包括 9 到 12 年级四个年段，学生从 9 年级开始，需要逐渐明确自己将来的发展方向：是继续上大学、大专还是直接工作。每个省的高中教育略有差别。以安大略省为例，该省教育部规定高中生必须同时满足三个条件才能为其颁发安大略省高中文凭（the Ontario Secondary School Diploma，简称 OSSD）：首先，达到 30 学分要求；其次，通过安大略省高中文化测试（Ontario Secondary School Literacy Test，简称 OSSLT）；最后，达到 40 小时志愿服务要求。具体如下图所示：

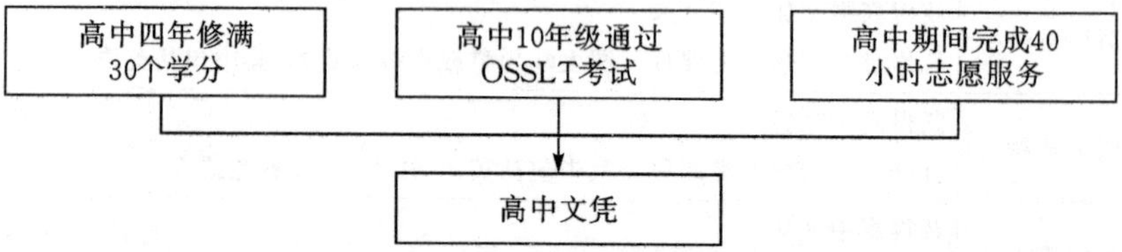

图 3-1　获得安大略省高中文凭的条件示意图

(1) 关于高中学分的要求。加拿大的高中普遍实行学分制。在安大略省，高中学生需要上完 110 学时的课程，修完 30 个学分，其中 18 个学分必须来自省教育部列出的必修课清单，其他 12 个学分可以根据自己的兴趣从学校开出的选修课里选择。

表 3-2　安大略省高中必修课及对应学分

科目类型	科目名称	学分
必修科目	英语	4
	数学	3
	科学	2
	加拿大历史	1
	艺术	1
	健康与体育	1
	法语作为第二语言	1
	职业学习	0.5
	公民学	0.5
选修科目	英语、法语作为第二语言、母语、古典语言、社会与人文科学、加拿大与世界研究、职业教育、带薪实习（选一）	1
	健康与体育、艺术、工商学习、法语作为第二语言、带薪实习（选一）	1
	科学、技术教育、法语作为第二语言、计算机学习、带薪实习（选一）	1

资料来源：改编自多伦多学区教育局网页资料。

上表中英语、数学、科学等前 9 门课程是安大略省高中的核心课程，是必修课里的必修科目。这在加拿大全国具有代表性，它体现了各省教育部在知识经济时代对高中生基本知识和能力的要求；后三行是必修课里的选修科目，学生可以结合自己的未来发展方向进行选择。例如，打算进入大学学习商科的学生，就可以选择工商学习，打算学习理科的可以选择科学或计算机学习，打算学习文科的可以选择英语、社会与人文科学和艺术等；而打算毕业后直接就业或进入职业技术学院的学生，可以选择职业教育、技术教育或带薪实习。对带薪实习（Cooperative Education）一课还有特殊的学分规定：最多 2 学分的带薪实习能被算入必修学分。

(2) 关于安大略省中学文化测试。从 1996 年开始，安大略省的《教育改进法案》（Education Improvement Act）规定，对 3、6、9 和 10 年级的学生进行测试以及成绩的标准化等，接着在 1999 年又提出了进行学生分流，学生要在 9 年级或 10 年级的时候做出文理科的选择①。为保持省内高中毕业水平相对一致，大多数省都先后实施了由省教育部统一命题的高中统考。例如，不列颠哥伦比亚省于 2004 年开始实施毕业考试（Graduation Program Examinations），该省教育部规定：高中生必须通过 5 门课程的统考才能获得课程的学分，这包括 10 和 12 年级的语言艺术、10 年级的科学、10 年级的数学，以及 11 和 12 年级的社会科学。实施该考试主要有三个方面的原因：第一，确保 10 到 12 年级学生的学业水平能持续达到该省的学科标准；第二，确保省内所有高中生在申请各类高校时受到公平对待；第三，响应公众对改善教育质量标准的强烈愿望。此外，考试也能为学校和教师进行课程评价提供有用的反馈信息。每门课的统考成绩将会和学校或教师给出的课程成绩做加权处理，最后得出的分数才会被计入成绩单。其中，10 和 11 年级的占总成绩的 20%，12 年级占 40%②。省级考试的编制及组织实施由省教育部学生评定处负责，参加考试的学生主要为省内公立学校的学生，但育空地区的有些学生与不列颠哥伦比亚省独立学校的学生也参加该省的毕业统考。

2000 年开始执行的安大略省中学文化测试（OSSLT）是取得高中文凭的必要条件。该考试为两部分：阅读和写作，学生在 10 年级的时候必须通过，否则无法毕业。该考试在 10 年级春季举行，成功通过考试的学生就达到了毕业要求，并且能够获得 1 学分。

值得一提的是，安大略省中学文化测试不是单列的考试，它是嵌入在安大略省整个学业评价体系中的一部分。为了确保学生学习质量的提高，加拿大 20 世纪 90 年代初以来进行的重大教育改革之一就是全面实施学生成绩评价，举办全省统一考试。加拿大各省普遍制定了课程目标，将省级统考作为衡量教育目标实现程度的手段之一。1995 年 2 月，安大略省依法成立了教育质量与问责办公室（Education Quality and Accountability Office，简称

① 郑宏宇、郭清秀：《加拿大教育问责制度研究》，《当代教育科学》2011 年第 15 期。

② Ministy of Education，Handbook of Procedures for the Graduation Program 2012—2013，http://www.bced.gov.bc.ca/exams/handbook/1213/handbook_of_procedures.pdf，2013-05-28.

EQAO）专门负责学生的成绩鉴定，并直接对省教育部长负责。这是加拿大第一个官方的教育问责机构。随后在教育质量与问责办公室的领导下，该部门制定和实施了一系列对 3、6、9 和 10 年级学生的学习成就测试（数学、阅读和写作测试），并一直持续至今，对教育绩效的提升起到了积极的推动作用①。其他三个年级的省级统考只作为省内教育质量检测的手段，只有 10 年级的测验直接与学生毕业挂钩，形成安大略省中学文化测试，没有通过该考试的学生不予毕业。因此，该考试使用教育质量与问责办公室开发的评估分析准则。通过研究发现，安大略省的学生在这一测试的驱动下，学习成绩有了大幅提升。“一个最明显的例证是，在 2000 年的‘国际学生评估项目测试’（Programme for International Student Assessment，简称 PISA）中仅次于芬兰；在 2003 年的 PISA 中，加拿大在阅读能力方面排第三名，仅次于芬兰和韩国。”② 目前，安大略的统一考试已在中小学阶段普遍展开。作为全国教育最发达的省份，这些改革措施很具有代表性，并对其他各省产生了巨大影响。

还需指出的是：安大略省中学文化测试只是学生成绩的一部分，学生的成绩报告单上仅显示该生是否成功通过考试，不显示具体成绩。通过考试可以获得 1 学分。成绩报告单上显示的是学生所有必修课和选修课的最后成绩及获得的学分。因此，它不能取代学校和教师组织的考试，只是对后者的补充。

（3）关于社区志愿服务。关于社区志愿服务的具体规定，安大略省的说明是：首先要参与 40 小时的社区服务活动；其次，所提供的服务必须是无报酬的志愿服务；再次，要对社区有建设性的贡献。安省教育部做出此举的目的并非提高学生毕业的难度，而是有着用心良苦的长远考虑，主要有五点原因：强化公民意识；加强社区建设；提高学生的自信心和自我认知；为学生日后就业拓展人脉；使学生档案袋里多一份实践经历。

为了便于学生获得志愿服务的需求信息，多伦多青年志愿者（Youth Volunteer Toronto）创办了专门网站，为志愿者们列出了五大类的工作机会：卫生健康、服务、教育、信仰与宗教、文化与运动。此外，学生们也可

---

① Education Quality and Accountability Office，http：//www. eqao. com/Students/Secondary/10/10. aspx? Lang=E&gr=10.

② 郑宏宇、郭清秀：《加拿大教育问责制度研究》，《当代教育科学》2011 年第 15 期。

以联系当地的志愿者服务中心，以了解工作机会。学校建议学生可以先咨询周围的邻居是否需要帮助，这包括帮助老年邻居整理花园、铲雪、驾车、购物、阅读等；或是帮助有孩子的邻居照看小孩儿；或是帮助周围年龄小的学生辅导功课等；除了帮助邻居，还可以帮助社区的居民，例如拜访老人之家、组织社区活动、保护社区环境、参与慈善活动、在当地医院或图书馆帮忙等等；此外，还可以选择在学校或其他学校做志愿服务，例如帮助残疾学生辅导功课、在学校图书馆帮忙、参与9年级新生的入学教育等等。为了保护未成年人的安全，安省教育部还罗列了一些不能算作志愿服务的活动，这包括禁止16岁以下学生在采伐或煤矿的作业环境中进行志愿活动、禁止15岁以下学生在工厂从事志愿活动、禁止14岁以下或没有成人陪伴的学生在工厂之外的工作场所进行志愿服务等等。

学生在8年级之后直到高中毕业前都可以进行志愿服务，只要是课堂时间之外，例如午休、晚上、周末、节假日或暑假期间都可以。学生在从事志愿活动的时候，需要填写一张表格，表格上列出了每次志愿活动的日期、服务时间、机构名称、个人承担的工作、指导者的姓名和电话、指导者的签名、校长或其指派者的签名。

如果成人想要获得高中文凭，可以有多种选择。成人高中和学习中心、社区学院、网络或远程教育机构、当地教育局和社区服务组织都有此类学习班。这些教育培训多是免费或象征性收费，成人可以选择全日制、非全日制或在家学习。此外，成人还可以参加普通教育发展考试（General Educational Development Test，简称GED），该考试分为5个课程领域，学生必须通过所有5个考试才能获得证书，该证书等同于加拿大高中文凭①。

2. 高中最后两年的学习成绩

对加拿大本国学生而言，高中阶段的学习成绩，特别是高中最后两年的学习成绩对是否能进入竞争激烈的学府起着关键作用。加拿大没有全国范围内统一的大学入学考试，大学对本国应届高中毕业生的录取分数都以高中11年级和12年级的科目最后成绩为准，但每所院校都根据各自的录取标准以及申请者的个人情况来判断其是否符合录取条件。

① Get Your High School Diploma，http://www.canlearn.ca/eng/lifelong/continuing/diploma.shtml.

加拿大高中提供的课程实用性非常强，涉及社会的每一个行业，几乎涵盖了所有大学可能设置的专业。学生在高中 9、10 年级选课时要在特定的几大类里获得规定的 18 个必修课学分，到了 11、12 年级，学生完全可以按照自己的兴趣爱好和将来发展方向来选课了。这样既能保证学生学习必修课，又能让学生按照自己的志向自由发展。

为此，即使同一个科目，学校也会针对毕业后打算直接工作、上大专或上大学的三类学生开设难易程度不同的课程。在学生的高中成绩单上的课程代码也能反映出该生的发展方向。例如 ENG4U 的课程代码表示高中第 4 年，即 12 年级的英语，相当于中国的高三语文，旨在培养高级阅读与写作能力；MHF4U 是指 12 年级的高级函数（Advanced Functions）等等。代码中的 U 就是 University 的缩写，算是大学预科课程，选择有此字母代码的学生就是打算申请大学的；还有的课程代码是以 M 结尾，是 Mix（混合）的缩写，例如 ICS4M 是指计算机与信息科学（Computer and Information Science）这门课是同时面向打算申请大专和大学的学生，其难度比专门面向大学的课程要低一些。如果学生学习基础好，打算申请大学，就要选择代码中以 U 结尾的课程。也就是说，学生在 11 年级所选的课程就决定了他今后的发展方向。加拿大千禧奖学金基金会①（the Canada Millennium Scholarship Foundation）在 2002 年的研究也从侧面说明了这一点，该研究发现高中生的学习成绩对他们上大学的决定影响重大。平均分在 95 分以上的高中生早在 11 年级就做出了上大学的决定②。高校招生部门在收到学生的申请材料后，重点要看的就是学生最后两年所选的课程类型及最后成绩。如果学生的所选课程与其申请的专业基本要求相匹配，而且这些课程的成绩都比较高，那么通常情况下该生就会被录取。

对大学先修学分的认可也是因校而异。如今，许多高中生在申请大学时都能提供大学预科课程（advanced placement course）成绩、国际学士文凭

---

① 该基金会是加拿大议会于 1998 年同意成立的独立机构，最初收到加拿大联邦政府为期十年，高达 25 亿加元的资助，用以为大学生提供奖助学金。基金会每年通过奖学金和助学金的形式为接受中等后教学的学生提供 3.23 亿加元的资助。通过千禧年研究计划（the Millennium Research Program），基金会也对高等教育入学机会展开深入研究。

② Sean Junor，Alexander Usher，The Price of Knowledge：Access and Student Finance in Canada，Canada Millennium Scholarship Foundation，2002，September.

(the International Baccalaureate) 等大学预科学习证明，但对于如何认定这些预科学习的减免学分，各省高校没有统一的做法，即使同一省内的高校也做法各异。可以肯定的是，这些证明材料是校方作出录取决定的考虑因素之一。

魁北克省的中、小学基础教育共有 11 年，这一点与加拿大其他省份和行政区的 12 年基础教育有明显区别。另一个明显区别是该省高等教育分为两个阶段。第一阶段是大专教育，包括 2 年的大学预科和 3 年的职业技术教育；第二个阶段是大学教育，大学本科学制是 3 年，而不是 4 年，这主要是由于大学教育之前有了大学预科和职业技术教育的因素。大学预科和职业技术教育是魁北克省高等教育体系中最具特色的部分。本地学生可以选择 3 年的职业技术课程或两年的大学预科课程以获得大专毕业证书。只有取得了魁北克大专毕业证后方有资格被大学录取，进入第二阶段的大学本科教育。魁北克省的中、小学基础教育和大专教育使该省学生在进入大学学习时已有了 13 年或 14 年的教育背景①。

（三）高校的实际录取要求

最低录取要求只是为申请者提供一个指导，告诉他们进入某所大学的准入门槛有多高，然而，实际的录取要求可能更高。加拿大全国性周刊《麦卡林》(MacLean's) 每年编辑出版的加拿大大学入学指导列出了一些大学实际录取的平均分。某些大学的最低录取要求与实际录取分数之间的差距颇为惊人。如果这两者间的差距过大，很有可能说明该大学拒绝了大量的申请者，它真正的最低标准比所公布的最低要求要高得多。这些情况有时可能会误导申请者。例如，在 2002 年，安大略省和魁北克省的高校公布的最低录取标准比较高，然而实际上的录取分数与其他省大学的分数所差无几。相比之下，大西洋三省和加西地区的高校公布的录取要求较低，似乎更像是开放入学，然而实际上这些高校的选拔标准并不低于安大略和魁北克的高校。

加西地区的不列颠哥伦比亚大学 (University of British Columbia)、萨斯喀彻温大学 (University of Saskatchewan) 和温尼佩格大学 (the University of Winnipeg)，东部的蒙特爱立森大学 (Mount Allison University) 和开普布莱登大学学院 (the University College of Cape Breton)，这些大学的实际

① 朱梅：《加拿大高等院校入学指导》，中国社会科学出版社，2006 年，第 31 页。

录取分数比公布的最低入学要求高出 20 分。尽管，根据它们所公布的入学标准，它们每一所大学都看似相对容易申请，然而实际情况并非如此。

另一种分析这个问题的方式就是观察每所高校所录取的新生中，平均成绩超过 75 的学生比例。尽管大多数加拿大大学的最低入学要求都在 65 至 70 之间，然而实际上分数在此区间的学生很难进入心仪的高校。根据加拿大《麦卡林》周刊的统计，加拿大名牌大学热门专业均要求本国应届高中毕业生在高中 11 年级和 12 年级的期末考试成绩达到平均 80 分以上。2002 年，19 所高校的超过 80％的新生平均入学成绩超过 75，如表 3-3 所示：

表 3-3　2002 年入学平均成绩在 75 分以上的新生占所有新生比例超过 80％的大学

大学	比例
女王大学（Queen's University）	99.8％
麦吉尔大学（McGill University）	99.5％
不列颠哥伦比亚大学（University of British Columbia）	99.3％
多伦多大学（University of Toronto）	98.9％
古尔夫大学（University of Guelph）	98.5％
西蒙弗雷泽大学（Simon Fraser University）	98.4％
西加拿大大学（University of Western）	96.4％
维多利亚大学（University of Victoria）	91.7％
达尔豪西大学（Dalhousie University）	89.4％
滑铁卢大学（University of Waterloo）	88.9％
威尔弗雷德・劳瑞尔大学（Wilfrid Laurier University）	88.6％
麦克马斯特大学（McMaster University）	87.4％
阿尔伯塔大学（University of Alberta）	86.3％
约克大学（York University）	84.5％
拉瓦尔大学（Université Laval）	82.7％
蒙特爱立森大学（Mount Allison University）	82.5％
阿卡迪亚大学（Acadia University）	82.2％
萨斯喀彻温大学（University of Saskatchewan）	81.1％
卡尔加里大学（University of Calgary）	80.2％

资料来源：麦卡林加拿大高校入学指南，Maclean's Guide to Canadian Universities and Colleges 2002。

（四）高校专业性学位的录取要求

对报考牙科、法律、医科等专业的学生，必须接受过 1～3 年的本科课程学习，或者已经取得本科学位，才具备申请条件。有些专业还要求申请者通过专门的外部考试，例如报考法律专业须参加法学院入学考试（LAST），医科、牙科及经济管理等专业采用类似的考试办法录取学生。图书馆学只录取已获得文、理学士学位的学生。下面以多伦多大学的专业性学位录取要求为例，详细说明此类专业的招生特点：

表 3-4　多伦多大学专业性学位的录取要求

专业	学年	授予学位	最低要求	学术要求
牙医	4	牙医学士 DDS	3 年本科学习	1 学年生物化学、1 学年哺乳动物生理学；至少 2 学年生命科学和 1 学年人文与社会科学
教育	1	教学学士 BEd	本科学位	本科学位的课程成绩较高； 具有相关经历
法律	3	法律职业博士① JD	3 年本科学习或已经修完 4 年的本科学位	LAST 考试
医学辐射科学	3	医学辐射理学士 BSc Medical Radiation Science	至少 1 年本科学习	一学年的生物、数学和物理学课程

① 法律职业博士（Juris Doctor，简称 JD）并不是一般意义上的博士学位，该学位持有者也不能在其名字前冠以“Dr.”称呼。关于法学第一学位教育，在英美法系国家中存在着 LLB（Bachelor of Laws，源自于拉丁文 Legum Baccalaureus）（法学学士学位）和 JD（法学职业博士）之区分。二者的区分主要是在称谓上，而非实质内容上。前者是英联邦国家法学教育的传统，且仍在坚守着自己的阵地；而后者则肇始于美国的法学教育，1903 年美国芝加哥大学法学院首次颁发 JD 学位。考虑到毕业生在美国找工作等客观原因，多伦多大学法学院于 2001 年第一个将法学第一学位的称谓由 LLB 改为 JD，截至 2011 年，加拿大全国除了魁北克省外，17 所法学院都对此学位进行了更名。

续表

专业	学年	授予学位	最低要求	学术要求
医学	4	医学博士① MD	3 年本科学习	修过 2 门生命科学课程、1 门人文与社会科学或语言课程；MCAT 考试
护士	2	护理理学士 BScN	2 年本科学习	在人体生理学、生命科学或自然科学、社会科学、人文科学课程中都获得 1 学分，半年统计学课程；本科第二年的平均成绩至少是 B 等
药学	4	药学理学士 BScPhm	2 年本科学习	学过 12 年级英语；12 年级物理或学过两学期大学程度的物理；大学程度的基础生物学、基础化学、有机化学、物理化学、微积分、统计学、生物化学，外加至少 2 学期的人文与社会科学；PCAT 考试；要求面试
医生助理	2	医生助理学士 BScPA	2 年本科学习	一学年大学程度的化学、人体解剖学、生理学；累积 GPA 至少 3.0

资料来源：见多伦多大学招生办宣传材料，University of Toronto，Admission Bulletin，2012/13，Professional Faculty Programs Requiring University Preparation。

如表 3-4 所示，除了要求修过特定课程外，部分专业需要申请者参加外部考试，例如法律专业要参加 LSAT 考试、医学专业要参加 MCAT 考试、药学专业要参加 PCAT 考试。

LSAT 全称是 Law School Admission Test，由位于美国宾夕法尼亚州的法学院入学委员会（Law School Admission Council）负责主办，是法学院入学资格考试。几乎所有的美国和加拿大法学院都要求申请人参加 LSAT

---

① 加拿大的医学博士（Doctor of Medicine，M. D.）来自拉丁文 Medicinae Doctor，是由医学院颁授给医师的一个专业学位。1807 年设立 M. D. 学位时欧美医学仍不算进步，当时美国的大学也无博士学位。英国体系的医学学士学位称为 MBChB 或 MBBS（Bachelor of Medicine and Bachelor of Surgery），在英国 M. D. 则是等同于 Ph. D 的医学博士学位，而在美国和加拿大等许多国家这是一个职业博士（professional doctorate），或者称作首个专业学位（first professional degree），即资格学位（qualifying degree）。多数情况下必须在获得本科学位后经过 90 至 120 个学时才能得到。但是美国与加拿大的 M. D. 学位则只等同于英国的医学学士。

考试。LSAT 考试共有五个部分（包含一个不记分的供入学委员会评估用的评测部分），包括三个方面的内容，每部分时间为 35 分钟，另加 30 分钟的写作。三个方面的内容是阅读理解、逻辑推理及分析推理，主要测试考生准确阅读并理解复杂文章的能力、组织有关信息并得出合理结论的能力、批判性地推理能力和对他人的推理进行分析和评价的能力。LSAT 满分 180 分，最低分 120 分，考试成绩 5 年内有效，有些法学院对申请者的成绩有最低要求。

通常，法学院的竞争极为激烈，即使学院没有列出最低分数，申请者们还是要努力考出高分。例如，多伦多大学的法学院 2012—2013 学年有 2 000 名申请者竞争法学院约 200 个 JD 学额，最终 195 人被录取。录取者的 LSAT 成绩平均在 165 分，也就是这些录取者的成绩在所有考生中处于 95%以上，而且他们所有人的第一个本科学位平均成绩为 86.5 分。有些被录取者的成绩可能在平均线以下，这是因为他们的背景、资格或个人成就较为突出，在法学院录取委员会看来，录取这些学生能够为课堂带来多样性。该法学院还将申请者归为三类：普通人、成人和土著人，申请者要按照自己的身份进行申请[①]。积极招录土著学生是该法学院的传统，其土著学生毕业率也是全国最高的。尽管如此，法学院也不会为土著学生预留学额，通常每年仅有 10 名土著学生能被成功录取。土著毕业生日后会为完善和发展土著法律作出积极贡献。

MCAT（the Medical College Admission Test）即医学院入学考试是申请攻读北美医学类院校的学生必考的一项机考（CBT）标准化考试。它考察应试者解决问题的能力、批判性思维能力和分析写作技巧，同时考查应试者对学科原理和知识的掌握程度。MCAT 每年在普尔文[②]授权的考试中心举办 25 次考试，参加考试的学生多为希望申请北美地区医学院的大三或大四学生。MCAT 由四部分组成。按照考试日的出现顺序依次是：物理与无机

---

① JD Admission Policies，http：//www.law.utoronto.ca/admissions/jd-admissions/admissions-policies.

② 美国普尔文（Prometric）公司是世界上最大的计算机化教育和考试认证服务的公司，总部坐落于美国马里兰州巴尔的摩市。目前在世界的 6 大洲 180 个国家设有分公司和 4 000 多家考试中心，向学校、企业、个人及社会提供立足于信息技术基础的教育和评估服务。

化学（Physical Sciences，PS）、语言推理（Verbal Reasoning，VR）、写作（Writing Sample，WS）、生物与有机化学（Biological Sciences，BS），各部分满分为 15 分。多伦多大学医学专业的入学竞争也异常激烈，每年大约有 3 000 名申请者竞争 259 个名额。GPA 的最低要求为 3.6（4.0 为最高），除写作要求合格外，MCAT 其他三部分的最低要求为 9，然而并非达到最低要求就能被录取。2012 年的申请者高达 3 052 名，即 11.78 人竞争一个名额，进入面试的有 576 名，最终被录取的申请者平均 GPA 为 3.9，MACT 四部分的平均成绩都很高，PS 为 11.37、VR 为 9.59、BS 为 11.58、WS 为中等①。由于竞争激烈，在筛选的过程中招生委员会要综合考虑每个申请者学术以及非学术方面的表现，即使本校的学生也不会给予照顾。

PCAT（the Pharmacy College Admission Test）即药学院入学考试，旨在测量学生的整体学术能力和学科知识，以确保这些学生日后能够成功适应药学院的学习。该考试由六部分构成：语言能力、生物、化学、阅读理解、量化分析和写作。考试成绩有效期为 5 年。多伦多大学药学院的竞争没有医学院那么激烈，近两年的申请者都在 600 人左右，每年录取的学生为 240 名②。

（五）高校的招生流程

经过多年的发展，尽管各省的高等教育各自为政，但其招生部门的设置与招生流程却大同小异，以安大略省为例，该省高校招生流程如图 3-2 所示③：

安大略省高校的招生流程包括以下七个环节：

1）安大略省各大学与安大略省教育部协商本年度招生计划数；

2）安大略省大学申请中心（Ontario Universities' Application Centre）采集、公布各大学的招生信息；

3）申请人通过安大略省大学申请中心向各大学提出申请，申请人可以选择在线申请或者通过填写纸质表格申请，申请人可同时申请安大

① Admission Statistics，http://www.md.utoronto.ca/admissions/statistics.htm.

② Admission Overview，http://www.pharmacy.utoronto.ca/bscphm/admissions/admission-overview.

③ 丁秀涛：《对北京和安大略省高校招生系统的比较分析》，《考试研究》2007 年第 5 期。

略省所有大学，但从第 4 所学校开始加收费用，对于每所学校可申请 3 个专业；

4）对于就读安大略省高中的学生，由其所在中学将其 11、12 年级的成绩和其学术记录电子版传送至安大略省大学申请中心；

5）安大略省大学申请中心处理申请人信息，并传送至考生申请的学校；

6）大学根据申请人的高中成绩和学术记录等信息录取学生，发送录取通知书，包括奖学金情况等；

7）申请人接受或拒绝录取通知书。由于不同学校录取周期不同，接受一份录取通知书并不取消其他申请，但一个申请人只能同时拥有一份通知书，如果申请人接受一份新通知书，安大略省大学申请中心将自动取消其原来已接受的通知书。

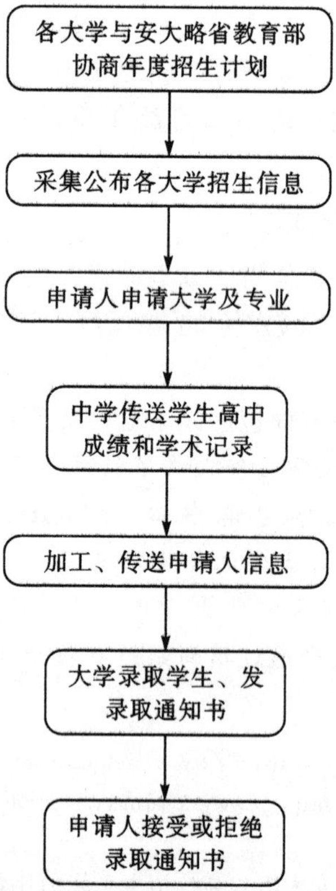

图 3-2 安大略省高校招生流程图

需要说明的是，一旦申请人的申请被接受和处理，在大学规定的最后期限内，申请人随时可以通过申请系统做出需要的变更，既可以变更学校，也可以变更专业，安大略省大学申请中心随时处理、传送变更信息至相关学校①。正如一位曾在约克大学录取办公室做过兼职的中国学生所言，“录取办公室的流程是很明确的，分工也很清晰，这就杜绝了违规操作的情况。我们每个人在工作后都要在材料上签字，对自己的工作负责。整个材料处理和审查是一步一步的向上进行，直到录取办公室主任批准。外人是不可能找到机会接触申请资料和数据的”②。

高校的招生部门在录取工作中坚持以专业为基础、先到先审的两大原则：

第一，基于专业要求进行筛选。

各高校的招生部门首先会考察申请者是否达到了面向所有专业的基本入学要求，如果申请者达到此要求，接着就要看申请者是否达到了具体专业的附加条件。通常，所有的申请者都能达到高校的基本入学要求，竞争主要取决于申请者在专业附加条件上的表现。以约克大学为例，该大学的基本入学要求（General Requirements）有两个：拥有安大略省中学文凭；修过 6 门大学预科的课程，其中包括 ENG4U，即 12 年级英语。达到基本入学要求只是获得了进一步申请专业学院的资格，因为不同学院和专业还有附加要求。例如，约克大学健康学院（Faculty of Health）下设的 4 个专业的招生要求为：

表 3-5　约克大学健康学院招生要求

<table>
<tr><th>专业</th><th colspan="2">要求</th></tr>
<tr><td>健康研究
（Health Studies）</td><td colspan="2">最好修过一门 12 年级的数学（4U Math）</td></tr>
<tr><td rowspan="2">运动与健康科学
（Kinesiology & Health Science）</td><td>理学士
（BSc）</td><td>一门 12 年级数学（4U Math）
一门 12 年级化学（SCH4U）或物理（SPH4U）</td></tr>
<tr><td>文学士
（BA）</td><td>一门 12 年级数学
一门 12 年级生物（SBI4U）或化学（SCH4U）或物理（SPH4U）</td></tr>
</table>

① 丁秀涛：《对北京和安大略省高校招生系统的比较分析》，《考试研究》2007 年第 5 期。

② 杨晔：《加拿大大学怎样录取新生》，《21 世纪》2007 年第 8 期。

续表

专业	要求	
护理 (Nursing)	一门12年级数学(4U Math) 一门12年级生物(SBI4U)或化学(SCH4U)或物理(SPH4U)	
心理 (Psychology)	理学士 (BSc)	一门12年级数学(4U Math) 一门12年级化学(SCH4U)或物理(SPH4U)
	文学士 (BA)	需符合基本入学要求

资料来源:根据约克大学招生宣传资料和网页资料改编。

从表3-5可见,第一,该学院可以颁发文学士和理学士两种学位,并且同一专业对待两种学位的要求也不同,特别是心理专业文学士的入学要求比理学士要低,这也预示着两类拥有不同学习基础的学生日后的课程也会有所差别;第二,除了12年级英语作为全校的基本入学要求外,12年级的数学普遍受到各专业重视;第三,该学院对每门课程的最低成绩没有说明,从侧面说明该学院的申请人数适中,不属于特别热门或竞争激烈的学院。

在加拿大高校,一些热门专业的申请竞争尤为激烈,此时学院就不得不提高入学标准,通过划定最低分数等方式来控制申请人数。近年在加拿大非常热门的学院有工程学院、商学院等,这些学院的不同专业几乎都有最低分数要求。例如,约克大学的舒立科商学院(Schulich School of Business)被誉为加拿大最好的商学院之一,要求申请者的12年级英语和函数分数至少70分以上,所修过的M类(即混合类)课程不能超过2门,此外还有其他要求;多伦多大学的罗特曼商学院(Rotman School of Business)要求学生在高中学习过商科科目,并且英语和商科的成绩至少在85分以上。多伦多大学的工程学院(Faculty of Engineering)享誉全球,其申请条件也几乎是所有学院中最严格的,所属的10个专业均要求申请者在高中11、12年级修过电脑与计算机科学、函数、化学和物理,并且每门课的成绩都要在80多分,该学院工程科学(Engineering Science)专业的成绩要求更是令人叹为观止,要求每门课都要在90分左右,该专业授予学生的学位也与其他9个专业不同,名为工程科学理学士(BASc in Engineering Science),其他专业为理学士。之所以有如此高的要求,与该专业本身的难度有关外,也与其高回报率有关,顺利毕业的学生不但享有很高的荣誉,也很容易找到高薪的工作。因此，该专业吸引着加拿大的许多理科精英趋之若鹜。

加拿大乃至北美大学的各专业录取标准不同，但是一旦进入大学，转专业是很容易的。进入大学后，可以在第一年学习结束后再按照自己的兴趣并结合自己的学习实力，通过自己对不同课程的反应来确定最适合自己的专业。在大学中有些专业比较难读或者比较冷门，例如数学、矿业工程等，申请人数比较少，学校为了鼓励学生报读，一方面所定标准会松些，一方面就以发放一部分奖学金的形式来吸引学生。所以这类奖学金其实和学习水平并不密切相关，只是学校的一个优惠政策而已①。

第二，先到先审的录取原则。

为了增加被录取的机会，高校招生部门都会在各种招生材料和网页上提醒学生尽量提前申请。这是因为高校招生办每年都会收到数以万计的申请材料，特别是工商管理和工程等热门学科。“而学校采取的政策是材料先到先审的政策。更重要的是，这类热门专业的标准会随人数的增多有一定调整，申请时间越往后，录取位置就越少，标准就越高，奖学金的可能性就越小。而且越往后，给结果的时间就拖得越长，因为人数太多，录取委员会要不断比较才能确定录取人选。”② 因此，学生需要在申请季节一开始就马上申请，以便尽早获得申请结果。

招生工作非常繁冗，因此录取办公室的人员具有这样几项特点：“一是很强的沟通能力，因为很多时间都要回答访客的问题，而且需要非常专业，同时要诙谐幽默，尽量减轻访客的心理压力。二是需要很好的组织能力，材料的安排处理要井井有条，和同事之间的配合也要非常默契，这样才能保证申请审查过程的顺利。第三是需要有很强的职业精神和道德感，绝对不能够违反工作流程。”③

二、学生的择校标准及申请流程

（一）关于学生择校程序的研究

选择高校的过程远比填写申请表更为复杂。学生们必须首先决定他们想上哪所大学，接着要选择心仪的学院，然后精选几所学院提出申请。霍斯勒

① 杨晔：《加拿大大学怎样录取新生》，《21 世纪》2007 年第 8 期。

② 杨晔：《加拿大大学怎样录取新生》，《21 世纪》2007 年第 8 期。

③ 杨晔：《加拿大大学怎样录取新生》，《21 世纪》2007 年第 8 期。

(Hossler) 等人把学生选学校的过程界定为："一个复杂的、多阶段的过程，在此过程中个体酝酿出对接受正规中等后教育的渴望，继而决定选择在某一所特定的学院、大学或高级职业培训机构就学。"① 加拿大学者马修斯(Matthews) 认为，离家上大学相当于现代社会的成人礼，给学生带来了莫大的焦虑感。然而，一些现实的情况又迫使许多学生不得不离家求学。近年来，加拿大高校申请人数不断增加、政府的资助紧缩、本科生课堂人满为患，当离家较近的高校不再是最佳选择时，许多学生不得不把目光投向外省高校，甚至是美国的高校。早在 1990 年代末，就有 18 000 名加拿大学生在美国高校求学，如今这一数字更为惊人②。

雷特恩 (Litten) 提出了学生择校的三阶段模式：在第一阶段，学生做出上大学的决定；在第二阶段，学生对不同的高校做出衡量比较；第三阶段，学生向心仪的高校提交申请直至注册入学③。另一个关于学生择校的三阶段模式是由杰克逊 (Jackson) 提出的，此模式更为强调学生个体特征与高校特征之间的互动关系。第一个阶段受到学生个体偏好的强烈影响，包括能力、社会经济地位、重要他人 (家长、老师、咨询者等)、抱负与价值观、人种特征、高中特色、个人求学意愿等；在第二个阶段，学生根据个人的偏好对他能够申请到的几种不同类型的高校进行衡量，高校所处的地理位置和学校特色会对学生的选择产生极大影响；在第三个阶段，学生会把选择范围缩小到几所高校，会对高校的学术专业、校园生活、最低开销等方面进行不断权衡。

霍斯勒等人对上述阶段模型进行了分析、总结和提炼，提出了能够较为全面地涵盖多种影响因素的三阶段模型，在每个阶段，个体与组织的因素都会发生互动从而产出特定的结果，详见表 3-6：

---

① Hossler, D., Braxton, J., and Coopersmith, G., Understand Student College Choice, J. C. Smart, Higher Education: Handbook of Theory and Research, Vol. 5, Agathon Press.

② D. Matthews, Higher Anxiety, Old Times, 1989, pp. 16-20.

③ Litten, L., Different Strokes in the Application Pool: Some Refinements in A Model of Student Choice, Journal of Higher Education, 1982, No. 4, pp. 383-402.

表 3-6　选择高校的三阶段模型①

模型维度	影响因素		学生结果
	个体	组织	
第一阶段：意向	a）学生个体的情况 b）重要他人 c）教育活动	高中的情况	寻求 a）可能的高校 b）其他出路
第二阶段：寻求	a）学生形成初步的择校价值观 b）学生寻找未来高校的活动	高校寻找潜在学生的活动	a）几所高校 b）其他选择
第三阶段：选择	a）在几所高校中选择	高校对学生的示好活动	选择结果

资料来源：Hossler，D.，Braxton，J.，and Coopersmith，G.（1989），Understand Student College Choice，J. C. Smart，Higher Education：Handbook of Theory and Research，Vol. 5，Agathon Press。

在意向阶段，学生决定是否要到大学深造，如果决定要继续求学，就会进入寻求阶段；在第二个阶段，通过获取高校的有关信息，学生修正自己初步的择校观，学生与高校之间的互动增加；最后是选择阶段，学生要对自己可能的选择反复斟酌，继而缩小选择的范围，把注意力放在自己最可能去的高校上。霍斯勒等人认为，学生在高中最后一年的前几个月就进入了这个阶段，也就是说，此时的学生已经大概知道自己会去哪几所高校。霍斯勒试图分析学生的意愿（aspiration）与最后就读高校之间的关系，他指出：学生的求学意愿与他们的学习能力及社会经济地位关系密切。学生的学业成绩影响他们对院校类型的选择。学习能力强且成绩好的学生倾向于选择高竞争性的大学；反之，学习能力弱且成绩欠佳的学生往往会选择低竞争性的大学或学院。社会经济地位是影响求学意愿的另一个重要变量②。在对其他相关文献做了深入整理后，霍斯勒还总结了不同学者提出的影响学生择校的变量以及它们的相对影响，详见表 3-7：

---

① Hossler，D.，Braxton，J.，and Coopersmith，G.，Understand Student College Choice，J.C. Smart，Higher Education：Handbook of Theory and Research，Vol. 5，Agathon Press.

② Hossler D.，Enrollment Management：An Integrated Approach，College Entrance Examination Board，1984，pp. 30-49.

表 3-7　影响学生择校第一阶段的因素及其影响力①

变量	影响强度
学生的能力或成就	强
学业表现	强
家长教育程度	强
家长的鼓励	强
学生的期望	强
同伴的鼓励	中
种族	弱
家庭居住地	弱
性别	弱
高中咨询教师及其他教师	弱
劳动力市场及回报率	弱
社会经济地位	弱
学校教育质量	弱

资料来源：D. Hossler，J. Braxon and G. Coopersmith，Understanding Student College Choice. In J. C. Smart，Higher Education：Handbook of Theory and Research，1989，Vol. 5，Agathon Press。

关于第二个阶段，即寻求阶段的研究非常有限。霍斯勒等人认为：仅有的一些文献显示，学生高中毕业前的一年是这个阶段的关键时间；学生在此阶段获取高校信息的途径有若干个，其使用强度由强到弱依次为：学校的材料、参观校园、咨询老师、在校大学生、高校的招生人员。学生最关心的是高校的质量、就业前景以及院系的质量。霍斯勒等人发现，学生的期望有时是不切实际的，他们得到的信息也可能是错误的；其次，雷特恩认为，不同的学生会以不同的方式展开搜索。学习能力强的学生会进行更为复杂的搜索，黑人学生、来自较低社会经济背景的学生、父母教育程度较低的学生进行的搜索也往往相对简单。如果学生们没有找到合适的选择，他们可能会放

① Hossler D.，J. Braxon and G. Coopersmith，Understanding Student College Choice，J. C. Smart，Higher Education：Handbook of Theory and Research，1989，Vol. 5，Agathon Press.

弃求学的计划[①]。

关于第三个阶段，即选择阶段的研究较为丰富，霍斯勒等人总结了这个阶段的影响因素，并将其归为三类：学生变量、与经济无关的院校变量、与经济有关的院校变量。详见下表：

表 3-8　择校第三阶段（选择阶段）的影响变量

学生变量	影响强度
能力	强：能力强的学生更易选择竞争激烈的高校
家长的鼓励	强：最终会导致学生上竞争激烈的高校
社会经济地位	强：与选择竞争激烈的高校密切相关
种族	中：黑人不太可能选择上大学
家长教育程度	中：父母接受过高等教育的学生上大学概率高
家庭住址	不确定
高中教育质量	弱
与经济无关的院校变量	
学术质量	强
地点	中/强
院校获得财政资助的情况	中
当地高等教育系统的范围	中
院校规模	弱
社会氛围	弱
与经济有关的院校变量	
净开销	强
个人获得资助的情况	弱/中

霍斯勒把这些变量归为固定（fixed）和流动（fluid）两种类型。固定变量通常是稳定的，与院校形象一致，例如，院校的规模、地点、专业优势等；流动变量是在不影响院校核心价值观的前提下，为了影响潜在生源市场而能够被操纵的变量，例如院校财政来源、收费政策、宣传策略等。上学的

① L. Litten, Different Strokes in the Applicant Pool: Some Refinements in a Model of Student Choice, Journal of Higher Education, 1982, No. 4, pp. 383-402.

开支、学校地点和专业设置被霍斯勒认为是最能够影响学生择校的因素①。

此外，院校与学生居住地的距离也受到广泛研究。是否需要离家上大学，对学生而言是一个艰难的选择。在许多加拿大人看来，在其文化生活中的所有离别中，离家远行是最为痛苦的。在 18 年密切的相处之后，离家上学无论对父母还是对子女都是巨大的考验。离家太远上大学的交通费用较高，出于实际情况的考虑，加拿大高校联合会建议偏远地区的学生不妨考虑接受远程教育。总之，是否离家上学的考虑使得本已复杂的择校过程更为复杂化。通常认为，院校与居住地的距离和学生对该校的选择之间呈反比，距离越短，选择的概率越大。

（二）学生的择校标准

对许多学生而言，选择大学是对个人发展产生长远影响的第一个重大决定。学生的个体目标通常尚不清晰，缺少经验，受到同伴和家长的高度影响，也受到社会的影响。如今的社会就业市场瞬息万变。尽管在择校时家长和同伴都能给予一定的帮助，但学生最终还是要依靠自己的标准对若干所高校进行比较和斟酌。

学生选择大学的过程是一个复杂的、多个阶段的过程，在这个过程中，学生对高中毕业后继续接受正规教育充满期待。没有最好的大学，只有最合适的大学。加拿大的高校认为每个学生都能找到最适合自己的学校，鼓励学生为自己负责，从大量的院校信息中筛选出最适合自己的，最终做出明智的决策。结合加拿大高校联合会的建议，加拿大高中生在选择大学的时候需要综合考虑多个方面：

录取要求：高中课程成绩必须满足所申请专业的要求。有些专业还需要提交作品档案，如艺术和新闻专业。还有的专业要求学生提交一份个人陈述（statement），说明自己的兴趣、能力和职业计划。

录取率：绝大多数高校都无法录取所有申请者，而录取率也因专业、学校和年份不同而有所变化。

专业课程：并非所有高校都开设所有专业课程，即使开设同样的专业，上课内容、教学方式、教学理念也因校而异。学生要确保所选的高

① D Hossler, Enrollment Management: An Integrated Approach, College Entrance Examination Board, 1984, pp. 30-49.

校有自己想学的专业。学生们可以比较不同高校的同一个专业所开设的课程，包括课程内容、课程结构、选课的灵活程度等。

学校位置：学校是在大城市还是小城镇，学生需要考虑自己更喜欢宁静的乡镇还是热闹的大都会。有的高校位于大都市的中心，方便购物和休闲娱乐；有的高校则远离城市，自成一体。

院校的规模：规模较大的高校通常拥有更为健全的设施，无论是科研设备还是课外活动设施；而中小规模的高校通常是小班授课，课堂的参与和互动程度比较高。此外，学生还需要考虑班级的规模和自己的学习偏好。

住宿情况：如果学生离家上学，需要考虑学校的住宿情况，包括是否提供宿舍，以及房间如何分配。

预算开销：学生需要考虑自己的学习预算和可能的各种开销。与上大学相关的花费不仅仅包括学费，还包括食宿费、交通费、书本文具费、日常用品等个人开销。根据专业、大学类型、院校的规模和地点，这些费用会有所不同。

经济资助：是否能获得奖学金、助学金或其他形式的经济资助，这也是学生需要考虑的重要因素。①

另有研究对加拿大学生的择校问题做了调查，将影响学生择校的因素分为三大类：经济因素、校园环境和大学信息。其中，学生择校时最关心的六个经济因素依次为：未来自己能够获得高品质的工作、能够获得奖学金、能够获得助学金、奖学金的数额、学费及开销、校园内有兼职工作；在这个次序里，学费并不是最重要的考虑因素，这也从侧面反映出加拿大高校对本科生的学费较为一致，不像美国高校之间那么差异巨大；在非经济类因素中，学生最关心的七个方面依次为：学校的学术声望、安全的校园环境、有专业学院和研究生院、重视教学、师生比、小班教学、离家距离等；在这几个因素中，除了安全的校园环境外，研究生院等其他因素都互相印证了一个院校的学术声望，往往学术声望也能影响学生未来的就业。此外，离家距离也反映出大多数学生都倾向于在当地就学；在高校信息类因素中，影响学生择校的六个方面依次为：参观校园、高校的网页、信息指南、高校的出版物、高

① Association of Universities and Colleges of Canada，Directory of Canadian Universities，40th Edition，AUCC Publication，pp. 17-19.

校推介会、《麦卡林》排名。这是关于不同来源的信息对学生择校的影响，参观校园被认为是较为重要的因素，印刷及网页资料的影响次之，影响力最小的就是《麦卡林》每年的大学排名①。

综上所述，当学生择校时需要考虑多个因素，其中最重要的就是高校的声望（reputation）。而高校的声望则体现在外界对高校的评价上，以及高校是否具有就业前景良好的热门专业和研究生院。遗憾的是该调查未能揭示高中生如何判断不同高校的声望，因为，如果他们不怎么看重高校的印刷材料或网页资料，可以推断他们有可能是通过小道消息或其他非正式途径来了解高校，对此还需深入研究。

为了获得以上信息以便在综合考虑后做出最适合的选择，加拿大学生通常会采取以下措施：

参观校园——可以借此机会了解学校的住宿情况、运动设施、入学要求、图书馆设施、俱乐部、上课情况等，或者仅仅感受一下校园的氛围。

浏览校历和目录——仔细阅读学校招生部门邮寄的材料，这能够提供有关学校课程、入学要求、特别课程和校园生活的信息。

参加高校的见面会——同一个地区的高校派代表参加见面会，回答学生和家长的问题，并提出具体建议。

参加高校在高中的宣讲会——高校通常都会安排专人去高中进行宣讲，学生可以借机提问。

与家人和朋友沟通——在做出艰难的择校决策时，家人和朋友可以提供良好的建议。②

（三）学生的申请程序

加拿大高校的申请截止日期和入学通知日期彼此各异，整体上比美国的高校略晚一些。招生录取要求因学校和专业而异，同一个省内的高校在录取程序上相似。加拿大所有高校几乎都强调申请者的学业成绩，学生在其他方面的表现不太被看重，尽管这些方面的表现可能更被美国的高校所看重。有些省高校众多，为了便于学生的申请和高校的录取工作，往往会成立专门的

① Acumen Research，2001 Ontario Applicant Survey，London，Ontario，2001.

② Jilla Williams，Educational Guidance Service，A University Admissions Guide，1994—1995 Edition.

申请中心，为本省所有高校提供集中的申请服务。学生在申请学校时需要进入申请中心的网站，而不是申请具体的单个学校。对于社区学院，有些省还有统一的社区学院系统，让那些没有达到大学录取要求的申请者获得二次录取的机会，在他们获得大专文凭后再转入大学。

为了配合学生的择校，加拿大的高校通常都会做出积极的安排，包括校园参观和开放日活动等。学生的申请准备早在入学前一年就陆续开始，下面的安大略省高校申请日程安排详细介绍了该省的学生在每个时间段的相应活动，其他省的时间安排大同小异。

表 3-9　安大略省高校申请日程安排

9 月—11 月	√　参加高校见面会 √　参观大学校园 √　参加学校的宣讲会 √　浏览校历、出版物、宣传册等资料
11 月—12 月	√　填写安大略大学申请表，递交申请费
1 月—3 月	√　检查申请中心的确认表格 √　必要时修改申请 √　必要时填写个人申请表 √　必要时填写住宿申请表 √　检查从大学收到的所有文件 √　继续访问大学
4 月	√　成绩被中学递交到高校的申请中心
6 月	√　6 月 15 号后公布录取结果 √　仔细阅读大学提供的所有信息 √　在 6 月 29 号之前决定是否接受大学的录取 √　如果必要，填写住宿表格 √　决定是否接受特定的奖学金 √　为暑期课程辅导和选课做准备

加拿大的高校大部分是学年制，大多数院校的入学时间是每年的秋季。如果是学年制的大学，学生可以在每年 9 月份开始申请第二年 9 月份入学，网上申请的截止日期一般在第二年的 1 月至 3 月，文件递交的截止日期一般在第二年的 4 月至 5 月。大学每年在 3 月份开始处理申请文件，通常遵循先到先审的原则，越早递交完整的申请文件，就会越早获得录取信息。有很多高校采取相对宽松的申请截止时间，只要时间允许，会继续接受申请。也有

少数高校甚至不规定申请截止时间，采取随时申请，随时审核录取的方法。

由于高校较多等原因，安大略省、不列颠哥伦比亚省、阿尔伯塔省和魁北克省都有集中的申请中心，学生要通过这些中心来递交申请材料，具体申请流程如下：

安大略省高校入学申请方法：如果申请安大略省的大学，申请人须通过安大略省大学申请中心（Ontario Universities' Application Centre，简称 OUAC）。该中心位于安大略省南部城市圭尔夫（Guelph），负责处理安大略省本科阶段、特殊专业（法律、医学、康复科学和教师教育项目）以及一些大学研究生教育的申请①。在该中心的 20 所公立大学中选择申请 1 至 3 所院校的专业课程，基本收费为 140 加元，若申请的大学超过 3 所，则每一所加收 47 加元。学生申请的大学数量不受限制，但每所大学最多只能申请 3 个专业，有的学校还对申请专业的数目有更为严格的限制②。

安大略省四类特殊专业的介绍和申请途径如下：

1）安大略教育学院（Ontario Faculties of Education）

此项申请针对欲从教的申请者，这种教学学士的课程通常为期 1 年，需要通过教师教育申请服务（the Teacher Education Application Service）来进行集中申请。

2）安大略医学院（Ontario Medical Schools）

要通过安大略医学院申请服务（the Ontario Medical Schools Application Service）进行申请；申请者需要满足学习医学的基本技能和能力，安大略省医学教师协会（Council of Ontario Faculties of Medicine）在 2003 年公布了医学申请者需要满足的技术标准，这包括：观察能力、沟通能力、运动技能、认知整合与量化分析能力、社会行为能力等 5 大方面，对身有残疾的申请者还有特别的要求③。这些技术要求是为了确保申请者具备了基本的从业素质，这既是对社会负责，也是对学生本人负责。此外，还要通过医学院申请考试（Medical College

① The OUAC brochure，http：//www. ouac. on. ca/about/.

② 101 Fees，http：//www. ouac. on. ca/ouac-101/101-fees/.

③ Essential Skills and Abilities Required for the Study of Medicine（2003-11），http：//www. ouac. on. ca/omsas/omsas-essential/.

Application Test)，设有医学院的大学对考生成绩有具体的要求。考生需要自己参考麦克马斯特大学、女皇大学、多伦多大学和西部大学的具体要求。

3）安大略法学院（Ontario Law Schools）

要通过安大略法学院申请服务（the Ontario Law Schools Application Service）进行申请；

4）安大略康复科学专业（Ontario Rehabilitation Sciences Program）

要通过安大略法学院申请服务（the Ontario Rehabilitation Sciences Application Service）进行申请，康复科学覆盖的专业包括职业理疗、身体理疗、听力理疗和言语—语言病理学等课程。这些专业也要求申请者具备一些基本的技能和素养，每个课程门类的基本要求有所不同①。

如申请安大略省的学院，申请人必须通过安大略省学院申请中心（Ontario College Application Service，简称 OCAS)。该中心是由安大略省公立学院创办的，旨在为 28 所公立学院提供集中入学申请服务②。申请人最多只可选择 3 所学院的 5 个专业课程。

上述中心在收到申请后，会寄给申请人一个收讫确认书，并将申请人的申请转发给所申请的院校。申请人应根据所申请院校的具体要求，将相应文件寄给所申请的院校。安大略省大学申请中心和安大略省学院申请中心均可以接受在线申请。

不列颠哥伦比亚省高校入学申请方法：与安大略省将大学与学院分开申请的做法不同，不列颠哥伦比亚省高校入学申请中心（Post-secondary Application Service of British Columbia，简称 ApplyBC）负责全省 25 所公立高校的集中申请③。无论申请大学或学院，学生都可以在该中心的网站上进行在线申请。如果申请该省的私立院校，申请人应与这些学校直接联系，向校方提交申请。

阿尔伯塔省政府与该省的公立高校一起开发了名为 Applyalberta 的阿尔伯塔省高校申请系统。学生通过该系统可以一次申请多所高校，

---

① Essential Skills and Attributes Required for the Study of Rehabilitation Sciences, http：//www. ouac. on. ca/orpas/orpas-essential/.

② OCAS services，http：//www. ocas. ca/services/application-to-college. html.

③ BC campus，https：//applybc. ca/.

仅需在首次使用时创建个人学习档案，系统会自动将学生信息转发到他申请的学校，还可以免费让高中转移成绩单给他心仪的高校。几乎该省所有的学院和大学都使用该系统来招生①。

魁北克省部分高校的入学申请办法：学生如果申请魁北克省的大学或私立学院，可以与大学或院校直接联系。如果申请魁北克职业教育学院，即 Cégep 的大学预科和职业大专课程，申请材料则应寄到魁北克地区学院招生处。每个申请人只可申请一所学院。申请表格须直接向地区学院招生处索取，全省共有 3 个地区学院招生处。准备到魁北克省高校留学的学生，除了要向加拿大移民局申请学生签证和学习许可证外(Study Permit)，还必须向魁北克移民局申请魁北克学习许可证。②

与单个高校独立申请相比，对申请信息的集中处理能够极大地提高招生效率，便于学生数据的采集和统计。此外，这些省的私立院校均需直接申请。其他省的高校数量相对较少，均不设集中申请中心，学生需直接向高校提交申请。

在确定了自己要申请的学校之后，申请者要根据自己的身份确定申请程序，并有针对性地准备申请材料。例如，在约克大学本科生的招生网站上，把不同申请者的录取要求归为 8 类：高中生、国际学生、大学或学院转学生、成人学生、土著学生、访学学生、在家接受教育的学生，以及停学或毕业后重新返校的学生。每类学生的申请程序及所提交材料都有所不同。各省的高中教育情况尽管存在有限的差别，但对于大多数申请者而言，都需要提交下列材料：

申请表：申请表格可以通过电子邮件或者信件索取，或从院校的网站上直接下载。如通过安大略省大学申请中心申请安大略省的公立大学，或通过不列颠哥伦比亚省高等院校入学申请中心申请不列颠哥伦比亚省的公立院校，均可以直接在网上填写在线申请表。

高中毕业证书：高中毕业证书复印件及其公证文件。如申请的是以英语授课或以法语双语授课的高校的话，须提供英文公证的文件。如申请的是以法语授课的高校，则须提供法语的公证文件。

高中学习成绩单：高中学习成绩单必须是原件。如申请人已经是大

① About ApplyAlberta，https：//www. applyalberta. ca/pub/about. asp.

② 朱梅：《加拿大高等院校入学指导》，中国社会科学出版社，2006 年，第 32～33 页。

专和大学的在校生，应将其在大专和大学学习期间的成绩单一并附上。学习成绩单由校方直接出具，并由校长签字和加盖校方印章。如申请的是以英语授课或以双语（英语和法语）授课的高等院校，须提供英文公证的文件。如申请的是以法语授课的高校，须提供法语的公证文件。

推荐信：申请人通常需要准备至少 2 至 3 封推荐信。申请者应寻找数位了解自己的朋友或过去的老师，通过推荐信的形式，介绍自己在学习生活等方面的优点长处或不足之处等。推荐人应在推荐信中表明自己的身份，认识被推荐人多长时间以及对被推荐人的看法，包括被推荐人的能力、学业及个人性格等方面的情况。

个人陈述：个人陈述是申请人向所申请的院校推荐自己的最好机会。个人陈述的篇幅最好在 600 字左右。个人陈述的内容可以包括：选择该院和该专业的动机，具备完成该专业学习的条件，个人能力和品德以及完成学业之后的打算等等。

外语水平考试：外国学生到加拿大学习，应参加英语水平考试。目前被广泛认可的英语水平考试除了托福和雅思之外，还有加拿大大学入学英语水平考试（CEAL），该考试是由加拿大卡尔顿大学研究和创立的。法语水平考试有：TFI（Test de français international）和 TCF（Test de connaissance du français）。TFI 是由 ETS（Educational Testing Service）组织的法语水平考试。TCF 是法国国际教学研究中心旨在测试非法语母语人员的法文水平的一种法语水平测试工具。通过 TCF 测试，便可根据欧洲语言测试协会（ALTE）制定的等级对考生水平予以定位。

其他补充文件：如申请人在学习阶段在学校、区、市或国家级的学术和体育方面的比赛中获过奖，可将参赛或者获奖证明的影印件随其他申请文件一并寄给所申请的院校。如国外申请人已参加了全国高考，应将高考成绩影印件一并寄给所申请的院校。[①]

加拿大的高校申请政策整体较为灵活，在申请者提交了大部分材料且基本达到录取条件时，如果尚缺乏一两个材料，许多高校都会采取有条件录取的办法，也就是把申请者列为候选名额，一旦达到所有要求当即录取。例如，对那些外语水平考试尚未达到要求的外国学生就会经常采取这种办法。

---

① 朱梅：《加拿大高等院校入学指导》，中国社会科学出版社，2006 年，第 34～35 页。

三、高校的收费及学生资助政策

（一）高校收费

1. 各省大学的平均学费

在加拿大高校向学生征收的各项费用中，学费无疑占压倒性的比例。就大学的情况而言，加拿大几乎所有的大学都是公立的，其学费制定标准都要符合政府所核定的价格与收费规范。大学学费的制定首先要依据各大学所处城市的地价、工资水平与物价水平、学校规模、硬件设施等综合运营成本的诸多方面；其次还要看具体专业教学所需的额外成本和招生的人数。

虽然加拿大各省对高等教育实行自治，但在学费方面各省具有极大的趋同性，毕竟学费是个敏感的公共话题，如果某省收费过高必然招致民众的诟病。根据加拿大高校联合会在 2002 年的统计，在大学层次，加拿大不同大学的学费差额在 3 000 加元左右，相比之下，美国顶尖的私立大学与末流的公办州立大学之间的学费差额则高达 25 000 美元。如果把学院也计算在内，加拿大同一省内不同高校的学费差别仅为数百加元，全国范围内不同高校间的最大学费差额为 4 500 加元①。

目前，除纽芬兰省外，加拿大各省高校的学费全面上涨。纽芬兰省自 2003 年开始冻结学费定价至今。在学费涨幅方面，不列颠哥伦比亚省的学费涨幅为 2%，魁北克省的学费涨幅则高达 10.1%，尽管该省的学费基数比较低，但如此高的上涨幅度引起了该省民众的强烈抗议。截至 2013 年，各省高校本科生平均学费基准为 5 581 加元，安大略省、萨斯喀彻温省和新斯科舍省依次为全国学费最高的前三甲；魁北克省和纽芬兰省则继续保持全国最低的学费，依次为 2 649 元和 2 774 元。各省 2011 年至 2013 年的本科生学费情况详见表 3-10。

表 3-10　2011 年—2013 年各省高校本科生平均学费

	2011—2012 学年（加元）	2012—2013 学年（加元）	涨幅（%）
纽芬兰与拉布拉多省	2 649	2 649	0.0
魁北克省	2 520	2 774	10.1

① Scott Davies，Floyd M. Hammack，The Channeling of Student Competition in Higher Education：Comparing Canada and the U. S.，The Journal of Higher Education，2005，Vol. 76，No. 1.

续表

	2011—2012 学年（加元）	2012—2013 学年（加元）	涨幅（%）
曼尼托巴省	3 638	3 729	2.5
不列颠哥伦比亚省	4 919	5 015	2.0
爱德华王子岛省	5 258	5 470	4.0
全国平均	5 313	5 581	5.0
阿尔伯塔省	5 663	5 883	3.9
新不伦维克省	5 728	5 917	3.3
新斯科舍省	5 722	5 934	3.7
萨斯喀彻温省	5 734	6 017	4.9
安大略省	6 815	7 180	5.4

资料来源：Statistics Canada，2012-09-12。

2. 各省高校本科专业的平均学费

加拿大对高校本科专业的统计采用特定的专业分类标准。教学专业分类(the Classification of Instructional Programs，简称 CIP）于 1980 年由美国国家教育统计中心（the National Center for Education Statistics）研制，加拿大 2000 年高校教学专业分类（CIP Canada 2000）是该国的首个专业分类版本。此分类标准对教学专业的界定为："众多课程与实践的结合，旨在达成预先设定的目标或一系列相互关联的目标，例如对高深研究的预先学习、获得单个职业或一系列职业的资格，或仅是增加知识与理解。"① 教学专业分类背后的组织原则就是学习领域（field of study)。数年前，加拿大统计局决定对所有学习领域实施一种分类标准，由于美国的教学专业分类非常详细，且具有 20 年的使用历史，便于更新，同时具有等级代码结构等优点，随即得到加拿大的采用②。加拿大统计局采取这种专业分类方式对不同专业的学费进行统计，并对该国 1972 年至 2005 年间本科专业的学费涨幅进行了统计。

① Chismore and Hill，A Classification of Educational Subject Matter，1978，NCES，p. 165.

② Statistics Canada，Classification of Instructional Programs Canada 2000，Catalogue No. 12-590，2005.

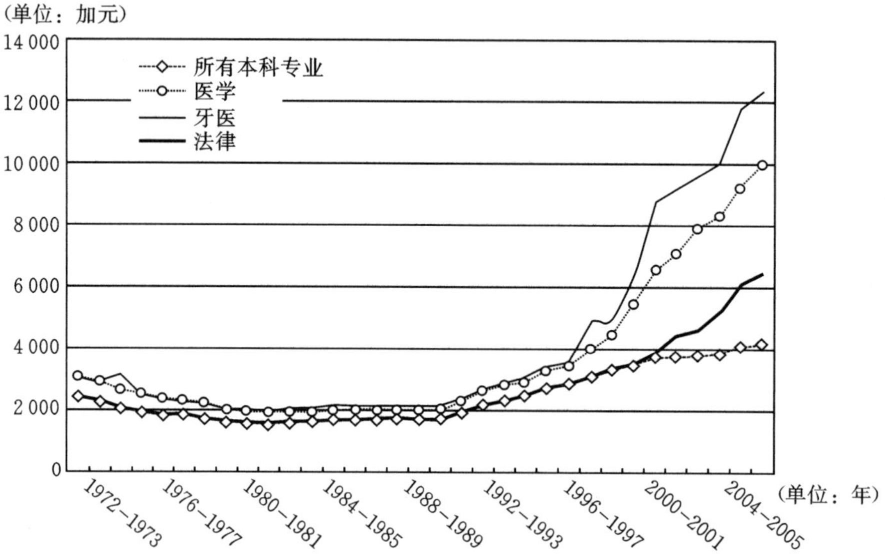

图 3-3　1972 年—2005 年加拿大部分热门本科专业学费的全国平均涨幅

资料来源：Tuition and Living Accommodation Costs for Full-time Students at Canadian Degree-granting Institutions (TLAC), Statistics Canada。

自 1995—1996 学年至 2001—2002 学年，扣除通货膨胀率之后，加拿大医学本科专业学费平均上涨 132%，牙医专业上涨 168%，法律专业为 61%。这些全国范围整体的学费上涨在很大程度上是因安大略省的涨价趋势带动的，该省 1998 年解除了对这些热门专业的学费管制。相比之下，魁北克省和不列颠哥伦比亚省在此期间保持了其学费管制政策。其他省或是已经解除了管制，或是开始不同程度地解除管制。

加拿大各省随后允许大学自行设定部分专业的收费。许多大学利用这个机会解除了对部分研究生专业（如 MBA、法律、医学、牙医等）以及部分本科专业（如工程学）的收费控制。省政府允许某些专业院系将其学费上涨 200%到 600%，这使得一些专业的学费与普通文科专业的学费差异高达 20 000 加元。即使在本科阶段，工程专业的平均学费高达 8 600 加元，相比之下，普通的文理专业仅为 3 600 加元。这种专业间高达 5 000 加元的学费差异甚至超过了大学之间的平均学费差异。在同一所大学内，不同学院和专业间的学费差异日渐明显[①]。还有研究显示，高昂的学费迫使越来越多的大

① Scott Davies, Floyd M. Hammack, The Channeling of Student Competition in Higher Education: Comparing Canada and the U. S., The Journal of Higher Education, 2005, Vol. 76, No. 1.

学生举债求学，2000 年 80%的医学毕业生在毕业时需要偿还学生贷款，平均欠款为 38 200 加元。2/3 医学毕业生的欠款超过 25 000 加元①。自 2000 年至今的十余年间，这些热门专业的学费继续保持上涨趋势。

表 3-11　加拿大大学本科专业平均学费一览表

科目	2011—2012 学年（加元）	2012—2013 学年（加元）	涨幅（%）
农业、自然资源及保护	4 961	5 095	2.7
建筑及相关科技	4 788	5 077	6.0
人文学科	4 769	4 942	3.6
工商、管理及公共行政	5 673	6 060	6.8
教育	3 804	4 006	5.3
工程	6 155	6 552	6.5
法律	9 335	9 949	6.6
医学	11 313	11 891	5.1
视觉与表演艺术、传媒科技	4 591	4 793	4.4
物理与生命科学及科技	5 247	5 478	4.4
数学、计算机与信息科学	5 781	6 111	5.7
社会与行为科学	4 656	4 862	4.4
健康、公园、休闲与保健	4 873	5 092	4.5
牙科	16 037	16 910	5.4
护士	4 731	4 909	3.8
药学	9 719	10 297	5.9
兽医	5 889	6 224	5.7

资料来源：Statistics Canada，2012-09-12。

如表 3-11 所示：在 2012—2013 学年全国本科生各学科中，以牙医学费最贵，每年近 16 910 加元；医学及药学则排第二及第三位，分别为 11 891 加元及 10 297 加元；本科专业的学费升幅则以商业、管理及公共行政最大，涨幅为 6.8%；其次为法律，升幅为 6.6%。农业的升幅最低，仅为 2.7%。

① Mary Allen，Chantal Vaillancourt，Statistics Canada，Class of 2000：Profile of postsecondary graduates and student debt，http：//www.statcan.gc.ca/pub/81-595-m/81-595-m2004016-eng.pdf（2004-04）.

收费最低的教育专业（4 006 加元）与收费最高的牙科专业（16 910 加元）之间的学费差额高达 12 904 加元，后者是前者的 4 倍多。

3. 加拿大高校的经济来源与学生支出

（1）高校的经济来源。各省的经济来源主要为私有收益与公共收益两个渠道，公共收益是高校经费的主要来源。近年来在安大略等省，由于入学人数上涨，而政府的财政资助并未明显增加，高校的办学成本增加，学校不得不通过逐渐提高学费的方式来获得收支平衡。据 2008 年—2009 年的统计，学费收益占各省大学平均收益的 22.2%，各省详细比例参见下表：

表 3-12　2008 年—2009 年加拿大各省大学不同来源经济收益占总收益百分比（%）

	私有收益		公共收益
	来自学费	来自其他渠道	来自各级政府
纽芬兰与拉布拉多	11.9	18.7	69.4
魁北克	12.2	22.0	65.8
萨斯喀彻温	14.0	17.7	68.3
阿尔伯塔	14.8	13.6	71.6
曼尼托巴	18.0	19.1	62.9
爱德华王子岛	19.1	20.1	60.8
加拿大各省平均	22.2	17.1	60.7
不列颠哥伦比亚	25.3	14.7	60.0
新布伦斯维克	29.0	14.3	56.7
安大略	29.9	15.8	54.3
新斯科舍	30.9	20.2	48.9

资料来源：Statistics Canada，2011-06-21。

表 3-12 中的私有收益是指来自政府经费之外的其他收益，包括学费、非政府机构的拨款与合同、捐款、遗赠、销售、投资等收益。其中学杂费是大学私有收益的主要来源，是从学生的学费和其他收费中直接获得的经济收益；来自政府的收益为公共收益，是指联邦、省、市和外国的政府机构或组织以拨款或合同的方式转给大学的经费。从上表可以发现：学费收益占大学总收益的比例在各省之间存在明显差异。这是各省高等教育自治的结果，与

各省的高校学生人数、地方的经济发展程度、政府对高等教育成本分担的理解等均有密切关系。

(2) 高校的学生支出。与高校经济来源密不可分的另一个话题就是学生的支出，当学费成为高校收入来源日益重要的组成部分时，也逐渐成为高校学生最大的支出项之一。

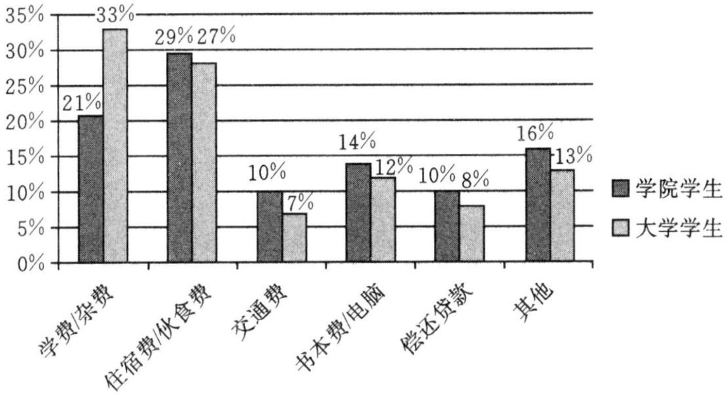

图 3-4　加拿大高等院校学生的支出分布图

资料来源：2003—2004 Canadian Student Financial Survey。

从图 3-4 可以看出，除了"其他"一栏难以界定的支出外，对大学学生而言，支出比例从高到低依次是：学杂费、住宿伙食费、书本电脑费、偿还贷款和交通费；学院学生的支出依次为：住宿伙食费、学杂费、书本电脑费、偿还贷款和交通费。除了学杂费所占比例外，学院学生的各项开支比例均高于大学学生，其根本原因可能是因为学院的学费比大学少，仅占学生所有开支的 1/5，因此学生有更多的资金用于其他开支；相比之下，大学学生的学杂费占整个开支的 1/3，迫使其不得不压缩其他项的开支来维持收支平衡。

由于高昂的学费、住宿与伙食费和书本费，许多高校学生不得不为上大学的开销而发愁。据统计，大约有 2/3 的学生至少依靠三种经济来源以维持接受高等教育的开支，这些来源包括：打工、政府提供的学生贷款、个人或家庭储蓄、家长资助等。下文将详细分析加拿大的大学生可能获得的各种经济资助。

(二) 学生贷款及教育储蓄项目

1. 学生贷款项目

(1) 贷款政策的由来。加拿大联邦政府和省政府为鼓励学生接受高等教育，给经济困难的学生提供无息贷款资助。加拿大的学生贷款计划始于一战之后的1919年，当时的联邦政府为了帮助残疾军人接受教育和培训，开始为他们提供生活津贴。后来这项计划扩展到接受培训和教育的所有复退军人。1950年代末由于加拿大经济状况持续低迷，联邦政府与省政府均减少了高等教育的开支。高等教育学费的持续增长，引发了人们对高等教育公共性的质疑。为了应对公众与日俱增的不满，也为了加拿大的高等教育早日实现大众化，保证有能力完成高等教育的学生能顺利完成学业、参与社会公平竞争，联邦政府采取了一系列新的措施来对学生进行经济援助。

1964年，加拿大议会通过学生贷款计划法案，开始实行加拿大学生贷款项目（Canada Student Loans Program，CSLP），对于有志于接受全日制高等教育的人，不论年龄与婚姻状况，经审查合格，联邦政府和省政府可以为其发放无息贷款。享受无息贷款的条件主要有：申请者必须是加拿大公民或永久性居民；在居住地生活一年以上；父母年收入不超过7万加元，或高中毕业后脱离家庭独立生活4年未上学者，或已婚或离婚有子女者。

（2）贷款申请程序。申请贷款的程序是："由大学生本人提出贷款申请，省政府的贷款办公室按联邦与省级政府协商制定的统一标准进行评估。通过评估后，由学生与银行或其他由联邦授权的金融机构签订协议。加拿大联邦政府负责替学生支付上学期间和毕业后6个月的利息。学生在完成第一学位后6个月开始偿还贷款。1983年联邦议会又通过《加拿大学生贷款修正案》，将学生贷款的范围扩大到兼职学生，并为残疾学生提供无偿贷款。法案还将学生毕业后因疾病或工作岗位不足而导致失业的偿还贷款期限延长至18个月。"① 贷款最长偿还期为9年。一般根据个人经济状况和政府规定的基本生活水准来计算，由政府审核部门审核决定，每个学生金额不等，但每人累计总额不得超过3.5万加元。加拿大政府为了鼓励学生们完成大学学业，在学生毕业时，政府根据学生的经济状况和学习成绩等情况，对学生贷款的偿还给予不同数额的减免，但学生必须在毕业前填表向政府申请减免。

如果政府的贷款无法满足学生的需要，学生还可以向银行申请商业贷款。

---

① 符华兴、王建武：《世界主要国家高等教育发展研究》，湖南人民出版社，2010年，第410页。

（3）贷款政策改革。从 1964 年实施的对学生的贷款项目暴露出一些问题，例如：要求学生归还贷款的期限比较短，以致有些学生归还贷款的承诺难以兑现，各种违约现象屡见不鲜。针对这一问题，加拿大政府后期还出台了解决学生债务负担的政策，包括允许毕业后收入较低的学生免交学生贷款利息；延长贷款偿还期；对享受政府减息措施后仍处于困难处境的毕业生减免债务等。

联邦政府对学生资助体系的具体改革包括：首先，明确申请贷款的条件和还款期限。1997 年加拿大联邦议会通过法律，将学生贷款的偿还期延长到 30 个月。这样加上普遍享受的 6 个月宽限期，那么个别经济上有困难的学生就可以从毕业三年后开始偿还贷款的本金和按规定偿还贷款所积累的利息。从 1998 年起，对于享受政府减免措施后仍处于困难处境的少数毕业生，若其年偿还贷款数额超过个人收入的 15%，联邦政府减少其应偿还的贷款本金，最高可减免 1 万加元或者 50%的贷款；其次，授权金融机构负责学生贷款。为了保障对学生贷款计划的实施，加拿大联邦政府采取与各大商业银行签订合同的方式，委托银行对学生贷款。学生贷款由银行发放和回收。学生贷款的最长偿还期为 9 年，即从还款之日起在 9 年内偿还所贷全部款项的本金和利息。对学生在学期间和毕业后宽限期的贷款利息则由联邦政府或省政府负责支付。第三，对贷款违约进行惩治。为了调动银行追还贷款的积极性和减少政府的损失，联邦政府按贷款的 5%付给银行风险金，由银行承担贷款的风险。同时，加拿大政府从法律上进一步对贷款学生进行约束。如：如果学生在一定期限内不能偿还贷款，则在 7～10 年内取消其贷款信誉，不予贷款购买房子和汽车等等。联邦政府还设立了专门网站及时公布还贷违约的院校和学生名单等①。

针对确实有经济困难的毕业生，加拿大政府推出了减免优惠政策，包括直接免除债务、减少债务、减免利息和扣除利息课税等四种方式。直接免除贷款的减免数额较大，每年加拿大各省和千禧年奖学金基金所提供的 10 亿加元中，有近 1/4 用于免除贷款，约 1/10 的债务以这种形式被抵消，人均每年获得金额达到 2 775 加元。1998 年加拿大政府还出台减少还款债务的优

① 符华兴、王建武：《世界主要国家高等教育发展研究》，湖南人民出版社，2010 年，第 442 页。

惠政策，帮助已使用了利息减免，还款仍有困难的借款者。通过直接减少贷款本金，使得毕业生每月还款数额降低到他们收入可承受的水平。自该政策推出以来，获资助者人数和减免本金逐年上升。1998 年开始实施时，获得债务减免者只有 44 人，平均每人每年减免债务 4 036 加元；随后几年，减免债务的人数和金额都迅速增加。到 2002— 2003 年度，平均每人每年减免债务 5 659 加元；2005 年减免最高数额达到了 26 000 加元，且最高比例为未还债务的 50%①。近年来，由于北美经济一直处于低迷状态，失业率居高不下，毕业生无力还贷，政府的贷款减免措施受到民众肯定和支持。

2. 教育储蓄项目

为了鼓励家长提前为子女接受高等教育存钱，从 80 年代开始，加拿大政府以减免税收的方式鼓励家庭进行高等教育储蓄。教育储蓄项目（the Registered Education Savings Plan，简称 RESP）是加拿大家长们普遍采用的一种为子女上大学存钱的储蓄方式。确切地说，这是储户个人（subscriber）与机构（promoter）之间达成的一种协议。储户的教育存款是免税收入。作为报偿，机构同意使用这些存款为储户指定的受益人支付教育开支。为了使教育储蓄项目更具利益诱惑，联邦政府 1998 年又推出了加拿大教育储蓄资助（the Canada Educational Savings Grant，简称 CESG）。资助金直接转给受益人的教育储蓄账户，如果储户的教育存款第一次到达 2 000 加元，政府就会增加 20%的补助。这意味着每个教育储蓄存款的受益人每年都能得到 400 加元的资助，累积 18 年就会高达 7 200 加元。加拿大教育储蓄资助的引入大大激发了家长的存款热情，方案推出的两年间，参与教育存款的储户增加了 70%。

（三）奖学金与助学金项目

1. 奖学金项目

奖学金（scholarship）通常是基于学生的学业表现而不是经济状况所给予的奖励，主要参照学生的学习成绩、课外活动和参与社区义务工作等几个方面的综合表现。数额从几百到几万加元不等。学生的家境情况并不影响申请的结果，一个学生可同时申请不同种类的奖学金。得到奖学金的学生可以

① 沈华：《美国和加拿大学生贷款减免政策对中国的启示》，《长江大学学报》（社会科学版）2009 年第 8 期。

减免学费，有时也可获得一些生活费。

奖学金的申请可以在入学申请被批准之后，也可以与入学申请同时进行，但奖学金的批准和颁发通常是在学生被录取之后。学生在申请学校设立的奖学金时要首先考虑自己感兴趣的学科及该校在这一学科上是否具有实力，以此为基础再考虑学校提供奖学金的情况，否则单纯为了获得奖学金而选择某个高校是极不理智的做法。

不同奖学金的评奖标准有时会略有侧重。例如，加拿大信托银行提供的信托奖学金，较为看重社区服务、学生对社会的贡献。下面介绍几个在加拿大非常受关注的奖学金类型：

（1）联邦政府设立的奖学金——加拿大千禧奖学金。20 世纪 90 年代，联邦政府创立了加拿大千禧奖学金基金会（Canadian Millennium Scholarship Foundation）。该基金会是根据加拿大国会 1998 年的一项法案建立的非政府组织。该机构获得了 25 亿加元的捐款，主要目标是为加拿大成绩优秀的高中生提供资助，帮助他们在加拿大继续深造。基金会提供助学金和奖学金两种资助，奖学金分为国家级、省级及地区级三个级别，国家级奖学金颁发给最优秀的学生，不受地域名额的限制，而省级和地区级奖学金则按各地的人口比例决定获奖人数。该奖学金主要奖励学习成绩优异、生活困难的学生，人均奖金金额为 3 000 加元。

加拿大千禧奖学金基金会为了奖励学习成绩优异的大学生于 2000 年推出了千禧卓越奖学金（Millennium Excellence Awards Program），分为面向新生的入学奖学金（the Entrance Awards）和面向老生的在学奖学金（the In-Course Awards）。奖学金的评定主要依据学生的成绩，奖金越高要求条件也越高。除了优异的成绩外，学生在社区活动、创造性和领导力方面的卓越表现也是评奖参照。千禧卓越奖学金面向全国学生发放，获奖学生不但能得到经济奖励，而且会受邀参加基金会在当地或全国举行的会议，成为全国学生向往的殊荣。入学奖学金分为三个等级：地方奖获得者一次性被授予 4 500 加元奖励；省级获奖者将获得 16 000 加元奖励，按学年发放；国家级获奖者获得 20 000 加元奖励，也是按学年发放。通常，学生平均成绩必须在 80 分以上才有可能入围。

由于教育成本越来越高，很多学生家庭因此负债累累，对这些贫困生实行经济援助已成为一个非常迫切的问题。因此，奖学金发放标准的公正性也日益受到关注。目前加拿大的奖学金发放标准，主要依据对学生经济需求的评估，即学生教育成本与经济来源之差。差额越大，经济需要越高，越有资格获得奖学金。这听来似乎符合逻辑，实际上对很多低薪家庭的学生极不公平。首先，这些家庭的孩子为了节约生活费、降低教育成本，往往会与父母住在一起，半工半读，或选择到社区学院就读，而非学费高昂的综合性大学。导致这部分学生在奖学金评估过程中处于不利地位，因为他们的经济需求相对变少，因此拿到的奖学金数额也不多；而部分来自中产阶级或上层家庭的学生，会选择独自租房居住，不去打工而专心学习，这就使这部分学生自身收入减少，教育成本增加（因为租房也属教育成本的一部分）。因此在奖学金评估过程中，这部分学生的经济需求相对较高，从而能获得更多奖学金。这种奖学金发放标准显然存在缺陷，很多来自低薪家庭的学生都没有得到有效补偿。对此，加拿大千禧奖学金基金会于 2005 年上半年推行了一项新计划，不以学生经济需求为标准，而是以学生家庭实际收入为依据进行评估，额外增加 2 亿加元用于资助来自低薪家庭的优秀学生。

（2）社会机构设立的奖学金——加拿大信托奖学金。除了加拿大政府设立的奖学金外，社会机构也纷纷设立奖学金和补助金，数额从几百到几万加元不等，其中奖金最高的为加拿大信托奖学金。该奖的全称为“道明加拿大信托杰出社区领袖才能奖学金”（TD Canada Trust Scholarships for Community Leadership），由道明加拿大信托银行（TD Canada Trust）设立，每年奖励 20 名致力于社区服务、表现出色且兼具领导才能的年轻人。该奖堪称加拿大全国奖学金中的“王中王”，获奖学生可以获得最高每年 10 000 加元的学费资助和 7 500 加元的生活费资助，连续四年累计金额高达 70 000 加元，基本承担了学生未来大学 4 年的全部费用。此外，获奖者暑假还可以到该银行进行有偿实习。高额奖学金每年吸引了众多的申请者，申请者除了要填表以外，还需要写上一篇 600 字的介绍自己社区成就的文章、1 封学校的推荐信、2 封服务社区证明书、成绩单、一篇 250 字的介绍自个人生活和家庭经济状况的短文等①。最后入围的 80 位候选人还需在各地参加面试，出席面试的往往是前市长或省督等社会知名人士。但不管成功与否，整个过程对每个人都是一次难忘的经历。

① TD Canada Trust Scholarships for Community Leadership，http：//www.tdcanadatrust.com/products-services/banking/student-life/index.jsp.

（3）高校设立的学习金——入学奖学金。各高校为了吸引优秀生源，也会推出学校层面的入学奖学金，其评定依据为学生的高中成绩排名。高校会根据高中所提供的学生成绩来进行选拔，有些高校在做出选择时，不但考查高中课业成绩，还要考查学生课外活动的成绩。入学奖学金的形式分为一次性发放和四年分批发放两种，通常只要申请入学者的高中平均成绩在 80 分以上，都有机会获奖。奖励的幅度依据个人成绩而定，下表中约克大学的入学奖学金就充分地说明了学习成绩与奖金额度之间的关系。

表 3-13　约克大学入学奖学金举例

最后被录取的平均分	奖学金总额	每年额度
校长卓越成绩奖学金（95%）	12 000 加元	3 000 加元×4 年
教务长卓越成绩奖学金（90%—94.9%）	8 000 加元	2 000 加元×4 年
院长卓越成绩奖学金（85%—89.9%）	4 000 加元	1 000 加元×4 年
卓越成绩入学奖（80%—84.9%）	2 000 加元	500 加元×4 年

资料来源：约克大学招生资料 York University Admissions，2013—2014。

入学奖学金是否需要提交申请，高校的做法分为两种：一种是无须申请，高中生向学校提交入学申请时就自动获得了评奖资格，学校的计算机系统会根据学生的成绩自动统计出奖金级别。采取这种做法的有多伦多大学、布洛克大学、尼皮辛大学等；另一种是需要递交专门的申请表格，女王大学、约克大学和渥太华大学等高校采用后一种方式。

2. 助学金（Grants）与助理金（Assistantship）

与奖学金面向优秀学生的标准不同，助学金和助理金主要面向经济困难的学生，其发放标准主要有四个方面：经济需要、学习成绩、运动特长以及其他特殊才能。助学金和助理金也分为国家层面、地方层面和学校层面。

（1）国家助学项目——以加拿大学生助学金为例。加拿大学生助学金（Canada Student Grants）为国家层面的助学金。该助学金易于申请，面向除西北行政区、奴那瓦特地区和魁北克地区的所有加拿大学生，这三省有其他的学生资助方案。加拿大学生助学金由 7 个子项目构成，分别面向低收入家庭的学生、中等收入家庭的学生、有子女需要抚养的学生、非全日制学生、有子女需要抚养的非全日制学生、永久性残疾的学生，以及为永久性残疾学生提供服务和设备的子项目。加拿大学生助学金项目与加拿大学生贷款项目具有联动关系，当学生申请贷款时，针对其个体情况的助学金项目就会开启自动评估，不用学生另外提交申请；系统会根据个人的实际情况进行筛选。如果一个学生属于不同子项目的目标受益群体，他就有资格同时获得一个以上的补助金。例如，如果某学生来自低收入家庭，而且是需要抚养子女的非全日制学生，那么他可能同时会获得 3 份补助。

（2）地方助学项目——以安大略省学生资助项目为例。除了联邦政府提供的面向全国大学生的助学项目外，各省还设立了面向本省学生的地方性助学项目，其中反响较大的就是安大略省学生资助项目（Ontario Student Assistance Program，简称 OSAP）。学生只要申请安大略省学生资助项目，就会自动被列入减免学费 30％的候选对象。助学金不是贷款性质的，它完全不必返还给省政府。助学金的发放使很多迫于家庭生活压力，放弃选择读大学的学生重新返回校园。

申请该项目的基本条件为加拿大居民或永久性居民，国际学生不具备申请资格。其他参考条件包括：申请者的婚姻状态、所在学校是否受安大略省学生资助项目认可、学制类型、学习专业、学习进展、教育开销、个人及家庭的收入等。如果学生有不良贷款记录或其他信用问题则会失去申请资格。通常一个全日制的单身学生每学年最高可以获得 12 240 加元的资助，已婚或有配偶的学生最高可以获得 19 040 加元的资助①。安大略省政府对高校的申请资格有非常严格的要求，每年都要对学校课程、教学质量和毕业生就业率等进行考核。

近年来，由于大学生就业市场不景气，再加上经济危机令很多家长失业，安大略省有很多学生申请此项目。安大略省训练、学院及大学部（Ontario Ministry of Training，Colleges and Universities）声称，2011 年申请安大略省学生资助项目的学院学生人数上升了 5.7％，大学学生人数上升了 4.6％。很多高校的教务处数据显示，创纪录的高失业率是年轻人申请助学金的主要原因。在安大略省各高校就读的加拿大本国学生中，有超过一半的人都是利用各级政府的资助来完成学业的。

（3）高校助学项目——以助理金为例。除了各级政府的助学项目外，学生还可以通过承担一些校内工作来获得资助，较为常见的有研究助理金（Research Assistantship）和教学助理金（Teaching Assistantship）。前者根据学生学习成绩和研究能力颁发，获此奖的学生可免交学费，但必须在校内

① What is OSAP，http：//www.ontario.ca/education-and-training/how-get-osap.

工作。学校根据学生的劳动时间给予报酬，但通常一周不能超过 20 小时。其主要工作是协助教授从事研究工作；后者根据学生的学习成绩和英语水平颁发，其待遇和研究助理金相仿，只是担任的工作是协助教授对大学本科生进行教学工作。此外，学生每年还有机会申请学费全免或部分减免（Full /Partial Tuition Waiver），这种政策是根据学生的学习成绩减免学生全部或部分学费，但生活费需自理。

如上所述，加拿大各高校的奖学金可谓名目繁多，难尽其详。以多伦多大学为例，该校的网站上罗列的各种奖学金、助学金等多达 150 余种，其中有些奖项专门面向不同种族或民族的学生，也有专门面向女生的，学生可以针对每个奖项的申请条件挑选适合自己的项目提交申请。这种奖助学金的繁荣局面与政府的鼓励和社会团体的支持密不可分。加拿大政府鼓励工商界、不同基金会组织在高校设立奖学金，而企业与个人也认为在高校设立奖学金有助于树立其正面形象，能够赢得社会声望。这也是体现企业社会责任的一种方式，已成为企业文化的一部分。有些企业还设立雇主奖学金，也就是会为其雇员的子女设立奖学金，作为员工的一种福利，如果公司还未设立此项奖学金，雇员可以要求公司设立。

第三节　加拿大高校招生工作的管理

一、跨省招生服务机构的运作

在加拿大，跨省招生服务机构主要为省际学分转移和学生转学服务。加拿大各省和行政区的中等后教育结构与学分转移体系存在差异，各省教育部都意识到加强省际协调的必要性，2002 年加拿大教育部长联席会宣布成立学分转移工作小组（Working Group on Credit Transfer），旨在建立和改善各地的转学体系，要求每个省和行政区每年都要就其学分转移①系统和衔接

① 关于学分转移（Credit Transfer），比较受到认可的是由加拿大学院联合会（ACCC）做出的解释。在该联合会看来，学分转移是对先前学术成就的认可，包括建立课程与课程之间的对等关系、授予尚未获得的学分，或者因学生已修完某个证书、文凭或具有先前的学习经历而同意授予一组学分。后者又被称为学分组转移（Block Transfer），这种学分转移方式不需要对每门课进行单独认证。

协议①的进展发布报告。工作小组还制定了学分转移说明，陈述了在各地高校之间建立转学体系的必要性，并简要列出了六条指导原则，这些原则适应于所有不同类型的高校，成为各地制定转学政策的重要参考依据②。

就其服务的对象而言，有些机构或组织并非为学生服务，而是为高校的招生机构和招生人员提供服务的，旨在为高校招生部门之间提供交流和分享的平台，提高招生人员的专业化水平，就某些共同关注的议题进行讨论等。例如泛加拿大招生与转学共同体（Pan-Canadian Consortium on Admissions and Transfer），该机构是各省高校自愿加入的会员制组织，高校派代表以会员的身份入会，会员需要三年间至少参加一次全国大会，每年仅需缴纳25加元的会员费。目前加入该共同体的会员单位有146个，包括加拿大绝大部分大学和学院。2010年，该共同体的年度会议由不列颠哥伦比亚省入学与转学委员会在温哥华承办，会议主题为“学生流动的最佳实践：改变加拿大的高等教育”③。

另一个值得一提的服务机构是专门面向高校招生主管的加拿大高校招生主管联合会（the Association of Registrars of the Universities and Colleges of Canada，简称ARUCC）。该联合会成立于1964年，是对学生行政服务人员的专业发展需求作出的回应。到了2000年，其会员机构已达到170余个。学生行政服务人员是指大学、社区学院的招生主管、招生主任、学籍管理主管、学生服务主管，以及在学生咨询、学生经济资助和学生就业等领域工作的人员。该联合会还是加拿大高校联合会（AUCC）的协作单位④。

除了全国性的自发性组织，有的相邻省份还成立了区域性的组织。例如，加西招生与转学共同体（Western Canadian Consortium on Admissions and Transfer）就是由加拿大西部的不列颠哥伦比亚省、阿尔伯塔省、萨斯

① 关于衔接协议（Articulation Agreement），比较受到认可的也是由加拿大学院联合会做出的解释。在该联合会看来，链接协议是两个或多个院校之间的官方协议，通常是学院与大学之间的协议，经协议授权，学生在一个院校某些特定专业的学习能够获得另一所院校特定专业的学分。

② The Association of Canadian Community Colleges，Transferability and Post-secondary Pathways：the Role of Canadian Colleges and Institutes，April 2011，http：//www. accc. ca/ftp/pubs/studies/201104TransferabilityReport. pdf.

③ about PCCAT，http：//pccatweb. org/pccat/.

④ Statement of Purpose，http：//www. arucc. ca/purpose. htm.

喀彻温省和曼尼托巴省的教育部自发成立的组织，其目的是鼓励和协助学生在四省高校的入学、流动和学分转移。四省每年都召开实体会议或电话会议，分享有关信息和资源、改善学生在西加拿大省际入学机会，并支持泛加拿大旨在提高学生入学机会和流动性的活动①。

二、省内招生服务机构的运作

省内招收机构主要存在两种类型，一种是处理正常的大学申请，例如安大略省的安大略省大学申请中心（Ontario Universities' Application Centre）；另一种是处理学生的转学申请，例如安大略省衔接与转学委员会（Ontario Council on Articulation and Transfer）。

（一）协调全省招生的服务机构或系统

在省内的招生服务机构方面，安大略省大学申请中心（以下简称中心）最具代表性。中心经安大略大学委员会（the Council of Ontario Universities）和安大略入学委员会（the Ontario Universities' Council on Admissions）授权成立于 1971 年。为了适应当时安大略省民众对中等后教育的巨大需求，政府和高校都认为有必要改善招生管理和预测工作，这是成立该中心的根本原因。中心是非营利性组织，其工作的展开在咨询委员会（Advisory Board）的监督下进行，咨询委员会由 20 名代表构成，这些代表均来自中心所服务的 20 所大学。中心的使命为："致力于为安省的大学和大学申请者提供及时、环保且高效的服务。这些服务包括：处理大学申请材料并收取相关费用；展开其他对所有大学都有利的重要服务；为个别大学、政府和相关机构提供额外的有偿服务。"② 中心的主要功能就是处理安省 20 所大学的入学申请事务。

除了处理个人申请材料，中心也会在大学的要求下收集和处理其他数据或信息，如学术数据、成绩单、小论文、计算 GPA 成绩、考试成绩和推荐信等，以便帮助大学作出录取决定。在符合安大略省大学委员会规定的前提下，中心也会为大学和政府的研究者提供多种数据和研究服务，当然，研究者的要求不能侵犯学生的个人隐私。

---

① Westcat Terms of Reference, http://www.acat.gov.ab.ca/pdfs/westcat/WestCAT-Terms-of-Reference.pdf.

② OUAC History, http://www.ouac.on.ca/about/about-background/.

中心为申请者提供英语和法语两种官方语言服务，服务对象为所有本科专业和专业院系（医学院、法学院、教师教育、康复科学）的申请者，此外也受理某些大学的研究生申请。在本科申请服务方面，中心所服务的申请者包括五大类：安省的中学生、全国的中学生和成年申请者、来自国外 169 个国家的申请者、从大学或学院转学的申请者、非全日制申请者。针对每一类都有特定的申请程序。中心从 1972 年正式运作至今已有 40 余年的历史，其间处理了超过 1 400 万份申请。

中心的运作资金来自申请费和科研合同的收益，按照成本回收的原则运作，超过运作成本的收益将被转移给大学。实际上，超过 3/4 的收益最终都流向了各大学，以弥补它们的招生成本。中心 2011 年—2012 年的收支比例[①]详见下图：

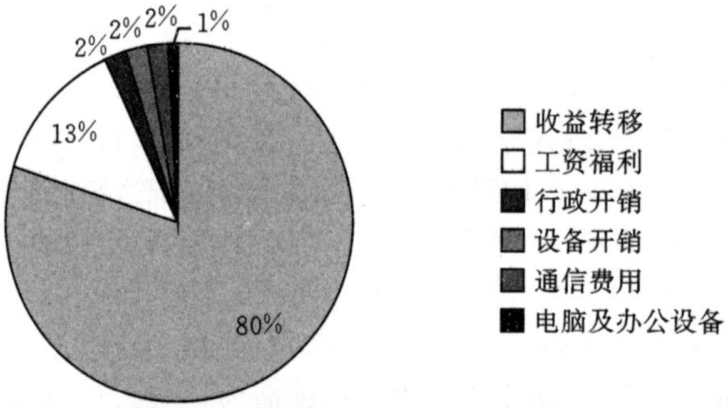

图 3-5 安大略省大学申请中心 2011—2012 年的收支比例图

如图 3-5 所示，中心 80%的收益转移到大学，20%的收益用于支付中心的运作成本，其中 13%为人员的工资和福利、2%为总体行政开销、2%为设备开销、2%为通信费用、1%为电脑及办公设备。与 2010 年—2011 年相比，该中心的运作成本降低了 2%，更多的收益分给了大学。

除了日常的工作外，中心还负责一年一度的安大略大学展览会(Ontario Universities' Fair)，这是为期三天的展示安省各大学的盛会。它为安大略的中学生及其家长提供了与大学招生代表和院系教师对话的机会，学生可以就专业、课程、校园生活等任何感兴趣的问题进行现场咨询，以帮助学生做出明智的择校决定。每年的展会能够吸引的学生、家长和教育界人士

① Summary of OUAC Expenses and Transfers to the Universities 2011—2012, http://www.ouac.on.ca/about/about-fees/.

高达 11.5 万人次。

(二) 协调全省转学工作的服务机构或系统

当今的就业市场变得日益复杂，高等教育是获得成功就业的关键，然而不同工作对文凭证书有不同要求。因此，成立负责转学的委员会就是为了帮助学生或已经毕业的成人获得二次选择和“充电”的机会，协助他们设计自己的教育路径，促使他们在不同的教育机构、课程和文凭学历之间自由流动。目前，每个省和行政区都在促进学分转移和学生转学工作上取得了进展，其中安大略省、阿尔伯塔省和不列颠哥伦比亚省的转学体系最为完善。

在转学方面，各省都有相关负责机构，安大略省的负责机构为安大略省衔接与转学委员会（Ontario Council on Articulation and Transfer)。对于转学的学生，安省的绝大多数大学和学院都有免修政策，只要学生先前所修的课程在内容和水平上与现在申请的高校相对等。如何评估和承认学分，每所高校都有自己的政策和程序①。安大略省衔接与转学委员会在其网站上罗列了该省几乎所有大学和学院的转学政策和相关负责人的联系方式，无论是在校大学生，还是已经毕业的高中生、大专生或大学生，都能在委员会的网站上根据自己的身份选择打算就读的高校及专业，并能立刻查到这所高校和专业的转学要求。符合条件的学生可以直接联系该校负责人，开始转学程序；不符合条件的可以查询其他高校，或是开始为转学做学业上的准备。

阿尔伯塔省招生与转学委员会（Alberta Council on Admissions and Transfer）成立于 1974 年，是加拿大各省中积极探索和实践转学工作的先行者。该委员会每年六月份在新学年到来之前都要发布《阿尔伯塔转学指南》(the Alberta Transfer Guide)，指南上罗列各个院校的转学协议。在所有的转学类型中，从学院转学到大学的向上流动是难度最大、挑战性最高的。该省目前有 10 所大专院校开设了此类转学课程，此类课程允许学生在就读的学院提前接受学士学位水平的课程，在完成两年的学习后，转学到拥有学位授予权的高校。但需要指出的是，完成前两年的课程并不意味着学生就一定能被高校的相关专业接收。此类转学的竞争很激烈，并且学位课程的名额有限。而且，转学者还必须达到所申请高校的所有基本入学要求，这包

---

① Ontario Council on Articulation and Transfer, http://www.ontransfer.ca/www/index_en.php.

括高中阶段修过的课程和最后成绩。此外，高校对转学者在先前院校修读的课程成绩也有最低要求①。

不列颠哥伦比亚省招生与转学委员会（British Columbia Council on Admissions and Transfer）负责全省的转学体系，协调该省的公私立高校与教育部门之间的关系。为了学生的利益，委员会要促成本省高校之间达成入学、注册和转学的协议，这主要包括三个方面：第一，促进本省教育体系内的协作，为学生转学和注册提供支持；第二，促使学生在广泛的教育系统内自由流动，促进关于学生流动和学分转移的研究；第三，开发管理委员会下设的两个网站，帮助学生规划其教育路径②。委员会的成员一部分是由教育部长委任，还有一部分选自省内各高校。

2007 年阿尔伯塔省招生和转学委员会与邻省的不列颠哥伦比亚省招生和转学委员会签订了《阿尔伯塔——不列颠哥伦比亚省转学协议》（Alberta /BC Protocol Agreement），促进两省委员会会员院校之间互相承认课程和学分，避免学生因重复修课导致额外负担。鉴于育空和西北行政区的中小学课程体系与不列颠哥伦比亚省一致，该协议还将育空、西北和奴那瓦特三个行政区的公立学院也纳入协议体系③。

曼尼托巴省负责协调学分转移事务的政府部门是中等后教育委员会（the Council on Post-Secondary Education），该省的整个高等教育体系包括曼尼托巴大学、温尼佩格大学和布莱登大学，以及红河学院等四所学院。鉴于其高等教育体量有限，在加西招生与转学共同体的四个成员省中，曼尼托巴是唯一没有专门设置入学与转学委员会的省，其转学体系的建设工作也起步较晚，截至 2011 年尚未制定正式的学分转移政策，目前正在向此方面经验丰富的不列颠哥伦比亚省和阿尔伯塔省学习。

沿海三省的高等教育规模和体量有限，转学学生人数相对不多，因此，其转学工作起步较晚。例如，新不伦维克省衔接与转学委员会（the New

---

① Section I, An Introduction to Admissions and Transfer, https://alis.alberta.ca/pdf/transferalberta/IntrotoTransfer.pdf.

② British Columbia Council on Admissions and Transfer, http://www.bccat.ca/about/bccat/.

③ Alberta Council on Admissions and Transfer, British Columbia/Alberta Transfer System Protocol, http://www.acat.gov.ab.ca/pdfs/BCCCAT-ACATTransferProtocol.pdf.

Brunswick Council on Articulations and Transfer）于 2012 年才最终出台了正式的《新不伦维克省学分转移协议》(the New Brunswick Credit Transfer Portal)；爱德华王子岛省的转学协议主要在爱德华王子岛大学和霍兰德学院（Holland College）之间进行。

出于类似的原因，个别省甚至没有成立专门的转学委员会，但转学工作仍是其教育部的重要工作之一。例如，纽芬兰与拉布拉多省的教育部在官方网站上为学生提供了《转学指南》（Transfer Guide），给学生、教师、行政人员提供参考。由于该省的高校数量较为有限，因此，转学协议也多是个别高校之间的行为，也就是在省内个别高校之间，或是本省与外省甚至外国个别高校之间签订协议。例如，该省的纪念大学（Memorial University）与北大西洋学院（College of the North Atlantic）之间的学分转移机制已经运作了 20 余年；北大西洋学院近年来还与不列颠哥伦比亚省的奥卡纳干学院(Okanagan College）签订了协议，大西洋学院三年制工商管理专业的专科毕业生，只要平均分在 67 分以上，就有资格转学到不列颠哥伦比亚省的这所学院，进入该校工商管理本科专业第四年的学习，先前学习的至少 30 门链接课程（相当于 90 个学分）会得到新学院的承认。

加拿大西北部三个行政区的高等教育规模极为有限，目前三地各自仅有一所高校，且都是学院性质的，因此三个省的高校招生和转学事务在某种程度上就是指单个学院的事务。在西北行政区，尽管其负责教育的教育、文化与就业部（the Department of Education, Culture and Employment）声称支持加拿大教育部长联席会制定的学分转移协议，真正落实这一协议的却是该地区唯一的公立高校——极光学院（Aurora College)。为了使自己的课程能够与更多高校的学位课程无缝衔接，极光学院加入了邻省的阿尔伯塔省招生与转学委员会。在全球范围，极光学院还加入了北极大学（the University of the Arctic）这一国际合作组织，尝试与 9 个成员国的 143 所高校开展学分转移协作；育空行政区的情况与西北行政区类似，当地仅有育空学院（Yukon College）一所高校，该校参加了邻省的不列颠哥伦比亚省招生与转学委员会，学校的教师也会常规性地参加不列颠哥伦比亚省的高校衔接会议。目前，该校还在申请加入阿尔伯塔省招生与转学委员会，以期与该省的高校建立学分转移合作关系；努纳武特行政区目前也没有专门负责学分转移的机构，该地区仅有努纳武特北极学院（Nunavut Arctic College）一所高校，相关的转学政策正在制定过程中。

魁北克省的转学事务由中等后教育联络委员会（the Comité de liaison de l'enseignement supérieur）负责，该委员会的成员来自魁北克省的教育部、学院和大学，致力于积极搭建学院技术课程与大学本科课程之间的桥梁。

三、校内招生负责机构的运作

加拿大的高校没有类似中国高校招生办这样统一命名的招生机构，即便是同一个省的大学，其招生机构也会有所差异。例如，在安大略省的约克大学，其招生工作是学生事务办公室的职责范围，该办公室由主管学生事务的副校长负责，招生工作属于学生工作的重要组成部分。具体操作由其下设的招生、交流与客户服务办公室（the Office of Admissions, Communications and Client Services）负责。其工作人员要与全校的各个学术单位及行政机构紧密配合，招收学术背景优秀的学生，并要保证学生群体的多样性。此外，还要负责与外界进行最理想化的沟通，为社会提供大学的信息，为顾客服务。该办公室根据职责又划分为三个部门：招生部、客户服务部及交流部①。

图 3-6　约克大学本科招生机构示意图

与约克大学不同，在同属安大略省的女王大学，招生工作由大学教务长负责，具体工作由主管本科招生的副教务长主持，其招生机构的组织关系详见下图②：

---

① The Office of Admissions, Communications and Client Services, http://www.yorku. ca/index. html.

② Office of the University Registrar Undergraduate Admission, http://www.queensu.ca/registrar/aboutus/org/Admission_March_2013. pdf.

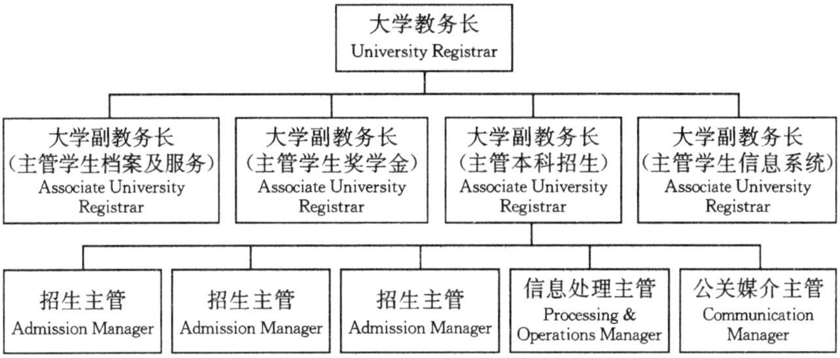

图 3-7　女王大学本科招生机构示意图

如图所示：主管本科招生的副教务长带领 5 名主管开展招生工作，每名招生主管又有多名下属协助其工作，整个本科招生团队的工作人员多达 32 人，其中大部分工作人员负责常规性的协调工作，5 名工作人员是该校国际学院的招生代表；信息处理主管及其 9 名下属主要负责对申请者的信息进行筛选和分析，这是招生工作中最为繁重的一环，因此人员配置也较为充足；公关媒介主管负责对外发布学校的招生信息，参加和组织多种招生宣传工作。

本章小结

经过几百年的发展，目前加拿大的高校已经形成了独具特色的招生考试制度，该制度的核心理念是对公平性和多样性的不懈追求，两者缺一不可。究其本源，这样的理念与加拿大人崇尚社会正义与多元文化的心态密切相关。为了更好地践行公平而多样的招生理念，许多高校将其明确写入招生政策里，用以指导各院系的招生工作。

如何看待加拿大高校招生工作的实施，可以从两个视角来分解：其一是从高校挑选学生的招生流程来看，其二是从学生挑选高校的申请流程来看。高校对学生的筛选包含学术筛选和社会筛选两个层面。在学术筛选方面，加拿大的高校能够公平看待不同生源地的高中生，认为他们所接受的高中教育质量旗鼓相当，认可他们的高中成绩所体现的智力水平和学术背景；在社会筛选方面，政府与高校协作努力，避免社会阶级、种族、性别等因素对招生工作可能产生的影响，引导学生选择最适合自己的学习基础和发展兴趣的专业，不让经济原因剥夺学生的受教育机会，确保所有学生都能够通过多种途径接受并完成高等教育。在具体要求方面，由于加拿大已经实现了高等教育的大众化，加之没有全国统一的高校招生入学考试，所以，高校对学生的选择主要依据高中成绩，特别是高中最后一两年的学习成绩。通常，各科成绩及格且主科成绩在 65～70 分以上者均有机会入学。由于各省学制不同，入学条件也不一样。绝大多数省实行 12 年一贯制，学生 12 年中学毕业后就可入学。魁北克省的中小学学制为 11 年，但该省的中学毕业生必须先上两年普通或职业教育学院（Cégep）方可申请大学，具体的入学条件各校不尽相同。

从学生择校的视角看，“对接受高等教育所做的决定意义非同凡响。它不仅仅是一种教育服务的购买行为。根据个体所选择的不同高等教育类型，这个决定事关个人如何度过自己生命中的一年、两年、四年或者更多年。从长远看，这个决定事关个人的整个未来以及他可能从事的职业范围。在许多情况下，是否接受高等教育以及接受哪种类型的高等教育，甚至不是个人的决定，它几乎总会受到家庭成员和同辈的价值观念影响。不能把它简化为一个供应与需求的等式”①。因此，学生在选择高校的时候会考虑很多因素，通常在经过三个阶段的不断权衡后才会确定最终的选择。鉴于加拿大国内的经济形势，政府对高校的资助缩减，高校的学费近年来上涨幅度很大，为了不让学费妨碍学生做出正确的选择，加拿大的高校在预算中拨出专款，为确实存在经济困难的学生提供奖助学金等各种资助。此外，联邦政府和省政府也为学生提供贷款。这些做法再次印证了加拿大高校的招生理念，即实现社会筛选的公平是要确保所有学业合格的学生都能够上得起大学，都能够上适合自己的大学。

① Sean Junor，Alexander Usher，the Price of Knowledge：Access and Student Finance in Canada，Canada Millennium Scholarship Foundation，2002，September.

加拿大的大学在历史上长期是盎格鲁—凯尔特人的特权，近年来人们才鼓励妇女和历史上的边缘群体积极接受高等教育。关于这些人入学权利的争论体现了当代人在时代大背景下对民族、种族和性别关系的担忧。这也是政治对高等教育发挥持续影响的见证之一。

——［加］保罗·艾克索尔罗德（Paul Axelrod）①

第四章 加拿大高校招生考试制度的生源分析

随着加拿大高等教育民主化进程的推进，加拿大一些边缘群体的高等教育机会日益受到关注。其中，最为令人瞩目的是土著学生的高等教育入学机会问题；其次，农村学生、女性学生参与高等教育的情况也受到重视。而近年来，随着高等教育全球化浪潮的席卷，吸引国际学生也成为各省高校的重要目标之一。

第一节 倾斜的天平：加拿大土著学生的高校招生考试政策

一、加拿大土著民族的人口构成及教育简史

加拿大是个多民族国家，土著民族是一个特殊族群，主要包括印第安人（Indian）、因纽特人（Inuit）和梅蒂人（Métis）三大类别，前两者是上万

① Paul Axelrod, The Character of Canadian Higher Education: An Historical Perspective, from Marcelo A, Romanello edited, Perspectivas CrÍticas Desde El Siglo XXI Sobre La Educación En Argentina Yen Canadá, Gráfica-G. Press, 2006, p. 137.

年前跨过现在的白令海峡定居在这里的早期人类后裔。在 17 世纪欧洲人到达之前，北美的大片土地都是印第安人的家园，因此印第安人又自称为“第一民族”(the First Nations)，意为加拿大最早的主人；因纽特人，即原先外界沿用的爱斯基摩人，是指吃生肉的人。该民族不满这一歧视性的称谓，主张使用他们对自己的称谓“因纽特”，即人的意思；梅蒂人是早期欧洲殖民者与印第安妇女结合的后代，又被称为“混血民族”。梅蒂人的出身和社会地位一度遭遇窘困，现在将他们划入土著民族，使他们有了心理上的归属感，也增加了土著民族的人口总数。根据政府 2006 年的人口统计，土著人口总数约为 117 万，其中以印第安人居多。在加拿大 3 347 万人口中，土著人的人口数量仍然处于极大的劣势地位。

在欧洲人染指美洲大陆之前，加拿大土著人过着相对宁静的原始部落生活，而在法兰西和英格兰殖民者的先后统治下，他们的宁静生活被彻底打乱。1952 年，在电台广播剧《温哥华永远的诅咒》中，作者厄尔·伯尼借印第安克里族酋长之口，指出欧洲殖民者给土著人带来的灾难：

当陌生人来我们村建房时，
我有两个儿子。
一个浑身乌黑，染上天花死去，
商人卖给另一个儿子一支燧发枪，
他付出与这支枪一样高的一叠海狸皮，
现在他能射到我用箭射不到的鹿。
一天他走进威士忌新酒屋，
是你们的父辈为我们建造的那种。
我儿子疯狂饮酒，拿起了那支枪，
射死自己的堂兄、我弟弟的长子……
陌生人用绳子勒死我儿子。
从那天起，
我的族人就再也没有增加过！①

这段文字贴切地描述了土著人的生活在欧洲人到来之后发生的巨大转变。的确，在战争、疾病的摧残下，有些印第安部落彻底消亡了；有幸存活下来的印第安部落却要永远面对土地尽失、主权旁落以及身为二等民族的悲

① 李节传：《图本加拿大通史》，山东人民出版社，2011 年，第 223 页。

哀；曾经主宰过这片美洲沃土的雄心与激情已经退去，剩下的多是痛苦的回忆和精神的创伤。大量的印第安人在白人带来的酒里找到了慰藉，饮酒和赌博成为他们逃避现实的途径。

土著人在历史上曾长期受到政治歧视，没有公民资格和选举权，这种状况直到二战后才逐步得到改善。在教育方面，当局在实施多元文化政策之前，一直对土著学生实行同化政策，自 19 世纪末 20 世纪初开始实施寄宿学校教育制度（residential school system)。1925 年加拿大的联合教会开始管理运作印第安人寄宿学校，大约经过五年的发展，此类的寄宿学校达到了顶峰，数量达 80 所之多。这些学校主要由天主教会、英国国教圣公会、浸信会、长老会等不同教会直接管理，这使寄宿学校的教育不可避免地蒙上了浓厚的宗教色彩。"神职人员把他们的时间和精力都耗费在宗教性的礼仪常规上，与之同时，则千方百计地淡化原住民宗教的传统。教师们素养不高，课程乏味，教学材料不足，满足不了土著学生的要求。而且他们对学生感情冷漠，更糟糕的是传教士们在儿童们面前贬低土著文化。母语被禁用，原住民的生活方式被蔑视。总把欧裔加拿大人的作风视为高人一等。"① 并且，寄宿学校实施强迫性入学，"在新斯科舍省，土著儿童六岁就被监禁起来。如果父母不愿意将自己的孩子交给学校主管当局，他们就会被拘留，甚至受到监禁。这些儿童们遭受肉体上、性别上、文化上和语言等方面的虐待。他们轻视这些孩子，告诉他们一生永远不会有所成就，因为他们的祖先是野蛮人"②。该制度是"以语言入手的同化教育策略，通过施行寄宿学校的教育手段，把原住民子女集中到远离家人和熟悉生长环境的白人社区，实施从生活习俗到认知训练的全盘欧化，学习西方教育体系认可和规定的知识，割裂土著民族传承的以生存为最高宗旨的知识传递链条，解构世代传承的知识内容及其体系结构，诋毁土著民族传统知识价值，贬损土著学生的民族尊严与个人人格自尊"③。在土著人看来，寄宿学校通过系统的教育毁掉他们的儿

---

① 迪克·加尔诺（Dick Garneau)：《印第安人——加拿大第一民族的历史、现状与自治之路》，李鹏飞、杜发春编译，民族出版社，2008 年，第 409 页。

② 迪克·加尔诺（Dick Garneau)：《印第安人——加拿大第一民族的历史、现状与自治之路》，李鹏飞、杜发春编译，民族出版社，2008 年，第 409 页。

③ 陈晓莹：《融合·发展——加拿大多元文化教育解读》，民族出版社，2008 年，第 80 页。

童和他们的自尊，许多土著人对他们传统与习俗的淡化感到深深的绝望。加拿大的白人在回顾这段历史时也坦言，“悲哀的是，我们与原住民打交道的历史并不光彩。种族和文化的优越感导致了对原住民文化和价值的压制。作为一个国家的历史重负，我们的所作所为使原住民丧失其特性，使其语言文化备受欺压，使其宗教活动沦为旁门左道。我们必须明白自己对那些也曾自立的民族做了些什么：我们霸占了人家的传统疆域，我们让人家背井离乡，我们搞了《印第安人法》，使人家亡国灭种。我们必须承认，这些行为的结果是对原住民族政治、经济和社会体制的破坏”①。

这种文化清洗式的教育制度持续了半个世纪，对土著人造成了莫大的集体精神创伤，被喻为“文化屠杀”。该制度虽然造就了个别的土著精英，却是以牺牲绝大多数土著儿童的权益为代价的，土著人的整体教育情况并未得到明显提高。1969 年联邦政府决定关闭寄宿学校，1988 年，政府关闭了最后两所寄宿学校。此后，加拿大各界也开始了对这种文化暴行的反思和忏悔，政府承认寄宿学校制度迄今所产生的后果具有严重负面作用。2008 年 6 月，加拿大总理哈珀代表内阁就寄宿学校制度公开向全体土著人民道歉。对这种同化教育制度的废止和反省，除了具有教育学意义外，还具有深刻的社会学、人类学意义和政治影响，有助于“恢复原住民族应拥有的社会尊严，检讨、纠正最近两百多年原住民遭受的不公待遇，梳理、整顿被颠倒了的民族生存合法秩序，还人类历史发展之客观以本来面目”②。土著人在现今加拿大多元文化社会所享有的平等的公民权利、社会参与权利、自我管理权利等，都经历了漫长而卓绝的斗争和努力。这些努力有来自社会主导地位群体的自我文化超越，认同、选择多元文化主义治国策略的理性回归，也归因于原住民长期的自我奋斗③。

二、加拿大提高土著学生高教入学率的多重困境

（一）长期摧残下的自我迷失

寄宿教育制度虽然已经废止多年，但它的长达半个多世纪的歧视性做法

① 大卫·C. 霍克斯：《原住民：自治和政府间关系》，周子平译，何群：《土著民族与小民族生存发展问题研究》，中央民族大学出版社，2006 年，第 56 页。

② 陈晓莹：《融合·发展——加拿大多元文化教育解读》，民族出版社，2008 年，第 52～53 页。

③ 陈晓莹：《融合·发展——加拿大多元文化教育解读》，民族出版社，2008 年，第 53～54 页。

已经对土著民族造成了巨大的创伤。在北极圈地区传教达 48 年之久的天主教神父冯·德·威尔德（Van de Velde）曾这样描述土著人遭到迫害后的心理状态，“白人的权利就是毁灭土著人的自尊心，耗尽着他们的文化。他不能够接受的事实是一度曾经自豪过的土著人在他的生命事业中一下子变成了一个招人讨厌的民族了”①。

近年来，尽管联邦政府给予了土著民族多项资助和优惠措施，例如为土著人修建学校、建设基础设施和住房，提供教育和社会补助，允许其组建自治政府等等，但土著人在政治、社会、经济和文化等方面还远未获得实际的平等地位，以印第安人为主的土著人至今仍面临许多严重的社会问题。“印第安人的婴儿死亡率、失业率、犯罪率均高于其他民族的平均水平，而他们的平均寿命、平均文化程度和平均收入均低于全国平均水平。如印第安人占全国人口的 1.3%，但犯罪率占全国的 9%。人口死亡率、发病率、事故发生率和自杀率都比全国其他人口平均高 3 倍。印第安人的平均寿命比全国平均寿命少 10 岁。60%以上的印第安人生活在贫困线以下。在许多印第安人保留地中，几乎全部人口依赖政府补助生活。尤为突出的是，大多数印第安人仍不适应高速发展的现代社会生活，对自身的前途失去信心，有一半以上印第安人的死亡原因与酗酒有关。”② 现代土著人已经失去了其文化根基，在长期的歧视和同化下陷入了深度的自我迷失。

（二）高等教育求学意愿不足

土著学生的家庭及其生活环境是造成他们高等教育求学动机不强的另一个主要原因。土著民族具有源于母系社会的古代文化传统。母系社会的信仰以儿女为核心，重视长者的智慧和经验，尊重大地母亲和自然世界。这与现代父系社会所主导的观念形成两种难以调和的矛盾。土著家长们认为，白人教育者们对如何培养土著儿童知之甚少，与土著人的社区和家庭缺乏接触。对如何将土著文化遗产传授给这些儿童了解更少。他们担心“北美社会和国家机器对土著人传统价值的同化势头，将会很快从地方学校推进到高等教育之中。土著价值观念、世界观、风俗、礼仪、传统习惯，以及所有对土著人

---

① 迪克·加尔诺（Dick Garneau）：《印第安人——加拿大第一民族的历史、现状与自治之路》，李鹏飞、杜发春编译，民族出版社，2008 年，第 400 页。

② 刘军：《列国志：加拿大》，社会科学文献出版社，2005 年，第 50 页。

维护自己民族特征的至关重要的那些内容，都有可能面临被取代的危险”[①]。这种担心也得到一些学者的证实。巴斯第尔和汉德森认为，加拿大的大学和教育制度充其量是对土著学生灌输一些双重意识。它的教育制度认为土著文化遗产、特征和观念劣于以欧洲为中心的文化遗产、特征和观念[②]。

除了文化的深层原因，榜样人物和经济因素也影响着土著学生的求学意愿。首先，土著民族的社会经济状况导致其青少年缺少高学历的榜样人物，他们的教育预期和职业预期都比较低。加拿大的学者研究表明，家庭对子女接受高等教育的期待是高中生继续求学的重要动力。如果高中生的家庭对子女的未来发展没有清晰的规划，或者对接受高等教育的价值并不太看重，那么子女更可能在高中毕业后直接就业[③]。此外，学生所处地区的经济环境也会直接影响他们的求学选择。在育空地区、西北地区和努纳武特地区，低端的劳动力市场成为高中生辍学的根源之一。

（三）地广人稀的地理分布

加拿大土著人除了广泛分布于安大略省、不列颠哥伦比亚省、草原诸省和魁北克省北部地区外，大多居住在育空（Yukon）、西北地区（Northwest）和努纳武特[④]（Nunavut）三个行政区。此三地的面积总和约为加拿大国土面积的三分之一，东西横跨四个时区，地广人稀，而且大部分位于北方寒冷地带，这种地理环境成为制约其高等教育发展的困境之一。如果以北纬 60 度作为加拿大的南北边界，北部的这三个地区人口稀少、经济类型单一，而且对联邦政府过度依赖，其经济、社会、政治和教育状况比其他南方诸省要落后得多，时常被看成是一个发展中地区，甚至是一个北方殖民地。由于地处偏远、教育薄弱，这三地在 1960 年代之前几乎没有任何中

---

① 迪克·加尔诺（Dick Garneau）：《印第安人——加拿大第一民族的历史、现状与自治之路》，李鹏飞、杜发春编译，民族出版社，2008 年，第 400 页。

② 迪克·加尔诺（Dick Garneau）：《印第安人——加拿大第一民族的历史、现状与自治之路》，李鹏飞、杜发春编译，民族出版社，2008 年，第 421 页。

③ Dale Kirby，Dennis Sharpe，An Examination of Rural Secondary Students' Post-Secondary Education Decisions，Canadian Journal of Career Development，2010（11）.

④ 努纳武特行政区（Nunavut）位于加拿大最北部的北极区，是因纽特人的聚集地，1999 年之前从属于西北地区，1999 年努纳武特地区正式从西北地区分离出来，成为加拿大第 13 个一级行政区，也是加拿大最大和最新的一个行政区。

等后教育，自 60 到 70 年代职业培训中心才逐渐出现，这些培训机构经过多年的发展直到八九十年代才正式转变成学院式的高等教育机构，而至今这三个地区都没有一所真正意义上的北方大学。“这不仅使得北方地区在加拿大的各省中成为独一无二的，它也使得加拿大在所有环北极国家中成为独一无二的。”① 想要进入大学接受学术培养的学生，不得不远走高飞到南方诸省去求学。

三、加拿大土著学生补偿性高校招考政策的构成

补偿性政策源于积极性差别待遇（positive discrimination）的观点。该观点于 1967 年在英国的《普劳顿报告书》（Plowden Report）中被首次提出，此报告要求政府对教育上的弱势者提供积极帮助，以弥补他们与一般群体的差异。相对于消极的排除造成教育不利的因素，该政策强调对特定种族、性别或团体给予差别待遇，为教育文化不利者提供较多的文化刺激及较丰厚的资源支持。该观点自提出以来，在世界范围的许多国家都有所实践，受到民主人士的赞赏，也受到一些批评人士的诟病。主要的指责是认为它是以个体所属的群体为基础的倾斜政策，而非以个人的特质为基础。例如，美国曾出现黑人学生成绩比白人学生低很多却一味录取黑人学生的情况，导致白人社会强烈不满，他们把这项政策称为是对白人的反向歧视（reverse discrimination），因为它忽视了低收入白人群体的处境。因此，在吸取既往教训的基础上，加拿大土著学生的补偿性政策在实施过程中更为严格审慎。该政策的实施主要体现在三个方面：

（一）建立土著社区学院，实行开放入学政策

加拿大政府和教育部门意识到，要发展土著民族的高等教育，必须要考虑这些地区的实际情况，需要在主流教育之外，更多地关注土著学生高等教育的特殊性，设法从制度上采取措施，提倡和保存土著人的价值观和民族特征，要能够使更多的土著学生和教师在自己的社区和保留地内学习有利于土著民族繁荣发展的知识和技能，并对土著人社会面临的问题进行充分有效的探讨。以育空地区为例，育空政府在 70 年代晚期就发展高等教育的政策对

① 格兰·琼斯：《加拿大高等教育——不同体系与不同视角（扩展板）》，林日荣译，福建教育出版社，2007 年，第 298 页。

当地人进行访谈和调研，发现几乎所有人都对社区学院类型的院校表现出浓厚的兴趣①。

进入 80 年代后，在当地政府、印第安兄弟会和部分高校科研机构的共同推动下，这三个地区先后在原先职业技术培训中心的基础上成立了社区学院，它们分别是育空学院（Yukon College）、努纳武特北极学院（Nunavut Arctic College）和西北地区的极光学院（Aurora College）。这些社区学院的入学门槛低，实施开放入学政策，只要学生年满 17 岁就能申请。为了方便分散各地的学生入学，这三个学院都拥有 2～3 个校区，其学习中心更是遍布全省的多个社区，提供大专、成人教育、职业教育以及各种培训或补习课程，履行了社区学院为就业而培训的宗旨，实践了以社区为基础的高等教育。此外，这些学院还能提供麦吉尔大学、不列颠哥伦比亚大学、阿尔伯塔大学、维多利亚大学等加拿大名校的学分转移课程，有意转入上述大学的学生可先在这些学院接受大学一、二年级的预科教育，满足了这些人进一步求学的欲望。尽管北方三个地区尚无大学，目前的学院模式较为符合当地的经济现状和社会需要，适应了本地区多数人的教育需求和当地的产业结构。相对于大学教育，社区学院所提供的教育对这里的多数学生和工商部门则更适合。

1996 年加拿大皇家土著民事务委员会发表报告，提议建立土著民国际大学并把它建成一个没有围墙的大学。2003 年 6 月加拿大第一民族大学（the First Nations University of Canada）在萨斯喀彻温省宣告成立，该大学的前身是成立于 1976 年的萨斯喀彻温印第安联合学院（the Saskatchewan Indian Federated College），该学院与里贾纳大学（University of Regina）联合办学。因此，加拿大第一民族大学不能算是真正意义上的独立大学，它在一定程度上依然从属于里贾纳大学，其学位和证书均由后者颁发，其毕业生同时也算是后者的校友。但该大学的成立依然是土著民族高等教育发展的里程碑，它是加拿大第一所由印第安人管理的能够开办本科教育的高校，是高等教育采取土著教育模式的重要尝试，表明加拿大印第安人向高等教育的民族自强目标迈出了坚实的一步。目前，该大学除了里贾纳大

① Ingram, E., Konrad, A., and Small, J., Toward a Yukon College: Continuing Education Opportunities in the Yukon, Edmonton: University of Alberta, Centre for the Study of Postsecondary Education, 1979, p. 42.

学的主校区外，还有 2 个分校区，在本省以及全国的印第安社区均有授课点。2011 年各个校区的全日制学生达到 700 名，各类注册学生超过 1 800 名。该大学的毕业生为萨斯喀彻温省和整个加拿大都做出了积极贡献①。

（二）各省高校给予土著学生的倾斜政策

加拿大联邦政府对发展土著居民高等教育主要起到了政策导向和财政支持的作用，各省高校对土著学生的差别对待政策则体现在录取工作上。绝大多数高校对土著背景的学生入学要求较低，而且这些学生还有权享受学校额外的奖学金。不列颠哥伦比亚大学的医药系在 2002—2003 学年的招生中给土著学生预留了 5%的名额。维多利亚大学的招生政策规定："土著居民申请人如果不符合学校普通的录取标准，可以享受土著居民的特殊政策。录取委员会将会对这些申请人从个人基础上进行特殊考虑，包括申请人的受教育史，申请人提供的可以证明其能够成功接受大学教育的非学术成果。申请人同样需要提供两份推荐信，其中一封最好要来自一个公认的土著居民组织，有亲属关系的推荐信同样不具有效力。在审批过程中，土著居民组织的推荐占很大权重。每年此类申请人的数量也是极其有限，根据学校的统计数据，2009 年秋季入学的新生中，通过特殊申请获得批准的土著学生只有 25 人。"② 由此可见，加拿大高校在倾斜政策执行过程中持有非常谨慎的态度，对录取的程序和人数都有严格的控制，以免造成对非土著学生的反向歧视。其他大学即使对土著学生没有明确的倾斜政策，然而其录取委员会在评价申请者的录取条件时，土著学生的民族身份会成为一个重要的考虑因素。

（三）政府针对土著学生的经济资助政策

截至 2013 年，联邦政府的印第安及北方事务部③每年为大约 23 000 名土著学生提供资助。此外，对那些为改善土著学生教育情况而开设课程的高

① First Nations University of Canada，http：//www.fnuniv.ca/overview.

② 刘婧娟：《加拿大高等教育招生政策研究——以维多利亚大学与麦吉尔大学为例》，《教育与考试》2011 年第 3 期。

③ 印第安及北方事务部（Indian and Northern Affairs Canada）是加拿大联邦政府设立的机构，主要负责与加拿大土著居民相关的政策，具体包括印第安人、因纽特人和梅蒂人。该部门组建于 1966 年，由负责印第安事务和北方开发事务的两个部门合并而成，2011 年更名为土著事务及北方发展部（Aboriginal Affairs and Northern Development Canada），在名称上体现了对其他土著民族的包容和对发展北方的重视。

等院校，该部也予以资助①。联邦政府的资助是通过多个项目来执行的，这些项目资助不同的土著学生群体。首先是中等后教育学生资助项目（Post-Secondary Student Support Program），该项目为在社区学院等机构就学的印第安学生、西北地区和努纳武特地区的因纽特学生提供学杂费、每学年两次的往返交通费，以及日常衣食住行的生活费。此外，该项目也资助其他接受中等后教育文凭、职业文凭和证书培训的土著学生；第二是大学和学院入门准备项目（University and College Entrance Preparation Program），该项目则是专门针对除了社区学院以外的大学和学院的土著学生，旨在为刚刚进入大学和学院的土著学生提供学费资助，帮助他们达到必要的学业成绩，从而顺利进入学位或学历课程的学习；第三是较为偏重于学生就业技能的土著技能与就业合作项目（Aboriginal Skills and Employment Partnership），该项目旨在通过开展土著团体、省/行政区政府与工商业雇主之间的长期合作，帮助土著青年在既有的和新兴的经济领域获得必要的工作技能。此外，土著学生还可以申请其他的联邦资助项目，例如面向全体中低收入家庭的资助项目。针对高校的联邦项目有印第安研究支持项目（Indian Studies Support Program），该项目用来资助那些为印第安和因纽特学生开设专门课程的院校，同时也资助各高校旨在改善土著教育所做的研发工作。

除了联邦政府外，各省/行政区和许多高校也有类似的差别待遇政策。例如，西北行政区规定，土著居民在就业和教育方面享有优先权，出生在西北行政区或在此居住过半生的非土著居民则具有次等优先权。除了联邦政府和省/行政区政府的资助外，许多非营利组织和商业机构也为土著学生接受高等教育提供奖学金和助学金等各类资助。

四、加拿大土著学生补偿性高校招考政策的意义

（一）补偿性高校招考政策的政治意图

国家的团结统一是加拿大发展土著高等教育、对土著学生实施补偿性招生政策的一个政治意图。作为年轻的联邦国家，加拿大自 1867 年建国至今仅有不到 150 年的历史，其间英裔与法裔及土著民族间的内部摩擦不断，魁

① Education in Canada：An Overview，http：//www.cmec.ca/Pages/canadawide.aspx#08.

北克独立的问题一直悬而未决。1995 年魁北克省就其前途问题举行了全民公投，结果联邦派仅以 0.6% 的微弱优势险胜分离派，使加拿大避免了分裂。此次事件后，联邦政府意识到需要创造性的政治策略来巩固和加强其核心凝聚力。联邦政府一方面给予了魁北克更多的自治权，另一方面加大力度执行多元文化政策，表现出对其他民族文化的尊重和扶持，希望借以安抚不同民族，从而使国家更为团结，同时给魁北克分裂势力造成舆论压力。

此外，加拿大工业的发展也需要土著民族的支持和参与。由于北方蕴藏了丰富的自然资源，许多矿藏位于印第安保留地，其所有权大多归属于土著部落。如果不在政策上给予倾斜和照顾，不采取积极的态度解决土著民族的社会问题，则很有可能会激化土著民族与联邦政府之间的矛盾，不利于国家的稳定，甚至会使稍有缓和的魁北克问题再次激化。因此，发展土著居民高等教育对调节加拿大国内微妙的民族关系，缓和民族矛盾，具有深远的政治意义。

（二）补偿性高校招考政策的经济预设

加拿大政府意识到，要解决土著人的社会问题，关键在于提高土著民族的整体素质，而提高人口素质的关键是教育，特别是高等教育。接受高等教育首先可以让土著学生个人的经济状况得到直接改善，这表现在就业和收入等方面。土著人的就业率与受教育程度呈正相关，具有高等教育背景的人即使在经济不景气的时期也更容易就业。据统计，自 2008 年到 2009 年具有高等教育学历的土著人就业率为 79.4%，仅比 2008 年下降了 1.8 个百分点，而同期没有高中文凭的土著人就业率仅为 47.7%，下降了 5.5 个百分点。具有高中文凭和同等教育学历的土著人就业率为 66.3%，同比下降了 3.3 个百分点①。具有高等教育文凭的土著人更容易就业，对高等教育的投资会给他们带来非常可观的经济回报。以土著男性的终生收入为例，“没有高中文凭的人仅为 34 万加元，有高中文凭的为 86 万加元，有学院等高等教育文凭的为 119 万加元，有大学文凭的则高达 138 万加元”②。由此可见，高等教育给土著个体的经济回报差额最高可达 100 多万加元。

① Education matters in the labor market，http：//www. statcan. gc. ca/.

② Alex Usher，The Post-secondary Student Support Program：An Examination of Alternative Delivery Mechanisms，http：//www. educationalpolicy. org/publications/pubpdf/INAC. pdf.

增加土著学生的高等教育入学率不仅能使学生获得经济收益、改善学生个人的生活品质，有助于降低土著民族整体的失业率、贫困率和犯罪率，起到社会安定的作用；而且还有助于提高社会的整体人力资本和生产力，产生其他间接的社会经济效益。加拿大生活标准研究中心（the Center for the Study of Living Standards）研究发现：如果土著人口的受教育程度到 2017 年能达到非土著人口 2001 年的水平，那么加拿大的年均 GDP 增长率将会上涨 0.036 个百分点，等同于累积了 710 亿加元的国民收益①。

如今，加拿大正处在人口结构发生显著变化的时期，发展土著居民高等教育的政策更有其长远的经济设想。加拿大即将步入老龄化社会，六百多万在婴儿潮时期出生的人在十五年内即将退休，到 2030 年全国 65 岁以上人口数量即将翻倍，而适龄的劳动力人数估计只能增加 8%，存在巨大的需求缺口。法律、医疗和社会服务领域面临严峻考验，需要补充大量的年轻劳动力。土著人口在所有民族中是增长最快的，从 1996 到 2006 的十年间增长了 47%，几乎是非土著人口增长率的六倍。预计从 2011 年至 2017 年，加拿大自然增长的人口总数中，土著人口的比例将高达 29.8%②。作为全国人口增长最快的群体，让更多土著年轻人接受高等教育无疑会产生巨大的经济价值和社会效益。

五、加拿大土著学生补偿性高校招考政策的启示

经过加拿大各级政府和土著社区多年的努力，补偿性高校招考政策取得了积极的效果，土著民族的高等教育有了相当的发展。土著民族聚居的三个行政区实现了高等教育的零突破，都建立起了各自的社区学院，当地人接受高等教育的途径逐步多样化，课程及教育培训的内容日益丰富。在原有证书文凭的基础上，这些社区学院还具有了本科学位授予权。从全国范围看，“印第安及北方事务部所资助的学生人数从 1977 年的 3 600 名上涨到 2000 年的 27 000 名，土著学生的高等教育入学率有所提高，到 2010 年这一数字又增加了 26%，达到 34 020 人。根据 2006 年的加拿大人口普查，年龄在

① Sharpe Andrew, Jean-Francois Arsenault, Simon Lapointe, The Potential Contribution of Aboriginal Canadians to Labor Force, Employment, Productivity and Output Growth in Canada, 2001-2017, http://www.csls.ca/reports/csls2007-04.PDF.

② Aboriginal education, quick facts, http://www.aucc.ca/policy-issues.

25至34岁之间的土著人中有68%的人具有高中文凭，年龄在25岁到64岁之间的土著人有8%的人拥有高等教育学历"①。接受高等教育让土著学生个人的经济状况也得到了明显改善，这直接表现在就业和收入等方面。发展土著高等教育不仅使学生个人获得了经济收益、改善了学生个人的生活质量，恢复了他们的信心，使他们重新融入现代社会，而且还提升了土著民族的整体人力资本和生产力水平。特别是在加拿大老龄化日益严重的今天，作为全国人口增长最快的群体，让更多土著年轻人接受高等教育无疑会带来巨大的经济价值和社会效益。

法国著名社会学家马太·杜甘（Mattei Dogan）认为，"不关心别国的人不能真正地认识自己的祖国"，"通过比较我们更为客观地评价我们作为个体、共同体或者国家的处境"②。加拿大土著学生的高校招考政策对所有民族国家都具有启示意义，它之所以能起作用，主要在于较好地做到了以下几点：

第一，正视历史，政府敢于承认自己的政策失误。联邦政府对土著民族的态度发生了根本性的转变，从半个世纪前打压迫害的歧视态度到如今尊重与扶持的态度，显示了一个国家敢于担当的勇气和善于内省的品质。政府的扶持和民间的支持是土著民族高等教育得以发展的根本原因。联邦和各省政府通过共同努力来纠正过去对土著人犯下的错误，支持土著人去实现自己的抱负和目标。

第二，专项资助，联邦政府对事关重大的民族教育事务进行专门管理。如上文提到的印第安及北方发展事务部，它的一项重要工作就是资助土著学生上大学，以实现联邦政府对土著人的承诺，即确保每个土著人都能享受到与其他加拿大人一样的教育机会。该事务部自1977年就开始为广大土著学生接受高等教育提供学杂费、交通费和生活费。

第三，合理定位，在地广人稀的民族地区发展社区学院。社区学院具有强烈的服务本地的社会责任感，它们能根据本地经济发展需要迅速作出反

① Alex Usher, the Post-Secondary Student Support Program: An Examination of Alternative Delivery Mechanisms, http://www.educationalpolicy.org/publications/pubpdf/INAC.pdf.

② 马太·杜甘：《国家的比较：为什么比较，如何比较，拿什么比较》，文强译，社会科学文献出版社，2010年，第1、7页。

应，及时调整不同院系招生政策，为急需专业人才的地区预留名额。社区学院的招生政策因此具有很强的针对性和实效性，能够因地制宜，缓解本地经济发展对高规格人才的需求。

第四，自我发展，让土著人对自己的高等教育当家做主。自从土著人接过教育管理权之后，土著中小学得到普遍发展，在此基础上，土著人自己的学院也得以建立，特别是加拿大第一民族大学得以创建。这些辉煌教育成就的取得与土著人采用自己的教育模式不无关系。土著人按照自己的方式管理和发展高等教育，能够在非主流社会中减轻同化政策带来的不利影响，通过提升自我的种族意识来发展个人和社区。

第五，全员参与，整个社会和高等教育界都对发展民族高等教育发挥了帮扶作用。一些非政府组织与社会团体设立了专门针对民族学生的资助项目和学习项目；众多高校，特别是教育资源极为丰富的高校，能主动深入民族地区，为当地人提供丰富多样的远程教育课程；一些高校还注意到了民族学生在高中阶段的学业问题，主动接触并帮助处于弱势群体的民族学生，给他们进行学习指导，并呼吁他们的家庭和社区重视学生的高等教育。

正如加拿大土著人委员会多年前曾经描述的，“加拿大是实验一项宏伟设想的例子，这个设想是使不同的人在相互尊重和保持自己特点的同时，共享土地、资源、权力和梦想”①。尽管现状与这一宏伟设想之间尚有距离，但不可否认，通过对土著民族历史遭遇的反省以及发展土著民族高等教育的补偿性做法，加拿大又向这个目标迈出了一步，也为世界其他国家认识和处理本国的民族高等教育问题提供了范例。

第二节　边远的乡村：加拿大农村学生的高校招生考试政策

自二战以来，高等教育民主化的进程有了长足的发展，世界范围内许多国家的高等教育也从精英教育步入大众化发展阶段，甚至开始了普及化的发展之旅。因此，这一时期可以“作为高等教育最壮观的发展时期而载入史册”。然而这也是“包括一些最发达和最富有国家在内的各国中社会经济阶

① Canada Year Book 1999，Ottawa：Statistics Canada，1998，p. 483.

层的分化和受教育机会的差别进一步扩大的时期"①。即便是在加拿大这样高等教育极为发达的国家，高等教育机会仍然会由于种族、民族、肤色、性别、阶层、家庭、地域等差异而产生巨大的差别，特别是高等教育发展中的城乡失衡问题已经对该国经济发展产生了掣肘作用，提高农村学生的高等教育入学率、推动农村地区的高等教育发展成为加拿大高等教育政策规划的重中之重。

一、加拿大高等教育发展的城乡失衡问题

关于加拿大的农村人口，目前存在几种不同的统计方式。根据 OECD 的方式，农村是指每平方公里居住人口少于 150 人的地区；在加拿大的人口普查中，农村人口是指居住在乡下，远离 1 000 人以上城镇中心的人口；还有一种统计是根据加拿大农村的邮政编码，邮编的第二个数字为 0 的地区属于农村，这些地区不设邮箱，住户需要到就近的邮局取信；有些学者认为，较为符合加拿大国情的做法则是把乡镇和小城镇都纳入农村统计范围，这些小镇通常不在城市的公共交通范围内。因此，由于统计方式上的差异，加拿大居住在农村地区的人口约占 21%到 38%不等②。也就是说，加拿大约有 1/5 至 2/5 的农村人口，这部分人口的受教育程度直接关系到国民经济的可持续发展，然而农村地区的高等教育水平在许多方面落后于城市。

根据马丁·特罗的高等教育发展理论，加拿大已经进入了高等教育普及化阶段，其高等教育入学率是 OECD 国家中最高的③。然而掩藏在这个表象之下的却是加拿大国家内部不同社会群体高等教育发展失衡的问题。根据 2010 年的统计，虽然该国适龄人口的整体高教入学率已高达 74.7%，但事实上某些社会群体的高等教育程度尚处于大众化的边缘地带，农村适龄人口的高教入学率低于全国水平近 8 个百分点，低于城市学生 10 个百分点。此外，农村和城市的适龄人口在高校选择上也存在巨大差异。在进入高校的农

① 赵中建选编：《全球教育发展的研究热点——90 年代来自联合国教科文组织的报告》，教育科学出版社，1999 年，第 412 页。

② Du Plessis，Beshiri R，Bollman D，Heather Clemenson，Definitions of Rural，Rural and Small Town Canada Analysis Bulletin，2001，No. 11.

③ E. Dianne Looker，Graham S. Lowe，Post-Secondary Access and Student Financial Aid in Canada：Current Knowledge and Research Gaps，http：//cprn. org/documents/19327 _ en. pdf.

村学生中，有35.5%的人选择学院就学，31.5%的人选择大学就学。相比之下，城市学生的学院入学率为32.3%，大学入学率为44.7%[①]。这说明由于多种原因导致农村学生更多地选择在学院就读，而城市学生更多地在大学就读。表现在对申请专业的选择上，农村地区的学生更倾向于选择与农业相关的专业、较为熟悉的专业和入学要求不太高的专业。医学和法律等门槛高、费用高的专业更受城市学生的青睐。这样的选择偏好导致某些专业的生源结构极度失衡。例如，目前加拿大各医学院的农村籍生源严重短缺，威胁到农村地区的医疗保健工作，引起了教育界和医学界的高度重视，各医学院不得不制定优惠政策吸引更多的农村生源，以使他们的人数达到公平合理的水平[②]。综上所述，加拿大城乡学生在接受高等教育方面既有宏观的、总量上的失衡，也有更为深层的隐性差异。

二、加拿大高等教育城乡失衡的多元归因

加拿大高等教育发展的城乡失衡问题是由多方面的原因造成的，其中地理环境、家庭、社会环境、高中教育经历等是主要原因。

受到地理环境的限制，在加拿大的许多农村地区没有创办高校，高中毕业生无法就近入学，遥远的距离成为阻止他们接受高等教育地理和心理上的双重障碍。正如上文中介绍的，加拿大的高等院校可宽泛地分为两种：一种是大学（university），另一种是以各种学院（college）为主体的中学后教育机构，包括社区学院、应用技术学院和职业技术学院等。各类院校在全国分布不均，优质高等教育资源大多集中在经济富庶的省市，如安大略省的大学数量有20余所，占全国大学总数的三分之一，包括闻名世界的多伦多大学、滑铁卢大学和女皇大学等众多高校。这些名校又多集中在大中城市，乡村通常只有学院，北方的许多地区不但没有大学，学院的数量也屈指可数，例如因纽特人聚居的育空地区和努纳武特地区各自仅有1所学院。加拿大学者的研究表明："学校的路途长短对高中生的大学选择有重要影响，其影响甚至

① Postsecondary Education Participation among Underrepresented and Minority Groups, http://www.statcan.gc.ca/pub/81-004-x/2011004/article/11595-eng.htm.

② James Rourke, Strategies to Increase the Enrolment of Students of Rural Origin in Medical School: Recommendations from the Society of Rural Physicians of Canada, Canadian Medical Association, 2005, No. 1.

与家庭收入的影响等量齐观。如果大学路途遥远，学生很可能会选择就近的学院入学。这种情况在低收入家庭更为普遍。”① 与采取走读方式上学的城市大学生相比，离家上大学的农村学生在整个大学四年期间通常要多花费20 000加元。因此，一旦农村的学生决定去城市的大学就读，就不得不面对由此产生的一系列问题。排在首位的就是经济方面的困扰，他们必须通过贷款或奖学金、助学金等方式解决大学的学费、交通费和生活费等问题。经济、学业和生活等多重压力迫使不少学生因无法适应而中途转学甚至辍学。特别是对于地处偏远的土著农村学生而言，去城市上大学还意味着他们必须面对语言和文化上的多重困难，即使他们能够获得资助进入城市里的院校就读，学会应对城市生活的方方面面，如租房、交通、兼职等，对他们而言将是另一大挑战。

学生的家庭及其生活环境是造成加拿大高等教育发展城乡失衡的另一个主要原因。与城市相比，农村的社会经济状况导致农村缺少高学历的榜样人物，致使学生的求学动机比较低。由于多数农村学生的家长本身缺少高等教育经历，因此对子女的发展缺少规划，造成高中生继续求学的动力不足。这也在一定程度上说明，如果农村青年决定接受高等教育，通常会选择社区学院或其他同等学力教育机构，而不是大学②。此外，学生所处地区的经济环境也会直接影响他的求学选择。在阿尔伯塔省和萨斯喀彻温省的许多农村地区，低端的劳动力市场成为高中生辍学的根源之一。只要愿意在油田或建筑行业工作，无论是否具有高中文凭，年轻的新工人都可以维持相对高标准的生活，大量对学历没有要求的高薪工作吸引着学业不佳和低收入家庭的高中生，致使他们过早放弃求学的愿望。在曼尼托巴省和阿尔伯塔省的农村地区，高中辍学率高达20%。

最后，学生的高中教育经历也影响到学生对高等教育的选择。许多农村地区的高中课程在深度和广度上远不及城市高中，而且也没有城市高中所开展的提高性课外活动，农村学生参加全省或全国性活动的机会也比城市学生少得多。此外，学生的农村身份还意味着他们接触高科技的机会比较少，与

① Marc Frenette，Access to College and University：Does Distance to School Matter?，Canadian Public Policy，2004，No. 12.

② Dale Kirby，Dennis Sharpe，An Examination of Rural Secondary Students' Post-Secondary Education Decisions，Canadian Journal of Career Development，2010，No. 11.

城市同龄人相比，他们眼界不够开阔。相比之下，城市学生学习的课程内容更为丰富，学习资源更为充沛，他们也比农村的同龄人更能认识到高等教育经历对日后求职的意义。有些农村学生尽管希望接受中等后职业教育，例如机械师培训，但其所在地区的院校却无法为学生提供职业发展和训练所需的基础设备，因而想在此方面有所作为的学生没有机会继续接受中等后教育培训，他们毕业后不得不直接进入劳动市场。

三、加拿大扩大农村学生高教入学机会的政策分析

（一）优化农村地区的高校布局

加拿大发展农村高等教育的政策是全方位、立体化的，其中政府层面发挥了主导作用。首先，联邦和各省政府都对发展农村高等教育给予了积极财政支持和经济资助。针对部分农村地区缺少中等后教育机构的问题，政府拟投入资金建立与当地经济发展和产业结构相匹配的职业技术学院，便于学生就近入学，在学成后及时补充当地的劳动力市场。

（二）提升农村地区的高中毕业率

为了促使更多的农村学生接受高等教育，各省除了提供经济资助外，还采取积极措施改善农村高中教育质量，减少农村学生的高中辍学率并相应提高其高等教育入学率。不列颠哥伦比亚省要求学校从 11 年级开始就把高中毕业要求告知高中生及其家长，此外，农村地区的高中还定期公布高校招生信息以及劳动力市场的短缺工作岗位，指导老师要把这些信息有针对性地告知学生本人。如果必要，甚至要为学生量身制定适合本人的课程方案；萨斯喀彻温省要求农村高中建立学生跟踪档案，尤其关注土著学生的学业成功。教育工作者与土著领导者共同致力于缩减土著学生与非土著学生之间的学业差距；在爱德华王子岛，政府要求有辍学危险的农村高中生在当地的一所学院接受为期六周的相关课程学习；为了减少由于高中生兼职而导致辍学，一些省采取了非常激进的措施，最值得一提的就是新布伦斯维克省把 18 岁作为高中毕业的最低年龄，并在法律上禁止高中生在上课时间做兼职。由于该政策非常得力，其他几个省也意欲采取相同措施①。

① Marlyn Chisholm, Boosting Educational Attainment in Western Canada, http://cwf.ca/_webapp_1086905/boosting_educational_attainment_in_western_canada.

（三）特定专业招生对农村学生进行倾斜

除了各级政府，高校层面也制定了专门针对农村学生的差别性待遇政策，鼓励大学与农村高中建立联系，并在特定专业的录取中向农村学生倾斜。例如，医学专业关系到整个国家的医疗服务和国民健康，为了缓解医学院农村生源短缺问题，加拿大农村医生协会和加拿大医学协会与各大学医学院采取了一些积极的措施，鼓励农村学生接触医学院的学生和当地医生，鼓励各医学院在其健康科学课程中引入与农村相关的内容，建立咨询和指导体系来帮助农村高中生了解医学专业，并协助他们申请医学院；特别是在录取程序上加大了对农村学生的倾斜力度，采取的策略包括：吸纳农村医生和社区成员进入录取委员会，让他们参加对农村学生的面试，确保农村学生在整个录取过程中不受到不公对待，在考量申请者的高中成绩和医学院入学考试分数时要照顾农村学生，最终录取时要确保一定数量的农村生源名额①。

（四）对农村学生进行经济资助

政府还采取建立专业奖学金、减免学费、提供助学金等多种方式减少农村学生的经济压力。在曼尼托巴省，对于达到贷款条件的中低收入家庭的大学生，政府设有专门的补助。对低收入家庭的学生，政府每月补贴 250 加元，一学期最多 3 000 加元的助学金；对于中等收入家庭的学生，每月补贴 100 加元，每学年最多 1 200 加元；对于有子女需要抚养的大学生，政府每月为每个子女提供 200 加元的补贴。而来自农村的大学生除了可以享受以上的补助外，还有额外的补助。曼尼托巴省为农村大学生提供每学年 600 加元的补助，以便补贴其大学学费②。

四、加拿大扩大农村学生高教入学机会的政策意义

加拿大扩大农村学生高教入学率的政策有助于缓解加拿大高等教育发展不平衡的现状，而且，在现阶段发展农村高等教育还具有迫切的现实意义。加拿大正在步入老龄化社会，出生于二战后婴儿潮阶段的人口面临退休，而

① James Rourke，Strategies to Increase the Enrolment of Students of Rural Origin in Medical School：Recommendations from the Society of Rural Physicians of Canada，Canadian Medical Association，2005，No. 1.

② Funding full-time students，http：//www. gov. mb. ca/educate/sfa/pages/ourprogram/funding. html.

高中生的总体毕业人数却在不断萎缩。与此同时，经济社会发展对高层次人才的需求日益增加，根据加拿大学习委员会的数据显示，需要高学历的工作岗位每年都在上涨，在未来十年内要求高学历的工作将占全部工作数量的三分之二。如果要满足未来的劳动力需求，需要大量具有高等教育学历的人才补充劳动力市场。这些现实问题迫使加拿大政府不得不把注意力放在增加弱势群体的高等教育入学率上，占相当比例的农村人口成为政策的重点扶持对象。毕竟加拿大的经济发展有赖于全体国民的知识和能力，通过接受高等教育提升人力资本，劳动力才能更具生产力，从而创造更多的产值。这些经济方面的美好前景促使政府、高中和高校联合起来为发展农村高等教育而努力。

五、加拿大扩大农村学生高教入学机会的政策启示

高等教育的均衡发展是高等教育民主化和普及化的必然趋势，是公平诉求在高等教育层次的体现。他山之石，可以攻玉。加拿大扩大农村学生高教入学机会的政策为我国解决类似问题提供了有益的借鉴。我国的高等教育毛入学率用了不到十年的时间从 1990 年的 3.4％迅速提高到 2004 年的 19％，这标志着我国高等教育已经进入大众化阶段。但是“高等教育大众化不仅意味着高等教育人口绝对数的增加，而且还意味着受过高等教育的人口在地区间、城乡间、阶层间的发展平衡。而现实情况是：高等教育发展差距在进一步拉大”①。我国不同地区的高等教育在资源分布、经费投入、办学质量等方面均存在失衡问题，东部与中西部差异巨大，城乡二元结构矛盾突出。

在影响我国高等教育公平的诸多因素中，城乡差别位列其首，农村学生的高校入学机会仍然远远落后于城市学生，而且这种差别开始“从总量的、宏观的不均衡，转为隐性的、更深的层面。它主要体现为城乡学生在高等教育系统中的分布。农村学生主要集中在相对薄弱的地方院校，主要分布于农林、军事、教育等收费较低的学科，他们中许多人处于贫困状态”②。在高等教育大众化的今天，高昂的学费每年都使一些出身寒门的农村学生止步高等教育。另有许多研究表明：自本科收费以来，重点大学生源中来自农民阶层的比例呈下降趋势；农村子弟多分布在普通院校和大专院校，重点大学和

① 袁振国：《缩小差距——中国教育政策的重大命题》，《北京师范大学学报》（社会科学版）2005 年第 3 期。

② 《对话：高等教育如何实现公平》，《人民日报》2005 年 2 月 21 日第 11 版。

优势学科则多以来自各种干部家庭的子女为主；高等教育规模的扩大并没有从根本上改变我国高等教育升学机会分布中存在的城乡二元结构，农村生源的比例依然处于20%的水平；在不同类型的高等教育机构中，高等职业技术院校的农村生源相对较为集中，在高等教育扩招的背景下，农村学生仅是在专科层次获得了更多的高等教育机会①。这些研究结果均说明：农村人口在高等教育方面正在被逐渐边缘化，城市优势阶层与农村弱势群体的子弟在高校招生中存在明显阶层差距。对此，要求我国在制定高等教育政策时必须采取积极差别待遇的做法，追求公共资源的最优配置，实现公平与效率的最大化。

第三节　崛起的力量：加拿大女性学生的高校招生考试政策

一、加拿大女性参与高等教育的历程回顾

（一）排斥期：宗教教义与世俗观念下女性高等教育的缺失

按照基督教的教义，“妇女在会中要闭口不言，像在圣徒的众教会一样，因为不准她们说话。她们总要顺服，正如律法所说的。她们若要学什么，可以在家里问自己的丈夫，因为妇女在会中说话原是可耻的”②。按照解经家们的说法，这是因为当时的妇女大多未受过教育，所以《圣经》强调妇女在教会中不宜过多发言以避免造成聚会秩序混乱。宗教与世俗的内外教化导致受教育机会上的男尊女卑。

“至少从19世纪中叶开始，人们公认，既向男士也向女士提供参与高等教育的机会是很重要的。”③ 但是对于两性接受高等教育，社会赋予的期望是完全不同的。一份1871年的文献表达了这样的观点：男性接受高等教育

① 鲍威：《未完成的转型——普及化阶段首都高等教育的人才培养与学生发展》，《北大教育经济研究》（电子季刊）2010年第3期；钟莉、刘少雪：《改善农村高等教育的政策建议》，《复旦教育论坛》2006年第6期；李淮艳：《我国高等教育均衡发展：问题与对策》，《黑龙江高等研究》2007年第3期。

② 《圣经—哥林多前书》。

③ 格兰·琼斯：《加拿大高等教育——不同体系与不同视角（扩展版）》，林荣日译，福建教育出版社，2007年，第196页。

是为了获得较高的社会地位，或是为了将来进入某种高级职业做准备；与之不同，除了少数女性上大学是为了将来做教师之外，绝大多数年轻女性上大学是为了掌握所谓的高级文化（a higher culture），上大学仅仅是一种提高自身修养的手段，这也是为了让她们能够日后在社会上更好地扮演女性的角色。甚至是妇女教育的从业者也认同这种观点。在蒙特利尔妇女教育协会（the Ladies' Educational Association of Montreal）1871 年的入学演讲中，校长道尔森（Dawson）告诉女学生不要期望成为律师、医生、政治家，甚至是教师，而是成为未来的妻子和母亲，正是这两种角色凸显了女性接受高等教育的重要性。男性的杰出品质都可以追溯到他母亲那里，做母亲的职业和艺术是所有职业中最为高贵和影响深远的①。男性和女性在接受高等教育目的上的差异也导致了两者未来的不同走向，大量出身卑微的男性可以借此改变自身处境，获得受人尊敬的职位，而来自同样阶层的女性却很少会有这样的期望。

（二）破冰期：女子高等教育先行者的勇敢尝试

当时社会上的固有偏见认为，女性的能力不足以应对高级的智力活动。然而，女性在高中阶段已经证明了自己，她们的学业表现经常超过男性，显示了她们的学术潜力。此外，受过教育的女性能够为中产阶级社区带来的文化改良作用进一步说服了先前怀疑她们的人，美国大学录取女性的成功先例也促使加拿大高校采取相似的措施。从经济上讲，加拿大的大学逐步意识到录取女生能够给它们带来的经济利益。在以上多种原因的作用下，女性上大学的现象逐步为公众接受②。1875 年新不伦维克省的蒙特爱立森大学经过商议后才首次同意给一位女生发放本科学位证书③。截至 1880 年，加拿大所有英语区高校都开始公开招收女生，但并非所有专业都向女性开放。然

---

① LL. D. Dawson, Thoughts on the Higher Education of Women, Nature, 1871, pp. 10-26.

② Paul Axelrod, The Character of Canadian Higher Education: A Historical Perspective, Marcelo A. Romanello edited, Perspectivas CrÍticas Desde El Siglo XXI Sobre La Educación En Argentina Yen Canadá, Gráfica-G. Press, 2006, p. 132.

③ Bellamy L. A and N. Guppy, Opportunities and Obstacles for Women in Canadian Higher Education, Gaskell J. S and A. T. Mclaren, Women and Education (Second Edition), 1991, pp. 170-190.

而，直到 19 世纪末 20 世纪初，大学和其他教育机构在招生时仍然无法实现男女平等①。

尽管女性上大学终于得以解禁，但人数极为有限。到 1890 年共有 23 位女性被 9 所教育机构授予学位，而仅在 1890 年就有 803 位男性被 19 所大学授予学位②。令人鼓舞的是，加拿大女性在高校的人数在 1900 年占到 11%，考虑到当时社会上很多人对妇女进入高等学习的神圣殿堂持反对意见，这个比例的确是个阶段性的胜利。

在女性高等教育的破冰阶段，教育资源颇为丰富的魁北克和安大略省做出了勇敢的尝试。在公众还为是否应该给予女性和男性同等的高等教育入学权利争论不休的时候，蒙特利尔的女性于 1871 年悄无声息地组织了一个协会，聘任了教师，开设了文学、科学和艺术等方面的高深课程。到了 1876 年该协会拥有 125 名成员，她们多是蒙特利尔才智超群的女性，其中绝大多数都能通过严格的课程考试③。安大略省的女王大学也是加拿大最早接收女学生的大学之一，即使在国际上，也是此方面的先行者。早在 1869 年，该校的克拉克·莫雷（Clarke Murray）教授就开始为妇女专门开设英语课，由此开创了一个新的纪元。这比多伦多大学和牛津大学的女子教育还要早。起初，女王大学实行男女学生隔离制度，女学生不能正式在大学注册，也无法获得学位，这种局面在 1876 年得到改观，女性获准与男性一样注册某些课程。到了 1878 年，该校文理学院的所有课程均向女性开放，第一位进行注册的是当地一名女教师。对于大学是否该向女性开放，女王大学内部也存在很大争议，有些教师持支持的态度，而也有部分教职工对此有不同看法，他们认为女性的温柔、优雅和美丽不宜被暴露在粗俗的环境和尘世的苦楚与喧嚣中。最终文理学院顶住了压力，许多教师也逐步改变了他们的看法。然而

---

① Paul Axelrod, The Character of Canadian Higher Education: A Historical Perspective, Marcelo A. Romanello edited, Perspectivas CrÍticas Desde El Siglo XXI Sobre La Educación En Argentina Yen Canadá, Gráfica-G. Press, 2006, p. 132.

② Bellamy L. A and N. Guppy, Opportunities and Obstacles for Women in Canadian Higher Education, Gaskell J. S and A. T. Mclaren, Women and Education (Second Edition), 1991, pp. 170-190.

③ Education of Women in Canada, Forest and Steam: A Journal of Outdoor Life, Travel, Nature Study, Shooting, Fishing, Yachting, 1876-12-28.

在医学专业，女学生却受到排斥。女王大学的医学专业在1880年开始接收女学生，此做法招致部分男学生的强烈不满，他们带有敌意地嘲笑女生，并以全体退学来威胁学院，考虑到学院的生存面临严峻挑战，院方不得不正式清退女生。1883年医学院的女学生全部受到驱逐，随后不久，一些同情这些女生遭遇的人士专门建立了女子医学学院，该学院在成功运行一段时间后出现生源危机，这是因为有意从医的女性越来越多地选择多伦多和蒙特利尔的医学院，于是这所女子学院终于在1893年停止办学。直到1943年女王大学医学院才重新开始招收女生。其他学院大部分也都是在二战前后才开始招收女生。神学院于1940年、工程与应用科学学院于1942年才有了第一位女学生。进入五六十年代后，随着民主运动和女权运动的兴起，加拿大高校开始全面招收女生①。

（三）上升期：女性接受高等教育作为一种民主权利

两次世界大战虽然是灾难性的，但却在客观上促进了高等教育的发展，特别是为女性进入大学创造了机会。加拿大的女性抓住了这个机会，尽管在整个二十世纪，她们都不得不为自己接受高等教育的合法性做辩护。

一战改变了加拿大大学里的性别比例。由于许多大学生和高中生应征入伍，致使校园一度变得空荡荡，客观上为大学招收更多的女生创造了条件，战时高校的女生人数一路攀升，人们戏谑，人数的转变使大学变成了妇女学院（ladies college）。一战之后女性在大学的地位得到了巩固，在学位完成率和学业成就方面，女性甚至优于男性。1925年至1926年间，女性占了所有大学毕业生的21.2%，而当年被授予学位的女学生占总数的26%，换言之，女性获得本科学位的比例高于她们的入学比例，她们比男性同学更能顺利毕业。这种注册人数和学位授予数的不平衡并不是个别现象，在其他年份也有发生。

到了二十世纪二三十年代，塑造中产阶级成为加拿大大学的核心任务。它们主要招收来自职业人士、商业人士和白领阶层家庭的学生，在世人的眼中，大学的功能就是培养学生为获得未来受人尊敬的职业和社会地位做准备。1939年二战的爆发再次打乱了校园的生活秩序。中学和大学的男生必须参加军训，而女学生则参加红十字会的活动。二战后，作为对建立正义社

① Admission of Women at Queen's，http：//www.queensu.ca/encyclopedia/w/womenatqueens.html.

会的落实，高等教育大众化和民主化进程中，女性获得了与男性平等的高等教育受教权利，经过多年的争取，女性最终成为高等教育的受益者①。

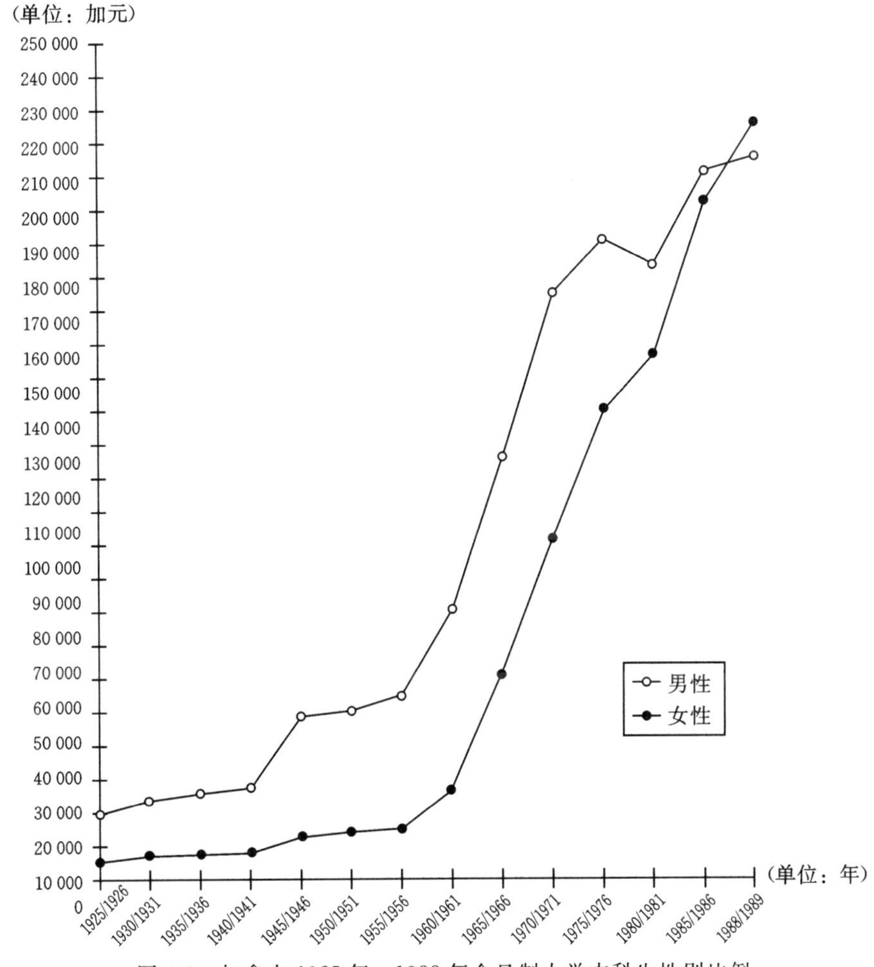

图 4-1 加拿大 1925 年—1988 年全日制大学本科生性别比例

资料来源：加拿大统计局，转引自 Women in Canadian Higher Education，p. 168。

在二十世纪上半叶，加拿大女性高等教育获得了巨大的发展，女性对自己接受高等教育的看法也在这期间几经变化，“在二三十年代，女性不断维

① Jane Gaskell，Arlene McLaren，Women and Education (2nd Edition)，Detselig Enterprises Limited，1991，p. 187.

护自己接受高等教育的权利，声称对单身女士而言，高等教育能够让她们对社会有用，经济独立。到了四五十年代，女性宣扬这样的观点，即接受过良好教育的女性能够更好地迎合她们丈夫的兴趣，无论她们是全职主妇还是兼职的职业妇女。在六十年代以前，女性接受高等教育的作用仍然被局限在其社会角色上。而实际上女性追求高等教育的原因应该是与男性相同的，那就是至少在结婚前能根据自己的资质和喜好来成功就业”①。在这半个多世纪，女性原先只能从社会和家庭的视角为自己上大学的合理性进行辩护，而五十年代之后，伴随着女性自我意识的觉醒，她们开始为自己代言。加拿大高校在不同时期的学生性别比例变化也证明了这些变化。

从统计数字看，女性接受高等教育的比例自六十年代以来显著增加。到了六七十年代，更多的女性参与到高等教育。“六十年代中期，女学生约占高校学生的三分之一，从 1969 年至 1983 年，就读专业课程如法律、医疗、工程的女生比例从 15%增至 49%。社区学院使社会经济地位较为低下的人群入学率大大增加，如妇女及少数民族人口，包括那些过去没有机会受教育者的子女也可以接受中学后教育。以妇女为例，根据 1990 年—1991 年统计，社区学院全日制在校生 32.43 万人，其中女生 17.59 万人，占 54.23%，社区学院非全日制学生 11.47 万人，其中女生 7.2 万人，占 62.92%，社区学院学生，不论是全日制还是非全日制，女学生都占多数。”②

在 1980 年至 1989 年的九年间，加拿大大学生人数剧增，很大程度上是女大学生人数增加所带来的。尽管从人口发展趋势看两性比例相当，但上大学的男女生比例却差别很大。1989 年 18～21 岁的女大学生人数比同年龄段的男大学生人数多 4%，而两者的人数在 1980 年是一样的。1989 年，全日制女大学生的人数有史以来第一次超过男学生，这与 1980 年形成鲜明对比，当时的全日制女生比男生少 4 万名。此外，非全日制的女大学生人数也在这十年间稳步增长，而男大学生人数的增长微乎其微，以至于 80 年代末的女大学生占非全日制学生 62%的比例。其间，女生在研究生程度的教育也显著提升，特别是在博士学位阶段，尽管在科学、应用科学和工程等领域，女生的比例明显少于男生③。

---

① Lee Stewart，Women at UBC in the Early Years，University of British Columbia Press，1990，p. 125.

② 曾子达：《加拿大社区学院》，北京大学出版社，1994 年，第 64 页。

③ Association of Universities and Colleges of Canada，Trends：the Canadian University in Profile，Research and Policy Analysis，Ottawa，1991，p. 2.

二、加拿大女性参与高等教育的原因分析

（一）高中教育普及

义务教育在加拿大的历史较为悠久，早在1871年安大略省就率先通过义务教育立法，规定7～12岁的儿童每年必须上学的时间不得少于四个月，1891年又将入学年限修改为8～14岁。随后其他省也通过了相关立法，到了20世纪初，加拿大绝大多数省都规定了义务教育年限。尽管男女生都有义务完成最低学习年限，但义务教育结束之后，男女生的选择开始分化。女生在完成中等教育后通常不会再去上大学。例如，在不列颠哥伦比亚省1929—1930学年，女生占小学总人数的48%，中学人数的54%，然而，同一学年女学生在加拿大所有大学的注册率仅为23.5%。有相当数量的女学生没有进入高中学习，继而丧失了进入大学的机会。到了20世纪中后期，各省相继延长了法定的离校年龄，大部分省规定学到15或16岁时才能离校。2000年新不伦维克省将最低离校年龄改为18岁①。

延长义务教育的趋势使更多学生进入高中学习。根据加拿大统计局1990年的统计，1950—1951学年仅有50%的16岁学龄人口在学，到了1988—1989学年，93%的16岁学龄人口在学，其中的性别差异几乎不存在。随着高中到大学的升学率上涨，性别差距在下降。高中生的升学率从1978—1979学年的44.5%增至1985—1986学年的53.2%。在1978年女高中毕业生的大学升学率（22.1%）低于男高中生的（28%），女生的学院升学率（19.7%）几乎与男生（19.6%）持平。到了1985年，女高中生的大学升学率增至29.2%，几乎追平男生的29.5%。女生的学院升学率为24%，男生为23.7%②。

在加拿大历史上，婴儿潮持续了整个1950年代和1960年代早期，于1959年达到巅峰，当年的出生人口数量空前。到了70年代晚期，这一批适龄人口到了上大学的年龄，高校的扩招在所难免。接受高等教育的女性人数自60年代以来一直不断上涨，越来越多的女性在大学、社区学院和远程教

① Philip Oreopoulos, The Compelling Effects of Compulsory Schooling: Evidence from Canada, Canadian Journal of Economics, 2006, Vol. 39, No. 1.

② Anne Innis Dagg, Patricia J. Thompson, MisEducation: Women and Canadian Universities, OISE Press, 1988, p.166.

育机构进行着全日制或非全日制的学习。

（二）人力资本理论创立

20世纪60年代，美国经济学家舒尔茨（Thodore W. Schults）创立人力资本理论（Human Capital Theory），开辟了关于人类生产能力的崭新思路。该理论不再将资本的范畴局限在物质产品上，开始重视体现在人身上的资本，即人力，认为可将其与土地、金钱一样投资于经济生产上。在该理论看来，教育具有提高人力素质的功能，对人力进行各种教育培训能够充实个人能力，学习期间的支出和机会成本等付出会转化为蕴藏在个人身上的知识和能力，进而增加个人的就业机会和薪资。这一理论成功地解释了教育与就业市场间的关系，使政府和个人对教育的投资回报率充满信心。人们把上大学视为一种自我投资，会就读书的相关成本（学费、失去的工资）和收益（未来的收入）进行经济学上的计算。如果期望获得适当的投资回报，就必须购买高等教育。

在六七十年代的加拿大，民主运动、女权运动裹挟着人力资本理论迅速唤醒了无数女性对高等教育的求学渴望，特别是来自中下阶层的年轻女性，期盼能够通过接受高等教育改变自身的命运，获得向上层社会流动的机会。

（三）女权运动兴起

在促进女性参与高等教育方面，另一个值得一提的就是女权运动的影响。女权运动是近代资产阶级工业革命和十七八世纪启蒙思想的直接产物，其最初的目的就是争取与男子平等的权利，以改善妇女的社会地位和生活境遇。加拿大历史上的几次女权运动浪潮极大地推动了女性对高等教育的参与。“经过这一运动的洗礼，女性学会了如何充分利用现有的机会，迫使高校对课程进行重组，以便为女性提供更多的专业选择。”①

加拿大和美国第一次妇女运动浪潮都是在19世纪中叶开始的，分两个阶段：争取日常生活中比较具体的平等权利，以及争取妇女的选举权。加拿大第一个女权组织是1876年由加拿大第一位女医生艾米莉·霍华德·斯托成立的多伦多妇女文学俱乐部（The Toronto Women's Literary Club）。该组织因在初建时怕遭诽谤，所以冠以“文学”二字，但实际上是加拿大第一

---

① Jane Gaskell, Arlene McLaren, Women and Education (2nd Edition), Detselig Enterprises Limited, 1991, p. 187.

个争取妇女权益的协会，并于 1883 年正式改为多伦多争取妇女选举权协会，这也就是早期加拿大女权运动第一次浪潮。这次女权运动确实为妇女争取到了一些真正的权利，比如教育方面，到十九世纪末，加拿大大学都开始对女子开放，社会上有些历来为男性把持的职业也开始接纳女性；二十世纪六十年代掀起了加、美女权运动的第二次浪潮。促成第二次浪潮出现的因素有政治方面的变化，如提出了福利国家。也有经济方面的变化，如经济主体从制造业转向了第三产业。还有社会文化方面的诸多变化，如生育高峰的出现以及家庭结构的变化。加拿大联邦政府也于 1967 年成立了皇家学会妇女地位调查委员会。这个委员会的报告在 1970 年公布后，引起了很大的震动。报告所揭示的内容使妇女惊奇地发现排斥妇女、无视妇女存在的现象太明显、太严重了。两个报告中各种翔实的资料一再表明：如果把女性的状况同男性的状况进行比较，很明显女性总处在不利的地位。女性在教育、深造、就业、提升等方面的机会远不如男性的多，性别不平等确实是无处不在的普遍现象①。

在女权组织的推动和政府的重视下，在七八十年代的加拿大，“性别”问题成了最热门的话题之一，1970 年皇家委员会就妇女地位做了报告，认为教育为实现几乎每一个生活目标都创造了可能性，然而，女性却被剥夺了平等的受教育权利。当时的书店和图书馆为性别研究设立专门书架，妇女书店也如雨后春笋大量出现。研究性别问题的论文和专著层出不穷，大学课堂上讨论着妇女运动中出现的最新社会问题和政治问题，研究着社会生活中男人与女人的地位问题②。既然学习年限在决定一个人的职业命运和收入方面发挥着巨大的作用，受教育权利就是最重要的前提。这些社会舆论为女性参与高等教育创造了有益的外部环境。在整个 20 世纪后半期女性参与高等教育发展迅速，从 1960 年到 1970 年间，加拿大全日制女大学生的人数则增加了 240％。

三、加拿大女性参与高等教育的发展现状

自 90 年代初至今的 20 余年间，女性在教育方面取得了巨大的进步。20 年

① 赵慧珍：《加拿大、美国女权运动历史发展比较研究》，《历史教学》2009 年第 2 期。

② 赵慧珍：《加拿大的女权主义社会学》，《兰州大学学报》（社会科学版）1997 年第 4 期，第 25 页。

前，年龄在 25 至 54 岁的女性中仅有很少比例的人能够接受中等后教育。如今的情况则是今非昔比。教育指标显示：女性通常比男性学习更好。这种成绩差距在早期就体现出来，中小学阶段的女生通常比男生的成绩更好。在高中阶段，女生获得毕业证书的比例更高，辍学人数也更低。在高中结束后，进入高校继续深造的女生人数高于男生。在高校中，最终获得文凭和学位的女生人数也高于男生。

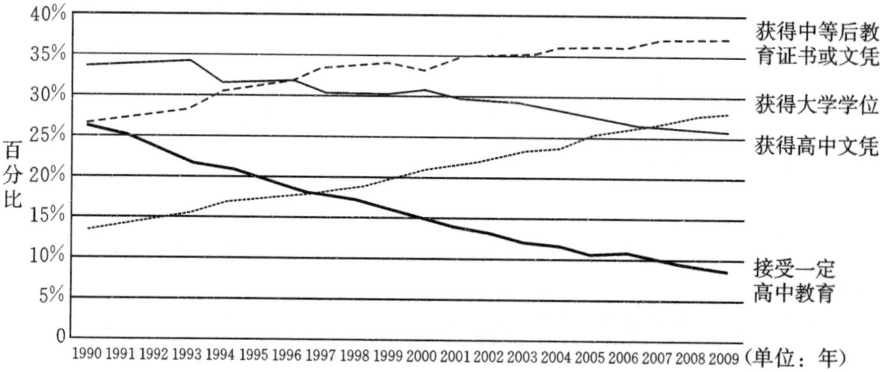

图 4-2　加拿大 25～54 岁女性在 1990 年—2009 年最高教育成就分布图

资料来源：加拿大统计局，《1990—2009 年劳动力调查报告》，转引自 The Social and Aboriginal Statistics Division of Statistics Canada，Women in Canada：A Gender-based Statistical Report，2011，Dec.。

就上表而言，接受一定高中教育是指升入高中后由于多种原因无法完成高中学业而中途退学的女性，她们无法获得高中文凭（high school diploma)；获得中等后教育证书或文凭是指在高中毕业后在社区学院、职业技术学院等各类学院层次接受教育或培训的女性整体比例，她们中有的人获得了大专文凭（diploma)，而有的人获得了培训证书（certificate)；在这四类教育成就中，大学学位（university degree）是最高级别的。在 1990 年，25 至 54 岁的女性中大约有 1/4 没有高中毕业文凭，她们中仅有 14%的人拥有大学学位。20 年后，情况发生了根本的逆转。此年龄段的女性中获得学士或研究生学位的人数翻了一番，在 2009 年达到 28%。没有修完高中的女性比例则大幅下降，由 1990 年的 26%降至 2009 年的 9%。女性不仅在本科教育阶段实现了人数的大规模增长，在硕士和博士教育阶段也有巨大突破，尽管在博士学位教育阶段的人数仍低于男性。

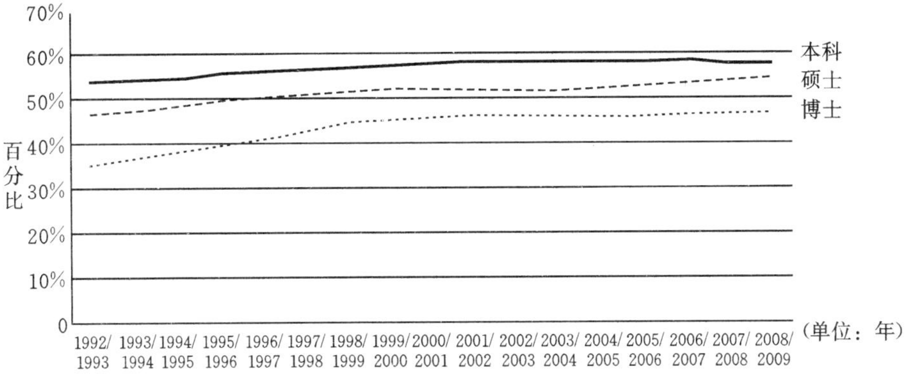

图 4-3　加拿大自 1992—1993 学年至 2008—2009 学年全日制女大学生占注册学生比例

资料来源：加拿大统计局，1992—1993 学年至 2008—2009 学年中等后教育学生系统信息，转引自 the Social and Aboriginal Statistics Division of Statistics Canada，Women in Canada：A Gender-based Statistical Report，2011，Dec.。

从上表看出：自 90 年代早期，女生占大学本科专业全日制注册学生的大多数，女生在大学毕业生中的比例自 2001 年开始超过 60%，2008 年有 62%的大学本科生都是女性。值得一提的是，在过去的 20 年里，伴随女性入学数量的增加，在加拿大的高校碰巧还发生了一些其他的变化。在高校女性人数扩张的同时，政府对高校的财政投入也在紧缩。此外，与六七十年代的爆发式增长相比，高等教育学位的价值在这 20 年间也有所贬值。尽管学位和文凭的经济价值开始萎缩，女性对高等教育的购买力有所减弱，但在当下的知识经济社会，接受高等教育已然成为进入就业市场的通行证，因此，在高等教育普及阶段，女大学生的人数还将持续增加。

加拿大统计局 2011 年的全国范围的调查恰好印证了这个发展趋势。从 25 岁到 64 岁的加拿大人口中拥有大学学位或专科文凭的比例从 2006 年的 60.7%上升到了 64.1%。25 岁到 64 岁的加拿大女性中有 64.8%受过高等教育，获得大学或专科学校文凭，同一个年龄段的加拿大男性的比例为 63.4%。而 25～34 岁年龄段拥有学位的女性高出男性 10 个百分点。这些数字说明女性接受高等教育取得了长足的发展。

四、加拿大女性参与高等教育的现实问题

女性的入学机会持续增加，但是障碍也依然存在。由于加拿大就业市场的传统性别界限仍然存在，大部分女性选择行政助理、护士、教师等传统的

职业，工程师、企业经理这些行业仍然由男性主导。受行业偏见及自我认知等多种因素影响，女性入学机会的增长通常仅限于某些学科和专业，并不是所有专业领域的均衡增长，如下表所示：

表 4-1　加拿大 1992 年与 2008 年的女大学毕业生就读专业分布比例

学习专业领域	1992 年（%）	2008 年（%）
建筑、工程及相关服务	17.5	22.2
数学、计算机及信息科学	35.2	30.4
个人服务、防护服务及交通服务	18.2	44.9
商业、管理及公共行政	51.4	53.0
农业、自然资源及保护	36.7	55.9
体育与生命科学及科技	45.6	57.3
人文学科	63.7	64.3
视觉与表演艺术、传媒科技	65.9	66.5
社会及行为科学、法律	59.3	67.0
教育	72.6	76.1
健康、公园、娱乐及健身	68.0	77.0
其他教学专业	73.6	69.4
总计	56.4	60.0

资料来源：加拿大统计局，1992—1993 学年至 2008—2009 学年中等后教育学生系统信息，转引自 the Social and Aboriginal Statistics Division of Statistics Canada，Women in Canada：A Gender-based Statistical Report，2011，Dec.。

通过表 4-1 可以发现：女性在大学层次许多专业领域的参与程度都与男性持平甚至略高。在个别专业，女生占压倒性的多数，例如，教育专业和健康科学专业的毕业生有 3/4 为女性，在人文学科、视觉与表演艺术、传媒科技、社会及行为科学、法律等专业，女性毕业生的比例大约占 2/3。然而，尽管过去了将近 20 年，在建筑、工程及相关服务专业的女大学毕业生比例仅增加了 4%，由 1990 年的 18%增至 2008 年的 22%。在数学、计算机与信息科学专业，女大学毕业生的比例甚至由 1990 年的 35%下降至 30%。这种专业分布不均还存在于研究生层次，女性的机会仍然少于男性。“在从大一到毕业，或到研究生阶段，在每一步学术进阶的过程中，男性的比例都会有所增加。”①

这种专业领域的性别差异已经引起许多组织和机构的警觉，一些专业机构开始采取措施以吸引更多女性的参与。例如，在工程与科学领域女学生与女教师的比例一直很低，对此加拿大自然科学与工程研究委员会（the Natural Science and Engineering Research Council of Canada）在高校专为设立了5个面向女教授的科学与工程女性教席（Chairs for Women in Science and Engineering），旨在提高女性在科学与工程领域的参与度，为其他女性积极参与并投身于科学与工程领域树立典范。委员会认为，高校不仅是教育的场所，也为有些人走上学术道路提供就业机会。因此，高校在吸引、培训和挽留女学生成为专业的科学家和工程师方面能够发挥重要作用②。此外，该委员会还深入部分高中展开了活动，期望提升女生对科学与工程学习的兴趣。这些措施的效果还有待观察，因为吸引女性参与男性主导的传统学科还受到其他因素的影响，例如社会的偏见、女性的自我认知、就业市场的性别歧视、女性在这些行业的上升空间、两性的同工不同酬问题等，实现女性在这些专业的平等参与将是个漫长的过程。

第四节 全球性竞才：加拿大国际学生的高校招生考试政策

一、加拿大高校招收国际学生的优势

（一）优质的高等教育资源

在所有发达国家中，加拿大的教育支出占国民生产总值的比例较高，其教育质量得到世界公认。在高等教育阶段，加拿大的大学几乎全是公立，学院也大部分是公立的。同时，加拿大对院校教育质量管理非常严格，是公信

① Jane Gaskell, Arlene McLaren, Women and Education (2nd Edition), Detselig Enterprises Limited, 1991, p. 187.

② Trudy Smit Quosai, etc., Defining Equity Indicators for Benchmarking Women's Participation in Science and Engineering Faculties across Canada, Women in Engineering and Technology Research Prometea International Conference, Paris (France), 2009, Draft.

度最好的国家之一。加拿大大学的教学和科研质量在世界上久负盛名，诸如多伦多大学、麦吉尔大学等高校更是蜚声国际。

得益于高质量的教育水平、发达的经济、特殊的历史背景和地理分布，加拿大能够为国际学生提供一个既安全又具有多元文化特色的学习环境，学生们可以选择学习英语或法语。此外，国际学生还可以在学习期间做兼职工作，并且在学成之后申请加拿大正式工作。

（二）充足的高等教育体量

近十年来，加拿大的国际学生人数一直在上升。在高等教育阶段，2001 年的国际学生入学率为 4.2%，2009 年加拿大各类高校的国际学生人数达到 10 万，占全国大学生人数的 6.6%，略低于 OECD 国家 8.0%的平均水平。2010 年加拿大各类高校的国际学生人数占全世界的 4.9%，位列美国、英国、澳大利亚、德国和法国之后①。在国际学生持续增长的同时，随之而来的另一个问题是：众多的国际学生是否会影响本国高校的教育容量？为了更好地解答这一问题，加拿大外交与国际贸易部（Foreign Affairs and International Trade Canada）专门委托启智咨询公司（The Illuminate Consulting Group）对此进行多角度的分析。2011 年 11 月该咨询公司发布名为《加拿大接收国际学生入学的能力》的咨询报告，将加拿大置身于全球背景下进行考察，根据国家人口状况和教育参与程度来描述现状，并把整个加拿大的高教容量分为不同省份、学科领域和学位等多个维度进行分解，最后得出结论：加拿大的教育体系还有很大的容量，在确保本国学生就学机会的同时，能够容纳新的国际学生，并保证高品质的教育质量。该研究进一步指出，与澳大利亚、新西兰和英国等国家相比，加拿大的国际学生容量饱和问题并不显著，至少在未来 10 年都不会对高教构成威胁。虽然各省的数据分析结果不尽相同，但都表明不存在容量饱和问题；在一些人口规模较小的省份，高等教育的国际化程度更是有待进一步发展，招收国际学生具有很大的空间；个别大都市以及个别高校的国际学生入学率在加拿大属于领先水平，显示出群集效应（cluster effects），但与世界其他国家相比，该水平并不算罕见；在

---

① Canadian Education Statistics Council，Education Indicators in Canada：An International Perspective（2012-09），http：//www.cmec.ca/Publications/Lists/Publications/Attachments/286/Education-Indicators-Canada-International-Perspective-2012.pdf：65-66.

基础教育阶段，国际学生仅占很小的比例，考虑到加拿大的人口趋势，应该鼓励提高此部分的国际学生入学率；在研究生教育阶段，国际学生的入学率已经超过本科生的入学率，然而还是难以满足加拿大目前和将来的劳动力市场以及创新需求，应进一步提高国际学生和新移民学生的入学率①。

二、加拿大高校招收国际学生的要求

（一）对国际学生的成绩要求

截至2011年，在加拿大高校里的国际学生人数实现了连续16年的增长，全日制的国际学生比2010年增长了11%。1995年的国际学生有2.5万名，到了2011年这一数字升至10万人，其生源来自200多个国家和地区，对加拿大各高校的招生工作带来了挑战。

由于各个国家和地区的教育体制，特别是高中教育内容存在巨大差异，因此，各高校对各个国家和地区的学生设有不同的最低入学要求，而且还有具体到每个院系的特殊招生要求。以西蒙菲沙大学为例，该校网站上罗列了美国、澳大利亚、奥地利、孟加拉、巴西、中国、柬埔寨、埃及、法国、德国、香港、印度、印尼、日本、哈萨克斯坦、马来西亚、毛里求斯、墨西哥、尼日利亚、挪威、巴基斯坦、菲律宾、俄罗斯、沙特阿拉伯、新加坡、韩国、中国台湾、土耳其、英国和越南等30个国家和地区的招生要求。下面将重点分析该校不同院系对中国学生的招生要求。

表4-2　西蒙菲沙大学对中国本科生的招生条件

基本要求	英语	雅思	总成绩在6.5分以上，其中每部分成绩不能低于6分，且成绩在有效期内
		托福网考	总成绩在88分以上，听说读写每部分成绩不能低于20分，且成绩在有效期内
	数理与分析技能	所有申请者都要具备数理与分析技能 以60分为及格线，高二或高三的数学成绩必须达到70分以上	
	高中毕业证书	提交从高一第一学期到高三第一学期共计5个学期的成绩单，将重点考察高三的学术类课程成绩	

① The Illuminate Consulting Group, Canada's Capacity for International Student Enrollment. (2011-11), http://www.international.gc.ca/education/capacity_report-rapport_sur_les_capacites.aspx? view=d.

续表

专业要求	应用科学学院	计算机科学 地理信息科学	高三数学 高三生物、化学或物理中的 1 门
		工程科学、基础科学	高三数学、化学以及物理
	人文社科学院	必须满足基本申请要求，无额外申请条件	
	比迪商学院	会计、企业管理与创新、财务、人力资源管理、国际贸易、管理信息系统、市场、运营管理	高三数学
	传播、艺术与技术学院	传播专业	无额外申请条件
		当代艺术	提交作品或进行试镜
		交互式艺术与技术	高三数学
	教育学院	必须满足基本申请要求，无额外条件	
	环境学院	考古学、地理、地理环境	必须满足基本申请要求，无额外条件
		环境科学、地理信息科学、自然地理	高三数学 高三生物、化学或物理中的 2 门
	健康科学学院	文学士学位	必须满足基本申请要求，无额外条件
		理学士学位	高三数学
	理学院	行为神经、生物科学、生物生理与运动机能学、化学、地球科学、基础科学、生命科学、管理与系统科学、数学、分子生物与生化学、物理、统计与精算	高三数学 高三生物、化学或物理中的 2 门

资料来源：根据西蒙菲沙大学官方招生网站整理。

通过上表可以看出，该大学的招生比较看重申请者的理科学习基础，对数学、物理、化学、生物四个科目的要求比较高。这与该校较为强势的理科研究具有密不可分的关系。

加拿大目前各所大学都承认中国学生的高中成绩、高中学业水平考试成绩和高考成绩。就高中平时成绩而言，高三最后一年的成绩达到平均 85 分以上才具有竞争力。不同专业对分数也有不一样的要求，某些高校的商科或工程专业对中国高中生的数学、物理等科目的平均成绩要求甚至高达 90 分以上，这个录取标准每年会根据申请人数的不同而略有调整；高中学业水平考试在高中生参加高考前已经完成，因此该考试成绩也是各校筛选中国学生的依据之一，学生可以自行提供；目前各高校对学生的高考成绩没有硬性要求，因为许多中国学生在申请学校前并未参加高考。

各类学校对中国学生的学术要求存在差异。医博类大学对国际学生的学术要求非常高；综合类大学中竞争比较激烈的学校通常对学术成绩也有很高的要求；教学类大学的优势学科和热门专业的入学要求也很高；社区学院的学术要求相对较低，所以一些学习基础较为薄弱或语言有待提高的中国学生会先选择社区学院作为过渡，一两年后再申请转学到大学。

（二）对国际学生的语言要求

对于母语不是英语的申请者，除了要提供高中毕业证书和成绩单外，还需要提供英语水平考试成绩，若申请法语授课的院校需提供法语成绩。如申请加拿大的名牌大学，特别是申请热门专业通常要求英语或法语达到中高级以上。一般来说，大学排名越高对语言成绩的要求就越高。

目前加拿大高校认可的英语水平考试有托福、雅思等。加拿大各高校对雅思或托福成绩都有明确的要求。如多伦多大学要求雅思 7 分，托福网考 100 分以上。麦吉尔大学也对国际学生有着严格的语言要求。该校接受多种英语水平考试认证，包括麦吉尔英语水平证书（McGill Certificate of Proficiency in English）、剑桥英语水平证书（Cambridge Certificate of Proficiency in English）、剑桥高级英语证书（Cambridge Certificate in Advanced English）、密歇根大学英语语言测试（University of Michigan English Language Test）、皮尔森英语测试（Pearson Test of English），以及人们较为熟悉的雅思和托福考试。其中雅思的成绩要在 6.5 分以上，对托福考试的成绩要求更为细致，详见下表：

表 4-3　麦吉尔大学最低托福成绩要求

<table>
<tr><th>本科专业</th><th>机考成绩
Computer-based score</th><th>纸笔考试成绩
Paper-based score</th><th colspan="2">网络考试成绩
Internet-based composite score</th></tr>
<tr><td>教育（英语作为第二语言方向）、管理</td><td>250</td><td>600</td><td>100*</td><td rowspan="2">* 指阅读、写作、听力和口语的每个部分至少都在 21 分</td></tr>
<tr><td>农业与环境科学、建筑学、文学、教育、工程、护士、理疗、宗教学习、科学、社会工作</td><td>233</td><td>577</td><td>90*</td></tr>
<tr><td>音乐</td><td>213</td><td>550</td><td colspan="2">79～80</td></tr>
</table>

资料来源：网络资料 http://www.mcgill.ca/applying/admissionsguide/general-requirements/。

如上表所示，该大学是以专业为基础设定语言要求，不同专业对英语水平的要求有所差异，英语教育专业和管理专业要求最高，其他专业略低，但也在 90 分以上。而且这些专业对托福单项考试的成绩要求都在 21 分以上。音乐的英语要求最低，80 分左右即可，而且对单项考试没有具体要求。麦吉尔大学语言标准在加拿大高校具有普遍代表性。因此，对于申请特定专业的学生而言，不论托福总分有多高，如果单项达不到要求，学校都视为不能满足本校的语言要求。对于大部分国际学生而言，优异的平时成绩和语言分数二者兼具才是申请加拿大高水平大学的重要法宝。

三、加拿大高校对国际学生的收费及资助

加拿大高校对本国学生与国际学生执行不同的收费标准，国际学生的学费要大大高于本国学生，工商管理、法律、牙科等热门专业的收费更是数倍于本国学生，同一个专业在不同高校的收费标准也存在差异。下表列出了全日制本科国际学生 2008 年—2013 年间不同专业的平均学费：

表 4-4　全日制本科国际学生 2008 年—2013 年不同专业平均学费（单位：加元）

	2008/2009（年）	2009/2010（年）	2010/2011（年）	2011/2012（年）	2012/2013（年）	涨/降幅
教育	12 688	12 779	13 219	13 550	13 921	↑9.7%
视觉与表演艺术、传媒科技	32 738	14 847	15 587	15 098	15 703	↓52%
人文学科	14 182	15 071	15 900	16 537	17 297	↑21%
社会与行为科学	15 469	15 014	15 750	16 296	17 007	↑9.9%
法律	16 924	18 924	20 487	22 909	24 203	↑43%
工商、管理及公共行政	14 296	15 522	16 349	17 637	18 577	↑30%
物理与生命科学及科技	14 020	16 594	17 546	18 746	19 952	↑42%
数学、计算机与信息科学	15 190	16 781	18 459	18 854	20 631	↑36%
工程	15 587	17 470	18 526	19 526	20 742	↑33%
农业、自然资源及保护	15 574	16 165	17 247	17 780	18 258	↑17%
建筑及相关科技	14 299	15 611	16 286	16 439	17 518	↑23%
牙科	14 323	40 225	40 964	42 057	43 014	↑200%
医学	13 974	34 198	35 422	35 502	36 067	↑158%
护士	37 826	13 747	14 283	14 651	15 345	↓59%

续表

	2008/2009（年）	2009/2010（年）	2010/2011（年）	2011/2012（年）	2012/2013（年）	涨/降幅
药学	13 472	21 936	20 795	27 300	30 098	↑123%
兽医	46 377	47 307	48 262	49 538	50 674	↑9.2%
健康、公园、休闲与保健	47 850	14 950	15 683	16 069	16 783	↓65%

资料来源：Statistics Canada，2012-10-31。

从上表可以发现，自2008年至2013年的5年间，不同专业面向国际学生的学费发生了很大变化，整体体现为上涨趋势，部分专业的学费上涨幅度惊人：牙科200%、医学158%、药学123%；学费上涨幅度在30%以上的专业主要集中在法律、工商管理、计算机、工程等热门专业；值得一提的是，护士等三个专业的学费在2009年大幅下调，随后几年较为平稳。这种现象或与就业率导致的申请人骤减有关。

还需指出的是，上表只是同一专业的平均学费，不同高校对国际学生的实际收费可能低于或高于此平均水平。例如，以工程专业为例，麦吉尔大学2013—2014学年工程学本科生学费执行三个标准：对魁北克本省学生为2 224.2加元，本国学生为6 234.9加元，而对国际学生的学费则高达30 654加元，远远高于上表中20 742加元的全国平均标准。国际学生的学费是本国学生的4.9倍，是本省学生的13.8倍。高昂的学费为高校带来了丰厚的经济收益，然而也引起了一些学者的担忧，真正优秀的学生可能因为高额学费而放弃申请。

为了缓解国际学生的经济压力，加拿大的高校设立了一些面向国际学生的奖学金和助学金。从颁发形式上看，奖助学金还可分为两种：一种是直接提供给学生本人的，一旦申请获准后，奖学金无条件地发给本人；另一种是由加拿大政府提供给某个国家的，属于加拿大援助外国的发展项目。申请者须先向本国政府（或向驻加大使馆）提出申请，由本国机构认可。而且获得这种奖学金的人，要和本国政府签订合同，列入公派项目，在加完成学业后必须回国服务，这种形式主要面向来自发展中国家的学生。第一种形式较为普遍，许多高校都为国际学生设立了专门的奖学金项目，此外许多面向本国学生的奖助学金项目也向国际学生开放，较为常见的有大学入学奖学金和大学校长奖学金。为了吸引学业优异的外国生源，很多大学为本科新生提供入学奖学金，这些奖学金的价值从数百加元到数千加元不等。要符合这些奖学金的资格，学生在高中最后一年的平均分数至少要在 80 分以上。有些大学会根据学生提交的申请材料自动筛选获奖者，但一些大学则要求提出另外的申请；此外，还有的高校在学年结束时授予成绩优秀的国际学生校长奖学金，要获得此项奖学金资格，学生的平均成绩必须在全体学生里名列前茅。为了吸引优秀的国际生源，许多高校都不惜投入重金，麦吉尔大学在 2012—2013 学年对国际学生的各种奖助学金总额超过 700 万加元。

由于国际学生能为加拿大带来巨大的经济收入，并能补充其人口老龄化导致的劳动力缺口，因此吸引国际学生成为该国近年来的一项重要议题。联邦和各省都先后出台了一些旨在吸引国际学生的政策，然而发展国际教育需要联邦和地方不同行政部门的协调合作，这涉及联邦政府、省/行政区政府、外交及贸易部、移民部、劳工部、教育部长联席会以及各个高校。如何协调联邦政府各个部门和地方教育行政部门关于国际教育的各种举措，将成为该国进一步推动教育国际化的一个巨大挑战。所有的国际教育政策建议都为加拿大明日的繁荣勾勒了美好的图景，然而如何达到目的才是最为关键的问题。

本章小结

上述特定学生群体的高校招考政策不仅体现了加拿大政府和高校在高等教育方面的政策调整，也表明了国家的政治、经济和文化政策对高等教育的影响。土著民族遭受过长达半个世纪的同化迫害政策，其固有的文化传统被人为割裂，致使许多土著人在现代社会陷入了深刻的迷茫。由于寄宿学校给土著人造成了极为负面的刻板印象，相当一部分土著人至今仍对现代教育制度存在偏见和抵触，其高等教育普及率低下。三个行政区的经济发展相对落后，联邦政府不得不投入重金维持土著社区的正常运转，这使加拿大政府长年背负着沉重的经济负担。然而，在新的时代背景下，土著人的高等教育却对加拿大有着长远的政治经济意义。土著人口出生率全国领先，这对步入老龄化的加拿大社会意义非凡。加拿大西部的能源产业需要大量的高素质劳动力，开发北极的政策需要当地土著人的参与。如何让这股年轻的血液融入这个略显老态的机体？如何让土著青年人成为促进当地经济发展的生力军？实现这些目标不得不仰仗教育。在高校的招生考试制度安排方面，土著学生被作为特殊群体予以考虑，有专人负责他们的申请程序。尽管没有招生名额的照顾，但通常在学术背景相似的情况下，高校都会优先考虑土著学生。几乎所有高校都建立了土著学生办公室，帮助他们顺利适应大学生活，土著学生从政府得到的经济资助也可以让他们衣食无虞地完成大学学业。对土著学生的招生倾斜不仅体现了国家的反省和补偿心理，也体现了政府的务实心态。

生活在边远乡村的学生是另一类需要得到关注的群体。尽管加拿大是发达的工业国家，各地的教育资源配置较为均衡，其教育的城乡差别也有别于中国语境下对城乡差别的讨论。但不可否认的是，各种统计数字表明加拿大的城乡教育的确存在有限差异，这种差异主要体现在学生对高校类型的选择上。城市学生上大学的比例高于农村学生，由于地理环境和社会资源的限制，农村学生更倾向于在当地的学院就读，这使他们在一定程度上丧失了探究高深学问的机会，造成农村地区在律师和医生方面结构性的人才缺乏。对此，加拿大从政府到高校都采取了许多措施，一方面防止农村地区高中学龄人口的流失，另一方面加大对农村学校的学术支持，由大学主动深入农村学校提供帮助，部分高校在某些专业还对农村学生制定了倾斜政策。

接受高等教育最初是少数权贵阶层男性的特权，然而在近一个半世纪，女性自我意识的觉醒、女权运动的洗礼和时代发展所赋予的契机使得女性逐步成为参与高等教育一股崛起的力量，甚至在许多国家女大学生的人数已经突破了半边天。在加拿大从 1869 年女王大学为妇女单独授课开始，经过百余年的发展，到了 2008 年 62％的大学本科生都是女性。然而，这个喜人的数字背后所隐藏的则是女性在专业领域的分布不均。女性参与高等教育人数增长并不是在所有专业领域的均衡增长。据 2008 年的统计，加拿大建筑与工程专业的女性毕业生仅为 1/5，数学、计算机及信息科学专业的女性毕业生不到 1/3，而在教育及相关专业的女性毕业生则超过 70％。这说明社会上广泛存在行业性的性别偏见，并且这些偏见影响了女性对专业的选择，女性仍然被赋予了与其天然的母性角色相关的职业期望，如教育职业和服务行业，这两者都是女性养育下一代和照顾家庭角色的延伸。如何在专业的人才选拔中优化性别比例，是加拿大高校招生工作的重要考虑之一。

加拿大各级教育都具有世界领先的质量，因此在全球范围内具有良好的声誉。全球化和知识经济已经开始发挥对社会和产业的塑造作用，加拿大立志成为 21 世纪国际教育的领导者之一，其原因是多方面的，首要一点就是该国需要国际化人才来创造革新、促进经济繁荣，推动社会发展，这是加拿大发展国际教育最为深刻的考虑因素。在吸引国际学生方面，加拿大具有诸多优势，除了高质量的高等教育之外，与美国、英国相比，较为低廉的学费也是巨大的优势之一，此外，为了留住更多优秀的国际学生，加拿大还推出了优惠的移民政策，期望以此缓解人口老龄化导致的劳动力短缺压力。

虽然，在很大程度上讲，制定高等教育政策是各省的职责，而且各省也已经创建了相当不同的组织结构形式和管理框架，但是，加拿大的大学还是出奇的相似。与许多其他国家的体系不同，加拿大的大学层次从来就没有等级分明的学校类型，事实上，人们普遍认为，就其使命和标准而言，各大学大体相似。

——［加］格兰·琼斯（Glen Jones）

第五章　加拿大高校招生考试制度之个案研究

加拿大的高校主要分为大学和学院两种类型，而正如加拿大高等教育专家格兰·琼斯所言，“加拿大的大学层次从来就没有等级分明的学校类型”，加拿大多年来致力于发展质量水平相当的大学，大学的差异主要体现在办学规模上，而并非质量等级上。本研究参考目前较为通用的《麦卡林》杂志对加拿大大学的分类方式，选取医博类大学、综合类大学和教学类大学各两所作为案例研究对象，并在学院类型的高校中选择两所进行补充，深入分析这些高校在申请条件、录取标准、招生注册、收费和财政资助等方面的具体情况，揭示出它们在招考制度上的共性和差异。此部分是对前四章研究结果的验证和充实，与之前的章节形成微观与宏观、个体与整体或特殊与一般的关系。

第一节　医博类大学案例

一、麦吉尔大学（McGill University）

麦吉尔大学创立于 1821 年，位于魁北克省的蒙特利尔市，是加拿大唯一一所在规模上能与多伦多大学相提并论的大学。麦吉尔大学的办学历史可以追溯到 1813 年，当时蒙特利尔市的苏格兰皮毛商、著名慈善家詹姆斯·麦吉尔去世时立下遗嘱，将自己的农场和 1 万英镑馈赠给皇家机构，用以创办一所学院或大学。1821 年英王乔治四世颁布了一项皇家特许令，以麦吉尔为名建立了一所学院。1829 年，蒙特利尔总医院的教学部并入麦吉尔学院，学校改名为麦吉尔大学。麦吉尔大学与加拿大其他六所国际知名的医博学类大学（多伦多大学、西安大略大学、皇后大学、麦马斯特大学、不列颠哥伦比亚大学、阿尔伯塔大学）合称“七派”。

（一）招生要求

1. 学业要求

麦吉尔大学的招生要求极为严格，因申请者众多而竞争异常激烈。录取决定基于申请人的学术背景以及在高中阶段相关课程的成绩。申请人所有的高中课程成绩都会被用作录取时的参考，这包括他重修和补考的课程成绩。如果申请与科学相关的专业，申请者必须在过去的 5 年中修过科学与数学课。此外，有些专业还要评价申请人其他方面的表现，例如音乐专业有试听环节、建筑专业要看申请者之前的作品档案袋。尽管有些入学奖学金会考察申请者的课外表现，但整体看来，学生的课外活动在录取中的重要性不大。该大学淘汰率很高，达到最低录取要求并不意味着能被成功录取，录取决定受特定专业的学额影响。

麦吉尔大学对不同身份的学生具有相应的申请标准。其申请标准按照学生类别分为 8 大类：魁北克省 CÉGEP 学生、安大略省高中生、加拿大高中生（除魁北克和安大略之外）、美国高中生、IB 课程学生、转学学生与第二学位申请者等。各个专业对每一类申请者都有具体的最低学术要求。例如，对安大略省的高中生，将计算其成绩最高的 6 门大学预科课程（4U 或 4M）的平均分，这意味着申请者必须修过至少 6 门预科课程，其中至少 4 门课属于 4U 程度，具体专业还对先修课程有具体要求。该大学 11 个不同学院的录取平均分差别较大，在 2012 学年的招生中，农学与环境科学学院、营养学院的录取平均分为 75 分，管理学院为 93 分，生物、生化与生命科学学院的录取平均分最高，为 93.5 分，文理学院、教育学院等的录取成绩居中，平均分在 80 分以上。

各省的高中教育课程体系不同，而跨省就学的学生人数不断增加，那么应该如何判断外省的学生是否达到了本省高校的录取标准？加拿大各省的高校在长期的招生工作中找到了应对之道，那就是参考各个省在类属、规模、体量、声望、资源等方面与之对等的高校对本省学生的招生标准。例如，魁北克省的麦吉尔大学参考了安大略省维多利亚大学取六门最高预科成绩平均分（Top 6）的做法，制定对安省生源的招生标准。

2. 数学及基础科学的分班考试（Placement Tests in Mathematics and Basic Sciences）

对于将被录取的申请者，如果是魁北克省以外的人，而且已经修过大学程度的数学或科学课程，例如线性代数、微积分、生物、化学、物理等，但是却缺少能被麦吉尔大学认可的学习能力证明，这种情况就需要申请者参加麦吉尔大学组织的笔试。对申请者具体学习能力的认证最终由其所申请的学院决定，各个学院都有相关认证政策，符合条件的申请者可以免考。获得免考资格或成功通过考试的申请者可以免修一门或多门基础科学类的课程。通过生物、化学和物理免修考试的人，还需要达到院校对实验能力的相关要求，才能最终免修。通常考试在每年八月的最后两周举行，以确保学生在九月开学时能按时修课。

3. 特定专业的补充要求

通常，麦吉尔大学不要求学生提交推荐信，但如果学生申请建筑、教育、音乐、宗教、社会工作等五个专业，则必须提交推荐信或其他补充材料。推荐人要用有单位题头的信纸打印推荐信并签名，密封后直接邮寄到学校。其他补充材料如果是电子版的，可以在大学的申请网页上传。上述五个专业的具体补充材料为：

建筑专业：在3月8号之前提交作品展示集，尺寸为A4纸大小，厚度不能超过3厘米。必须包括至少10份高质量的原创作品照片或复印件，能够充分体现个人的创造力和设计能力。

教育专业：申请英语作为第二语言教学专业的学生必须通过“英语语言水平测试”；在学生的申请材料通过初审之后，校方会联系本人安排考试时间，如果学生住在蒙特利尔以外的地区，还可以通过信件的方式完成考试。通过语言水平考试，是获得录取资格的先决条件。此外，申请任何教育专业的成年人，如果通过了初审，还要参加面试。

音乐专业：必须进行现场表演或提供演出录像。如果申请女声或爵士乐器专业，必须在现场表演前提供表演录像；申请者需要安排一名音乐教师提交对其的能力评价表；作曲专业申请者提交2到3份作品；音乐教育专业申请者需要提交能证明其教学能力的推荐信。

宗教专业：申请者必须提交2封推荐信，其中至少一封信是由先前学校的教师写的。

社会工作专业：社会工作学院欢迎具有多元背景的申请者，包括少数族裔和低收入家庭的成员。申请者需提交的材料包括：1份个人简历，描述参加过的志愿服务和有偿服务，要包括日期、所服务的行业、个人的职责、监护人的姓名、公司或机构的地址等信息；1份个人陈述，要分为两个部分，每部分不超过500字，第一部分要描述个人从事社会工作的兴趣以及社会工作的发展，第二部分要分析一个重大的社会问题，以及你认为社会工作应该如何解决这一问题；2封推荐信，要手写或打印在有推荐人单位题头的信纸上，密封在信封里直接邮寄。①

(二) 收费资助

1. 收费

麦吉尔大学在2013—2014学年的学费有所提高，针对不同的学生群体，涨价幅度有所不同。魁北克本省学生的学费为2 224.20加元，比上一年上涨了2.6%，外省的加拿大学生涨价幅度为6.4%，而对于国际学生的涨幅则高达7%～10%。以工程学学士（Bachelor of Engineering）为例，此三类学生群体在2013—2014学年的收费情况如下：

表5-1　麦吉尔大学2013—2014学年工程学本科生收费一览表（单位：加元）

	学费	社团费等	学生服务/运动与娱乐费	注册费/成绩单与文凭费/行政费	版权费	信息技术费	健康与口腔医疗保险	总计
魁北克学生	2 224.20	816.12	538.50	303.57	25.50	215.70	220.00	4 343.59
外省加拿大学生	6 234.90	816.12	538.50	303.57	25.50	215.70	220.00	8 354.29
国际学生	30 654.00	816.12	538.50	303.57	25.50	215.70	1 051.00	33 604.39

资料来源：根据网页资料 http://www.mcgill.ca/student-accounts/tuition-charges/

① Additional Material Required by Specific Program, http://www.mcgill.ca/applying/admissionsguide/general-requirements#additional.

fallwinter-term-tuition-and-fees/undergraduate-fees 整理。

从上表可以看出，工程本科专业的三类学生在 2013—2014 学年的总体收费差别巨大，外省学生的收费几乎是魁北克本省学生的两倍，而国际学生收费则是本省学生的 7.7 倍。收费差别主要集中在学费一栏，国际学生的学费是本省学生的 13.8 倍。除了国际学生参加的医疗保险是价格较为高昂的国际健康保险外，三类学生在社团费等其他杂项的收费相同。

学费涨价的标准是在与其他规模、使命、声望与其相似的大学进行比较后做出的。学费涨价部分中 30%的净收入将被投入学生资助中，麦吉尔大学在 2012—2013 学年对国际学生的各种奖助学金总额超过 700 万加元。

2. 资助

麦吉尔大学奖学金及学生资助办公室负责全校所有学生的奖助学金及贷款事宜。对于刚入学的一年级新生，该校设有基于学业成绩的入学奖学金项目（Entrance Scholarship Program）和基于经济需要的入学助学金项目（Entrance Financial Aid Program）。每年都有许多学生能从这两个项目中受益。在 2013 学年，该办公室为 900 名新生发放总额超过 280 万加元的奖学金，其中包括美国学生在内的国际学生获得的奖学金占总额的 30%，约 84 万加元。对于经济困难的新生，该办公室还发放了总额为 360 万加元的助学金，868 名学生从中受益。其中，加拿大本国学生占 645 名，人均助学金为 3 400 加元，国际学生占 223 名，人均助学金为 8 300 加元。除了申请各种奖助学金外，麦吉尔大学的新生还可以申请本省或本国的学生贷款。

二、女王大学（Queen's University）

女王大学也被译为皇后大学，创始于加拿大建国前二十六年，是安大略省第二古老的大学，以英国维多利亚女王的名字命名。女王大学一直以来被公认为加拿大顶尖高等学府之一，与多伦多大学和麦吉尔大学一起被视为加拿大的常春藤盟校。

（一）发展简史

女王大学的前身是女王学院（Queen's College），它于 1839 年在京士顿（Kingston）成立。1841 年 10 月 16 日，安大略的苏格兰长老会（the Church of Scotland）为了促进当地科学与文化教育的发展，在获得维多利亚女王颁发的皇家特许状后在京士顿正式成立女王学院。该学院以苏格兰风格的爱丁堡大学和格拉斯哥大学教育体系为雏形，成立的初衷是为不断发展中的殖民地培养合格的牧师，最初仅有 13 名学生和两位教授。1881 年女王学院正式升格为大学。女王大学是加拿大较早接受女子入学的高校之一。1883 年女子医学院（Women's Medical College）在该校成立，首届学生仅为三人。1912 年女王大学脱离苏格兰长老会并正式更名为金士顿女王大学（Queen's University at Kingston）。女王大学下属的女王神学院（Queen's Theological College）则依旧由苏格兰长老会管辖，直至 1925 年该院加入加拿大联合教会（United Church of Canada），并延续至今①。

鉴于该校的历史，女王大学具有浓烈的苏格兰遗风。在其成立早期，长老会或苏格兰教会是其主要承办方，甚至其早年的所有教师都是在苏格兰接受教育的。尽管学校早已脱离教会统治，但苏格兰的影响犹存。女王颁布的皇家特许状提出要按照爱丁堡大学的样式来建立该校的管理体制，因此，为了与特许状保持一致，女王大学最高管理架构依然是由校董会（Board of Trustees）、学术评议会（Senate）和校长（Principal）组成。其强调学生自治的做法也源自苏格兰大学尊重学生独立意志的传统。

虽然，在整体规模上，女王大学一直无法超越多伦多大学，但其在学术上保持着很高的水准，以自己优良的品质，吸引着来自世界各地的学生。其大一新生的平均录取分数一直高居全国前几位，是全加拿大最难进的大学之一。

（二）录取要求

1. 基本录取要求

基本录取要求（General Admission Requirements）是针对全校所有专业的最低入学标准，要求申请者拥有高中文凭或等同的高中学历。由于加拿大各省教育自治，各省的课程设置和考试都不同，所以具体到每个省的要求不同。例如，对安大略省的申请者，要求具备安大略省高中文凭并且修完 6 门预科课程；对曼尼托巴的申请者，要求修完 5 门学术课程；对魁北克的学生，则规定：凡是在大学预科项目修完 12 门学术课程的学生有申请资格大学一年级；而学生如果获得预科学习文凭（diplôme d'études collégiales）则

① History of Queen's：An Overview，http：//www.queensu.ca/encyclopedia/h/historyofqueens.html；Queen's University，http：//en.wikipedia.org/wiki/Queen%27s_University.

不但可以申请入学还可以减免 18 个学分。

2. 专业录取要求（Program Requirements）

申请者除了达到最低的基本要求，还必须达到不同院系的专业要求。女王大学设有文理学院、工程与应用科学学院、商学院和护理学院，每个学院都对申请者在具体科目上有所规定，特别是在文理学院，甚至不同专业系别都对学生的科目学习有具体要求。

表 5-2　女王大学 2012 学年各专业平均录取成绩

专业	一年级新生名额	高中平均分	IB 成绩	高中 GPA	学院的转学学生 GPA
文理学院					
文科	1430	80＋	30.5	2.7	3.7
教育（文科）	150	87＋	35	3.4	3.9
理科	830	84＋	33	3	3.7
教育（理科）	50	87＋	35	3.4	3.9
计算机	75	80＋	30.5	2.7	3.7
艺术	30	80＋	30.5	2.7	3.7
音乐	30	80＋	30.5	2.7	3.7
教育（音乐）	20	80＋	30.5	2.7	3.7
体育与健康教育	50	84＋	33	3	3.7
运动学	85	87＋	35	3.4	3.9
商学院					
商科	450	87＋	35	3.4	3.9
工程与应用技术学院					
工程学	650	82＋	31.5	2.9	3.7
护理学院					
护理科学	92	87＋	35	3.4	3.9

资料来源：根据 http：//www.queensu.ca/admission/apply/firstyear/averages.html 网页资料整理而成。

需要进一步指出的是：

第一，上表中的高中平均分是指各个专业要求申请者在高中阶段必修的各门课程平均分；IB 成绩专门针对那些修读国际预科证书课程

(International Baccalaureate Diploma Programme) 的申请者，该课程是由国际文凭组织 (International Baccalaureate Organization) 设计的大学预科项目（即高中后两年教育），它集合了各个国家教育体制的优点，依据世界诸多著名大学的入学要求而设立，IB 课程的满分为 45 分。

第二，录取学生的平均分为 75 或等值分数，然而实际录取分数要高出许多。对申请者的最终录取决定取决于其个人成绩和其他辅助材料。成绩达到上述要求的学生未必会被录取，只有那些发展较为全面而且成绩优秀的才能最终胜出。2012 级新生的平均录取分数为 88.4。

第三，关于调配录取 (alternate offers)。女王大学仅有两个专业具有调配录取的机会，即音乐教育和计算机教育，这两个专业的申请者同时会被音乐专业和计算机专业分别纳入招生人选。在落选教育专业的前提下，如果音乐或计算机专业仍有空余名额，将会被自动录取。

第四，关于在家上学者的招生政策 (home schooling policy)。在家上学者需要提供证明材料，以证实其学业水平。这包括安大略省高中文凭或被政府认可的其他高中毕业证书，此外，还要提交最后一年所修课程的成绩单。对于此类学生，女王大学采取的办法是把每一个学生作为申请个案来综合考虑。

3. 个人经历说明 (Personal Statement of Experience)

女王大学要求所有的申请人都要提交个人经历说明，因为校方希望自己的学生都是所在高中或社区的领袖式人物，这些学生可能在体育、文艺方面有专长，也可能还有自己的兼职工作，但整体上要具有强劲的竞争力。个人经历说明的意义在于它能够弥补学生分数所无法体现的信息。具体说来，女王大学希望申请者的个人说明中能证明其在以下四个方面的能力或表现：(1) 很强的领导技能；(2) 责任心；(3) 时间管理能力；(4) 个人的经历如何为女王大学的整个学校作出贡献。女王大学的入学竞争异常激烈，因此，个人经历说明是校方要求申请者必须提交的材料。

个人经历说明的表格包括三个部分：

表 5-3 女王大学个人经历说明构成部分

第一部分	列出过去 4 年来获得的奖项或荣誉	标出每个奖项的颁奖方是高中、社区还是其他部门；用不到 90 个字简要介绍这些奖项以及获奖年份
第二部分	列出所参与的课外活动及（期望）投入时间	用不到 90 个字说明自己在这些活动或社团中的角色、活动的组织方是高中、社区还是其他；这些活动涉及艺术、运动、兴趣、志愿者、宗教、社会、农场或家政等方面

续表

第三部分	列出过去4年曾经做过的兼职工作	用不超过50个字描述这些工作，并且注明每周的工作时间以及工作年限

此外，教育学、商学和运动学/体育等三个专业还要求申请者提交一篇论文，用不超过300个字（带空格大约1950个字符）来描写自己来女王大学的学习目标等内容。

校方在收到申请者提交的材料后，会从以下三个方面进行评价：(1) 材料的整体风格：这包括拼写、语法和语义修辞等方面；(2) 材料的内容：申请者的个人经历和成就；(3) 材料的表达效果：即申请者能否成功地把个人经历与女王大学所寻求的优秀学生品质相联系，说明自己就是合适的人选。这些优秀品质包括：积极参与各项活动；对一项特别有兴趣、活动或小组的持续投入；具有责任感和团队精神；思维与行动具有创造性和开拓性。

除了这一样或两样必备的材料外，女王大学不要求学生提供其他额外材料，例如推荐信、证书等，校方甚至提醒学生不要把这些材料寄给他们，因为它们根本不在招生委员会的考虑范围之内。

（三）收费与资助

女王大学不同专业的收费情况有所不同，主要包括学费和学生费，为了帮助新生做好规划，女王大学在其招生网站上对新生的教育支出做了预算，如表5-4所示：

表5-4　女王大学2012—2013学年新生教育支出（单位：加元）

专业	学费（本国学生及永久居民）	学费（国际学生）	学生费	书本等
文理科	5 706	22 249	976	1 100
商科	14 141	30 611	1 159	2 210
计算机	5 706	22 249	991	1 165
教育	5 706	22 249	992	1 100
工程与应用科学	10 344	27461	1 069	1 700
艺术	5 706	22 249	996	2 215
运动学/体育与健康教育	5 706	22 249	1 003	1 700
音乐	5 706	22 249	976	2 715
护理科学	5 706	22 249	1 027	1 595

资料来源：根据网站资料 http：//www. queensu. ca/admission/financing/budget. html。

上表所列举的各项支出不包括生活费，诸如食宿费、电话费、洗衣费、娱乐费、差旅费等等，这些开销因人而异，大约平均开销在13440～15399加元之间。许多学生在大一结束后搬出校园，在校外租房的生活成本会因此降低20%～25%。

女王大学认为每个学生都是独特的，其家庭背景也是千差万别。为了保证让来自低收入家庭的学生能够得到足够的经济支持，女王大学设立了多项奖助学金，其中最为引人瞩目的就是重大入学奖（Major Admission Award），它的设立吸引了众多成绩优异而家境不佳的学子。女王大学的重大入学奖共有七类，每一年共有70个左右名额，每类奖项四年的奖金额度从36 000加元到68 000加元不等，只有那些学习成绩非常出众、具有领袖素养和原创思维的申请者才能有望得奖。

表5-5 女王大学重大入学奖

奖项名称	名额	奖金额度（单位：加元）	额外标准	高中成绩
蒙特利尔银行奖	2	10 000×4年	经济需要	90+
校长奖学金	50	9 000×4年	学院提名	90+
舍诺夫家庭奖	8	12 000—15 000×4年	经济需要； 来自乡村/边远地区	90+
舍诺夫家庭奖	1	15 000×4年	经济需要； 来自魁北克省	90+
马文·R. 古德兹入学奖	1	12 000—15 000×4年	经济需要； 来自安大略省汉密尔顿的韦斯特戴尔中学	90+
艾瑞斯·梅·玛什纪念奖	3	12 000×4年	经济需要； 来自安大略省	90+
D&R索贝大西洋奖学金	6	17 000×4年	商科专业； 来自大西洋各省	90+

资料来源：Queen's University 2013 Viewbook。

从上表可以看出，这些奖项无一例外对申请者的成绩要求非常高，有些奖项是定向支持某个地区或某个学科的申请者的。值得一提的是，获奖学生必须在大学四年期间一直保持优异成绩才能连续获得奖金，否则其获奖资格将被中止。最低要求为每一学年80%课程的GPA要在3.5以上，此外每个奖项可能还有其他额外的条件。除了以上的重大入学奖外，女王大学还设立了四项入学奖学金（Admission Scholarships），这些奖项面向所有专业的学生开放，包括国际学生在内，学生只要申请女王大学就会被自动纳入评奖体系，无须提交额外申请。

表 5-6 女王大学入学奖学金（单位：加元）

奖学金名称	高中成绩	IB 课程成绩	奖金额度
校长奖学金	95+	39+	4 000×2 年
卓越奖学金	90—94.9	36.5—38.5	1 500—2 000
弗兰克·卡瑞尔·梅里特参议员奖学金（仅面向魁北克学生）	90+	36.5+	5 000×4 年
国际学生奖学金	个人情况综合考察		9 000

资料来源：Queen's University 2013 Viewbook。

与上文中的女王大学重大入学奖相比，入学奖学金的奖励力度有所减弱，但对学生的成绩要求依然很高。此外，在这两大类入学奖中，仅有国际学生奖学金是面向所有专业国际学生开放的。但女王大学还设有多种助学方式，在一般情况下，任何有经济困难的学生都能找到适合的解决途径。

表 5-7 女王大学经济资助途径一览表

资助名称	是否对加拿大公民和永久居民开放	是否对美国学生和国际学生开放	是否需要申请
重大入学奖	√		是
入学助学金	√		是
入学奖学金	√	√	否
政府的学生资助和贷款	√	查询本国的资助及贷款资格	是
女王大学工读项目	√	√	是
普通助学金	√	√	是
高年级奖学金	√	√	通常不需要

资料来源：Queen's University 2013 Viewbook。

入学助学金（Admission Bursaries）是女王大学为了帮助家境困难的学生而设立的奖金。助学金与奖学金的最大不同在于：前者主要考虑学生的经济需要，后者主要考虑学生的学习成绩。助学金需要每年提前申请，不同专业每年的助学金额度从 3 000 到 7 000 加元不等，其资助额度与各专业的学费成正比，例如，文科及理科类专业最高可达 3 000 加元，商科最高可达 6 000 加元。学生最终能获得的助学金计算方式为：

助学金 ≈ 学费＋书本费＋生活费 － 家庭资助＋政府资助

由于奖项众多，女王大学专门设立了学生奖学金办公室（the Student Awards Office）来帮助有需要的学生设计自己的财务方案。图 5-1 和图 5-2 分别列举了两个学生的财务方案进行说明：

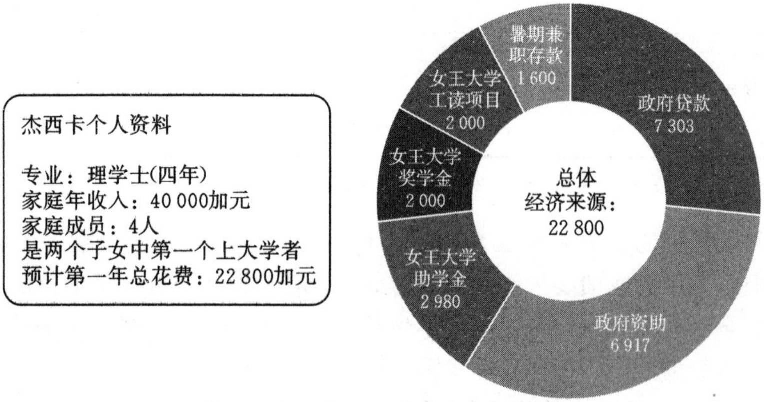

图 5-1　女王大学学生财务方案之一

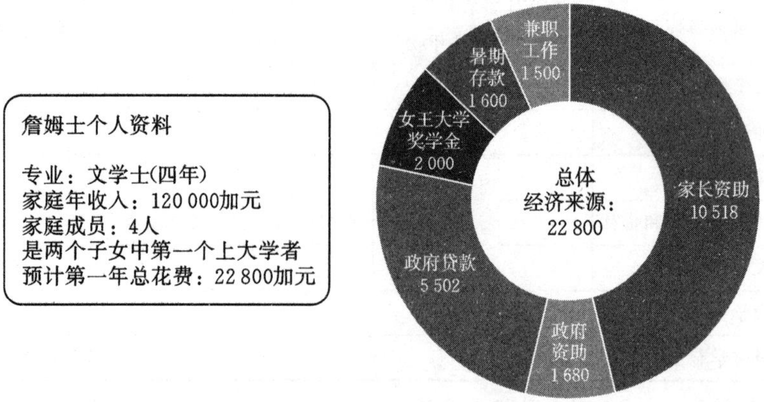

图 5-2　女王大学学生财务方案之二

通过对比两个学生的财务方案，可以清楚地发现家庭收入对学生所能获得的政府资助和校方资助有着举足轻重的影响，此两项资助均无须偿还。从表 5-8 可以看出，虽然加拿大政府认为，为子女的高等教育做经济上的准备是父母的责任，然而，学生杰西卡的家庭收入仅为 40 000 加元，因此父母根本无力支付子女的学费，来自政府的资助和大学的助学金基本抵消了一半的开销；学生詹姆士的家庭收入高达 120 000 加元，家长有能力为其支付一半的开销，于是政府资助则大幅降低，该生也没有资格申请学校的助学金，申请工读项目的可能性也不大，因此他选择了做其他的兼职工作。

表 5-8　女王大学学生财务方案比较（单位：加元）

	家庭收入	预计开销	家长资助	政府资助	政府贷款	奖学金	助学金	工读项目	暑期存款	兼职工作
杰西卡（理学士）	40 000	22 800	—	6 917	7 303	2 000	2 980	2 000	1 600	—
詹姆士（文学士）	120 000	22 800	10 518	1 680	5 520	2 000	—	—	1 600	1 500

资料来源：Queen's University 2013 Viewbook。

第二节　综合类大学案例

加拿大的综合类大学（Comprehensive Universities）是指具有大量的科研活动、能够广泛开设有本科和研究生教育层次课程的高校。本研究选取的两所大学都居于加拿大大学排行榜的前 50 名。对它们的案例分析可以进一步展示加拿大综合类大学在招生录取方面的实践，两者间的对比也说明了同类高校在招生方面的差异。

一、西蒙菲沙大学（Simon Fraser University）

西蒙菲沙大学是以探索温哥华地区的著名探险者西蒙·弗雷泽命名的，1965 年首次招收 2 500 名学生。成立该大学的初衷在于增加温哥华地区的高等教育入学机会，1963 年不列颠哥伦比亚省发布了名为《不列颠哥伦比亚省的高等教育与未来规划》（Higher Education in British Columbia and a Plan for the Future）的政府公告，希望在温哥华地区建立一所新大学来促进教育的多样化。该校有三个校区，主校区位于温哥华的伯那比（Burnaby）的一座山上，两个分校区分别位于温哥华的市中心和素里（Surrey）。西蒙菲沙大学在加拿大被誉为综合大学之桂冠，其本科教育甚至与多伦多大学等研究型大学齐名。该大学连续二十年位居加拿大最佳综合大学前三甲，更是屡次荣登榜首。作为一所综合性大学，其专业设置较为全面，涉及艺术、科学、应用科学、商业与教育。

西蒙菲沙大学也被喻为“激进校园”(Radical Campus)，因为自成立之时，其创建者就立志着力打造一所风格独特的高校。它崇尚学术自由、学科交叉研究、社区服务，以及课程与教学的推陈出新。在高等教育全球化的今天，西蒙菲沙大学积极履行创新教育、尖端研究和服务社区的三大大学职能，致力于成为加拿大最能为社区提供服务的综合大学。该校还实行一年三学期制，允许学生全年上课，一个学期 13 周。

(一) 入学要求

申请西蒙菲沙大学需要通过不列颠哥伦比亚省高校入学申请中心①(ApplyBC)。申请者需要登录该中心网站完成申请步骤，并交付 75 加元申请费，此外申请还需达到最低的入学要求。

由于加拿大各省和行政区的高中教育不同，依据各地高中课程设置的相似程度，西蒙菲沙大学把加拿大的高中分为十个地区类别，不列颠哥伦比亚省/育空地区、阿尔伯塔省/努纳武特/西部地区、萨斯喀彻温省、曼尼托巴省、安大略省、魁北克省、新不伦维克省、新斯科舍省、爱德华王子省、纽芬兰与拉布拉多省，对各地的申请者在各个学科的学业成绩有具体要求。整体而言，所有地区的学生都需满足英语和数学的基本条件。

表 5-9 西蒙菲沙大学对本国学生的最低录取要求

能力	说明
英语语言能力	接受过 3 年全日制高中英语教学，且教学语言为英语。
	12 年级的英语、英语文学或第一民族英语②等 3 门中必须有 1 门的平均成绩达到百分制的 60 分或者 C。一些需要英语写作的课程要求达到 75 分以上。
数理与分析技能	高级水平的数学科目或微积分科目成绩在 60 分以上或者 C，有些专业要求在 70 分以上。

资料来源：根据西蒙菲沙大学官网招生资料整理而成③。

---

① 关于不列颠哥伦比亚省高校入学申请中心的介绍详见第三章第二节的“学生的择校标准及申请流程”部分。

② 第一民族英语 (English 12 First Peoples) 是指加拿大各高中所开设的一门英语课程，土著学生和非土著学生均可选择。该课程旨在通过学习当地、国内乃至世界范围内有关第一民族的文学作品、文献资料和媒体信息来探索和发现第一民族的精神世界。印第安人自称为第一民族 (the first peoples) 旨在强调自己是北美土地远古的先民，是早于欧洲殖民者在这片土地生活的民族。

③ Admission Requirements，http://students. sfu. ca/admission/requirements.

需要指出的是，上表所列的仅是最低要求，申请者需要有更好的学业表现才更有可能被录取。西蒙菲沙大学的录取通过率在 80% 左右，热门学科通过率在 60%～70%。该校 2013 年录取学生的平均成绩都在 80 分以上，教育专业则高达 90 分。

（二）特殊招生政策

1. 土著本科生招生政策（the Aboriginal Undergraduate Admission Policy）①

对土著学生的招生会考虑到申请者的教育背景、文化知识、工作经历、教育目标以及其他个人成就。这些材料将由一个委员会进行评审，委员会由三个人组成，他们分别来自土著学生中心（the Indigenous Student Centre）②、所申请的院系和大学的招生机构。

申请者需要满足土著学生的身份认证才能适用于此招生政策，具体包括下列要求：

——提供其土著身份（印第安人、梅帝斯人、因纽特人）的证明，这些证明包括身份证、土著社区机构开具的官方证明信，或者其他证据。

——填写土著本科生招生辅助表格（Supplemental Aboriginal Undergraduate Admission Form），表格包括申请者的教育经历、非教育成就、对土著文化知识和活动的了解、两份推荐信，以及个人对其学术目标的陈述。土著学生申请程序如下：

——提出在线申请，说明自己属于土著本科生申请类别

——填写土著本科生招生辅助表格

——安排一位推荐人提交一份推荐信，证明申请者的土著本科生招生辅助表格所填写内容是真实的，然后将推荐信直接传真或扫描后发给专门负责土著学生招生的工作人员。

——提交土著身份证明文件，将这些文件影印或扫描后发给工作人员。

---

① Aboriginal Undergraduate Admission Policy，http：//students. sfu. ca/admission/requirements/aboriginal-admission-policy. html.

② 西蒙弗雷泽大学设有专门的土著学生中心，中心为土著学生安排辅导课程、学生服务、传统活动以及其他帮助。

——把学校开具的高中成绩记录寄给工作人员。

2. 多样化资格项目（Diverse Qualification Program）

作为加拿大排名第一的综合性大学，西蒙菲沙的录取率通常保持在80%左右，有的热门专业录取率较低。因此，达到英语语言能力和数理分析技能的最低入学要求并不能保证被录取。然而，西蒙菲沙大学在录取学生方面并非唯分是举，对于刚刚达到这些最低要求的申请者，如果他们在其他方面成绩优异，或者他们克服了许多困难获得了良好的成绩，可以通过该校的多样化资格项目来提交辅助申请材料。在该校每年的新生中，通过此项目录取的学生比例为10%。参与此项目的先决条件是申请者必须达到最低要求，一旦成功通过评审，学生有望在文理学院和计算机科学专业就读。

申请此项目需要填写个人情况申请表。其中包括个人陈述、教育目标、获奖情况、2位推荐人的姓名住址、证实声明等五个步骤。

表 5-10　多样化资格项目申请步骤

组成部分	内容
个人陈述	描述自己的特殊才华和成就，个人的特殊境遇或困难、社区服务情况等等，以证明自己值得被校方录取，不能超过250字
教育目标	尽可能清晰具体地描述自己的教育期望目标，以及该目标与所申请学科之间的关系，不能超过150个字
获奖情况	罗列个人所获得的奖项、荣誉
2位推荐人的姓名住址	第一推荐人随后必须提交推荐信，证明申请人的陈述
	第二推荐人无须提交推荐信，其作用在于方便校方需要时核查申请人的信息。申请人可从所在社区、教练或了解自己情况的人中选出一人
证实声明	最后申请者需要证实如下声明：“我证明我所提供的所有信息是完全真实的，并且完全由我自己填写。如果需要证实我的陈述，我愿意向我的推荐人公开我的信息。我明白任何不当信息都将可能导致我失去录取资格或注册身份。”

（三）收费情况

西蒙菲沙大学对学生收取的费用主要包括学费、杂费、住宿费等，此外还有一些额外服务性收费，例如健身房等。因此，由于因个人生活方式和消费方式的差异，每个学生的开支也存在一定差别，其每个学期的平均开支可以用下表表示：

表 5-11　西蒙菲沙大学 2012—2013 学年预计学生开支（按一学期计算）

（单位：加元）

收费项目		加拿大公民/永久居民	国际学生
教育费	学费	2 005	6 500
	杂费	295	295
	书本研究费	730	730
生活费	住校生住宿费	2 640	2 640
	学生社会医疗保险	99	99
	不列颠哥伦比亚省医疗计划	256	256
	膳食费	1 650	1 650
总计		7 675	12 170

从上表可以看出，本国学生和国际学生的开支差别主要在于学费，后者学费是前者的 3 倍，其他项目的开支两者持平。需要说明的是，上表所列的学费是大部分院系的平均水平，工商管理学院、计算机科学学院和工程科学学院的学费要更高一些。总之，学费通常是学生的最大开支，西蒙菲沙大学对学生的收费按学期进行，本国学生一个学年的学费合计可达 5 800 加元，而国际学生的学费为 18 000 加元。

（四）资助政策

西蒙菲沙大学认为，全日制的大学生有责任为自己的教育支付费用。而大多数学生能够通过做兼职、自我节约、家庭赞助、奖学金、助学金等多种方式实现收支平衡。如果通过这些方式还是难以为继，就需要通过贷款项目。

1. 奖学金和奖励

入学奖学金（Entrance Scholarships）是西蒙菲沙大学对杰出的新学生给予的奖励，这些学生通常在学业、社区服务、艺术和运动方面具有突出成就。学生申请入学后就会被自动列入评选对象，无须另行申请。入选的学生都是排名在前 5%～9%的尖子生，他们可一次性获得 3 500～7 000 加元不等的奖励。申请商学院的尖子生可获得商学院提供的入学奖学金，四学年的数额高达 2 万加元①。

① Entrance Scholarships and Awards，http：//students. sfu. ca/financialaid/entrance/canadianhs. html.

除了入学奖学金，学生还可以申请其他奖学金，西蒙菲沙大学面向新生的奖学金包括：

表 5-12 西蒙菲沙大学新生奖学金项目一览表①

奖学金名称	数额（加元）	人数（人）	备注
西蒙菲沙奖学金	34 000 分 8 个学期支付	2	①申请人仅限于加拿大公民和永久居民 ②需要进行申请 ③平均成绩在前 10% 的高中生才可申请
西蒙菲沙校友领导力奖学金	29 000 分 8 个学期支付	2	
高登·施拉姆奖学金	24 000 分 8 个学期支付	40	
赛德威立高登·施拉姆奖学金	24 000 分 8 个学期支付	3～5	
院长卓越入学奖学金	12 000 分 4 个学期支付	视情况而定	
泰德兹·斯派驰纪念奖学金	10 000 分 4 个学期支付	10	

上表的奖学金是针对学习成绩极为出众的高中生，对于学习水平处于中上等的学生，可以申请西蒙菲沙大学的另外 9 个入学奖学金，这些奖学金首先要求学生的成绩至少在前 20%，另一个评奖的重点是学生对其社区的服务与贡献。

除了面向新生的入学奖学金，针对老生也有多种奖学金项目，也分为自动申请和个人申请两种类型。同样，除了在学术方面的成绩，学生在文化、艺术、运动和社区服务方面的贡献也能帮助他们获得奖励，通常这些奖项都要求学生已经修完最少 9 个周学时的课程，学期成绩达到中上水平。

2. 贷款项目

不列颠哥伦比亚省与联邦政府合作推出了不列颠哥伦比亚省学生资助项目（Student Aid BC），旨在帮助本省的学生克服接受高等教育的财政困难。学生只要提交一次申请，就可以同时接受本省和本国贷款项目的评估，有望获得多项贷款。省外的学生必须向其居住地所在省提出贷款申请，接受当地

① Entrance Scholarships and Awards, http://students.sfu.ca/financialaid/entrance/canadianhs/es-appreq.html.

的贷款项目评估。

许多银行和信托基金还为学生提供商业贷款，这类贷款与政府贷款的区别在于，学生从贷款之日就要开始支付利息，通常需要每月结算一次利息。如果学生申请的是政府贷款，则无须支付利息，前提是学生必须是全日制大学生。校方都会建议学生首先考虑政府贷款，如果一定要申请商业贷款，则一定要在多家金融机构之间仔细筛选，认真研究不同机构的合约条款。在不列颠哥伦比亚省提供商业贷款的金融机构有斯科舍银行（Scotiabank）、加拿大皇家银行（Royal Bank of Canada）、蒙特利尔银行（Bank of Montreal）、加拿大帝国商务银行（Canadian Imperial Bank of Commerce）和加拿大多伦多道明银行（TD Canada Trust）等。根据申请者的信用额度和所学专业，金融机构提供的贷款数额有所不同，以加拿大多伦多道明银行为例，普通全日制大学生的商业贷款 4 年最高可达 4 万加元，法律专业可获贷款 8 万加元，医学专业的学生最高可获 20 万加元的贷款。而且这些贷款免收年费，学生毕业后最初的 12 个月仅需支付利息，此后的还款年限最长可达 20 年①。

二、布鲁克大学（Brock University）

布鲁克大学是创建于 1964 年的政府公立大学，位于安大略省南部，靠近世界闻名的尼亚加拉瀑布（Niagara Fall）。该校为纪念 1812 年阵亡在附近昆士顿高地（Queenston Heights）的艾萨克·布鲁克将军（General Sir Isaac Brock）而命名。该校的建立源自 50 年代尼亚加拉社区的居民对发展高等教育的需要，创建者们希望当地的年轻人不用远离家乡就能接受良好的教育。经过 40 余年的发展，该校从建校之初 127 名学生的规模发展到如今拥有 17 877 名全日制学生，其中有 1 400 名来自 80 多个不同国家或地区的国际学生。该校设有七所学院：应用健康科学学院、商学院、教育学院、人文学院、数学与科学学院（理学院）、社会科学学院、研究生院，其中很多学科和专业都拥有多项国际认证，商学院还获得了国际精英商学院的认证，而全球仅有 5％的商学院能够获此认证。该校特别注重培养学生的实际工作能力，90％的专业都享有带薪实习机会，其就业率为 97.5％。

① Student Line of Credit, http://www.tdcanadatrust.com/products-services/banking/student-life/stline.jsp.

(一) 对申请者的身份认定

该校对学生的身份认定分为三种，并且分别制定了针对不同学生的招生政策和资助政策。其学生身份分类如下：

本省学生的身份认定

——必须在安大略省接受中等教育，此项要求也适用于中学休学后返校的学生以及已经毕业的学生；

——高中休学的时间不能连续超过7个月；

——截止在本年度已经或者即将获得“安大略省高中文凭”，并且已经或者即将修完6门12年级的大学或学院级别的预科课程（4U/M courses）；

——没有在任何中等后教育机构上过学；

——所要申请的是本科学位课程或大专文凭课程第一学年的入学机会。

本国学生的身份认定

——目前居住在加拿大，这包括加拿大公民、永久居民、持学习签证或其他签证在加拿大学习的人；

——（没有在加拿大居住的）加拿大公民或永久居民；

——是加拿大中学的全日制学生。①

国际学生的身份认定

——目前没有在加拿大居住，而且；

——不是加拿大公民或永久居民，而且；

——目前没有在安大略的中学或其他地方的中学接受全日制教育。②

(二) 招生条件

1. 本国学生最低要求

安大略的高中生必须提供安大略省高中文凭，其12年级的6门预科课

① out-of-province student, http://discover.brocku.ca/out-of-province/.

② Undergraduate Applications for International Applicants, http://brocku.ca/registrar/admissions/international _ applicants.

程的成绩要在 70 分以上的水平，这是对申请者的最低要求。其他省的高中教育及课程体系各不相同，但总体上的最低要求都是要修完高中 12 年级的课程，并且成绩处于中等以上①。

所有申请安大略省内大学的申请者都要经过安大略省大学申请中心②来给心仪的学校递交材料。申请者需要在该中心的网站注册。安大略省内各个大学的申请网页也会引导学生到该中心的网站进行申请，申请的程序包括资格审查、填写申请表、交付申请费、递交申请材料等。值得注意的是，根据申请者和所申请专业的不同，申请表分为 6 种，分别针对安大略应届中学生、其他学士学位申请者、安大略医学院、安大略法学院、安大略教育学院和安大略康复科学专业的申请者。

2. 国际学生最低要求

（1）高中毕业。对国际学生中学阶段的最低要求，因各国的情况而有所不同。就中国学生而言，必须获得高中毕业证，还要出示高三两个学期的成绩表；美国学生则只要是正规高中毕业即可。

（2）语言要求。母语不是英语的申请者需要证明其英语达到一定水平，需要提供托福或雅思等考试的成绩。就托福网考而言，申请者的总分必须达到 88 分以上，而且口语和写作的分数都要在 21 分以上；雅思的成绩必须在 6.5 以上。如果申请教师教育专业，托福网考的成绩必须达到 100 分以上，口语和写作的成绩必须在 27 分以上。

（三）学费政策

学杂费是由布鲁克大学校董会（the Brock University Board of Trustees）核准的，而且要符合政府制定的收费政策。根据学生的不同年级、不同专业和不同身份，具体的学费有一定差别。布鲁克大学针对国内学生和国际学生有不同的学费标准，其中国内学生又被分为普通文科/理科专业和商务/计算机科学专业两大类。详见下表：

① Canadian Secondary School Admission Criteria，http：//www.brocku.ca/registrar/admissions/admission-criteria/secondary-school.

② 关于安大略省大学申请中心（Ontario Universities' Application Centre，简称 OUAC）的介绍详见第三章第二节“学生的择校标准及申请流程”部分。

表 5-13　布鲁克大学 2012—2013 学年新生学费一览表

新生类别		学费（加元）
国内学生	普通文科/理科专业	5 990.55
	商务/计算机科学专业	7 229.00
国际学生		16 723.95

资料来源：根据布鲁克大学官方网站资料整理而成。

根据上表可以看出，布鲁克大学对普通文科/理科专业的新生收费最低，商务/计算机科学略高。该大学还针对国内学生实行学费逐年递减制，普通文科/理科专业的学费每年递减约 30 加元，商务/计算机科学专业的学费每年递减约 250 加元。对国际学生本科阶段的收费最高①。

（四）资助政策

1. 本国学生的学费减免项目

针对本国学生最新的学费减免项目是名为安大略学费减免 30%（The 30% off Ontario Tuition）的项目，该项目面向全日制的本科生，具有减免资格的学生需要满足以下条件：

——是布鲁克大学的全日制本科生

——高中毕业时间不超过 4 年，如果是残疾学生，高中毕业时间不能超过 6 年

——是加拿大公民、永久居民或避难人士，而且是安大略省居民

——父母 2011 年的保税单显示其家庭毛收入在 16 万加元以下

如果学生具备上面的条件，就可以在每学期被减免 30%的学费，最高相当于每学期减免 1 680 加元②。

2. 布鲁克学术奖学金

布鲁克学术奖学金③（Brock Scholars Award）旨在鼓励布鲁克大学学

① 2012—2013 Fall/Winter Undergraduate Tuition & Related Fees (2012-08), http://www.brocku.ca/finance/students/undergraduate/tuition/2012-2013.

② The 30% off Ontario Tuition, programhttp://www.brocku.ca/safa/loans/the-30-off-ontario-tuition-pro.

③ Brock Scholars Award-Entering Student Automatic Scholarship for students entering 2013—2014 (2010), http://www.brocku.ca/safa/awards/award-requirements.

习优秀的学生，分别面向新生和老生。如果新生申请条件出众，在入学时就会自动获得相应的奖金，奖金的额度在 750 加元到 14 000 加元之间，具体额度取决于学生被录取时所处的相对位置。值得一提的是，国际学生也可以申请布鲁克学术奖学金。

表 5-14　2013 年—2014 年自动生成的新生布鲁克奖学金

入学水平（以最终评分为准）	奖金额度
93%及以上	14 000 加元（每年奖 3 500 加元，一共四年）
90%～92%	8 000 加元（每年奖 2 000 加元，一共四年）
85%～89%	4 000 加元（每年奖 1 000 加元，一共四年）
80%～84%	750 加元（只奖一年）

针对老生的布鲁克学术奖学金在每个学期结束时自动生成，那些没能在入学时获得奖励的学生，就可以凭借日后的努力学习来赢得获奖机会。

第三节　教学类大学案例

此类大学以本科教育为主，开设少量研究生课程。坚持其重质量高于重规模的传统，有意保持较小规模，给学生提供了更多与教师直接沟通的机会，加深了教师对学生的了解。

一、蒙特爱立森大学（Mount Allison University）

蒙特爱立森大学始建于 1839 年，是一所已有 173 年历史的老牌公立大学。它位于加拿大东部大西洋沿岸新布伦斯威克省的小城市——塞克威尔。蒙特爱立森大学以其优美的校园与深厚的历史文化，每年吸引着全国和世界的众多优秀人才。蒙特爱立森大学属于本科教学类高校，在过去的 21 年中，该校在加拿大最具权威的《麦卡林》杂志排名中 15 次荣登本科教学类大学的榜首。目前，学校向本科生颁发的学位有五种：文学士、理学士、艺术学士、商学士和音乐学士，此外在科学领域还有若干研究生学位。

蒙特爱立森大学以文科和理科教学为主，分为文学院、理学院、社会科学院三个学院，在校生 2 500 多名，师生比为 1∶16。蒙特爱立森大学的本科教育十分有特色，尤其是小班授课保证了科学的师生比例，教授对于学生学习进度的关注程度远远高于医博类大学。该校本科毕业生的成绩并不逊于前两类大学，且基础更扎实。因此该校在加拿大当地享有很好的声誉和口碑，外省学生比例非常高，他们选择到蒙特爱立森接受科学扎实高质的本科教学。

（一）严格全面的招生要求

蒙特爱立森大学认为自己的学生不仅应该是课堂上的佼佼者，还应该是课堂外的活动家。因此，该校的招生过程较为独特，非常注重申请者全面发展的情况。申请者卓越的学习成绩是预示他能够在大学阶段的学习获得成功的首要标志，此外，申请者在所有学科上的均衡发展和课外活动的能力也是重要的选拔依据。最终的录取结果取决于申请者的学业成绩、领导能力、责任心和个人成长的潜力。学校鼓励申请者提供其参加课外活动、志愿者服务和兼职工作的证明，尽可能地向学校招生部门展示自己全面发展的情况。

表 5-15　蒙特爱立森大学本科招生条件

专业学位	必备条件	参考条件
文学士	大学预科英语	数学、人文科学、社会科学、科学的预科课程
商学士	大学预科英语；预科数学	科学、人文科学、社会科学的预科课程
理学士	大学预科英语；预科数学	2 门科学预科课程；1 门人文科学或社会科学预科课程
音乐学士	大学预科英语；试演/面试	数学、人文科学、社会科学、科学的预科课程
艺术学士	大学预科英语；前期作品档案袋	数学、人文科学、社会科学、科学的预科课程；视觉艺术方面的课程

资料来源：http://www.mta.ca/apply/academics/admiss_req.html。

申请蒙特爱立森大学的学生必须已经高中毕业，并且修过一定的大学预科课程，其中包括大学预科水平的英语和至少 4 门其他预科课程，且每门课程的得分不能低于 65 分。这是针对所有专业的最低要求，此外不同专业还有额外的招生要求。因此，申请者们需要对其大学第一年的学习有所预期，并提前选修适当的课程。校方建议高中生选修的预科课程要文理兼顾，最好包括数学、人文科学、社会科学以及科学等四大类。

（二）简便直接的申请方式

新布伦斯威克省是沿海三省之一，也是加拿大唯一在全省范围将英语和法语作为官方语言的省份。据 2011 年的人口统计显示，该省拥有 75 万余人，约有33%为法裔居民，其余为英裔居民。该省共有4所公立大学和3所学院，进入21世纪后陆续开办了2所私立大学。学龄人口少导致高校数量有限，因此，该省不设集中的入学申请中心，由高校直接受理学生的申请。

申请蒙特爱立森大学的手续较为简便，该校全年都能受理申请者的入学材料，入学时间则固定在每年9月和1月。校方建议申请者在网上进行申请，申请材料一旦提交，需要支付50加元的申请费。每年在3月1日前提交申请的人，将会自动进入该校入学奖学金的筛选程序。如果学生有其他辅助证明材料，如简历、推荐信等，也必须于此日期前提交。

（三）收费与资助

尽管蒙特爱立森大学是加拿大最好的本科类大学之一，但收费却并非是最高的，具体收费情况见下表。

表5-16　蒙特爱立森大学2013—2014学年全日制学生收费一览表

收费项目		加拿大学生	非加拿大学生
学费		7 245	15 215
住宿费（根据不同房间类型）		4 154～5 942	4 154～5 942
住宿学生的伙食费		4 250	4 250
学生组织费	学生会费	427	427
	学生报纸	28	28
	学生广播	36	36
	国际学生基本医疗保险	—	560
其他	邮寄费	15	15
	运动设施费	55	55

资料来源：http：//www.mta.ca/apply/money_matters/fees.html。

此外，学校对新生的资助力度在全国高校中也算比较大的。只要申请者的平均分在80分以上，就一定会得到数额不少于500加元的入学奖学金。2011年几乎60%的新生都得到了入学奖学金。不同分数的学生所得的奖学金档次分为三档，详见下表：

表5-17　蒙特爱立森大学入学奖学金

入学平均成绩	对应的入学奖学金
80分以上	一年500加元

续表

入学平均成绩	对应的入学奖学金
85 分以上	一年 1 000 加元
90 分以上	一年 1 500 加元

资料来源：http：//www. mta. ca/apply/money _ matters/scholarships. html。

蒙特爱立森大学非常重视申请者在课堂之外的表现，认为课外活动对学生个人成长的重要性与学习成绩同等重要。这一观念在入学奖学金方面再次得到体现。上表只是新生最基本的入学奖学金额，如果申请者的课外活动能力非常突出，还有可能获得最高可达一年 5 000 加元的追加金额。评奖的依据是申请者对课外活动的投入、领袖潜质、社区服务经历、推荐信、工作或实习经历。

除了入学奖学金外，该校还有许多其他奖学金。最负盛名的就是贝尔奖学金（Bell Scholarship），获奖者将在 4 年内得到 48 000 加元的奖金，每年仅有 6 个名额；以及贝尔成就奖（Bell Achievement Awards），获奖者每年能获得 9 000 加元奖金，全校每年评 5 个名额。

总体来看，作为优秀的老牌院校，蒙特爱立森大学坚守高品质的教学质量，秉承质量高于规模的传统。因此，在 20 世纪六七十年代，加拿大的许多高校忙于通过扩招来扩大规模时，蒙特爱立森大学依然固守其精英化的本科教学理念，赢得了公众的赞誉。作为一所本科教学排名全国领先的学校，与加拿大其他大学相比，蒙特爱立森大学的入学条件比较高，学生的入学平均分大约在 85. 5 分。每年大约有三分之二的申请者在竞争 700 个入学名额中被淘汰。该校招生标准不仅包括较高的高中学术分数，还注重对申请者领导才能和课外活动能力的考查。尽管标准严格，该校每年依然吸引了大批外省和外国的学生竞相申报。

二、阿萨巴斯卡大学（Athabasca University）

开放大学为满足多样化的入学需求作出了巨大贡献，加拿大的开放大学中有三个较为突出，分别是阿尔伯塔省的阿萨巴斯卡大学（Athabasca University）、魁北克省的特勒大学（Télé-university）和不列颠哥伦比亚省的开放大学（Open University）。其中，阿萨巴斯卡大学是加拿大最为成熟的开放大学，也是世界上许多开放大学争相效仿的对象，其教学方法对普通大学也具有启发意义。

阿萨巴斯卡大学位于阿尔伯塔省，根据省政府令建于1970年，政府给予阿萨巴斯卡大学的一项办学宗旨就是开展新的知识传授方法并专门从事远程教育。这使它成为加拿大第一所这种类型的大学，其办学使命就是为阿尔伯塔、加拿大以及全球有志于接受高等教育的人扫清地理、经济、社会与文化上的障碍，克服传统上的多重限制。为了达到这一目的，该大学已经在本科学位课程中采纳了开放入学的政策。该校的教育方式基于四个核心原则：卓越、开放、灵活与创新。在过去的六年间，该大学的学生人数翻了一番。每一年，这所没有边界的大学要为世界87个国家超过37 000名学生提供高等教育。自1970年建立以来，阿萨巴斯卡大学大约已有260 000名学习者注册了个性化学习课程与计划。阿萨巴斯卡大学勇于创新，致力于突破时空、教育背景甚至收入水平等方面的限制，坚持高质量的开放式高等教育，在国内外享有良好的声誉，其灵活的远程教学模式是质量保证的重要环节。1991—1992学年，该大学获准颁发远程教育的硕士学位。目前，该校在工商管理、远程教育两个专业还设立博士学位。

（一）招生与申请

1. 开放招生制度

作为一所开放大学，阿萨巴斯卡大学对本科生的基本招生要求仅有一条：学生必须年满16岁。申请者需要提交入学申请表、课程注册表、学生所在高中的校长或校长指定人写的推荐信以及家长或监护人写的推荐信。此外，申请者还要获得所选课程的授课教授的允许。学校在收到申请者的课程注册表后会安排授课教授对学生进行面试。除了这些面向所有学生的整体要求，有些本科专业还对申请者有具体要求。

此外，学校规定：如果申请者在另一所高校的本科专业就读，就不会被阿萨巴斯卡大学的本科专业录取，但是可以按访学学生或非专业学位学生的身份选课。此类学生的选课总数不受限制，但一次最多只能选6门课。拥有大专文凭的学生，如果要在该校注册，可以将其文凭折合为两年的学分。阿萨巴斯卡大学的绝大多数本科学位课程都是开放式的，只要学生保持注册状态，就可以不受时间限制来完成学业。

2. 申请程序

学生首先要填写并提交《本科生通用申请表格》（the Undergraduate General Application Form），两三周后就会收到校方的欢迎信，确认已收到申请表。如果申请本科专业，学生的部分申请程序要通过阿尔伯塔省高校申请系统（Apply alberta）[①] 来完成，这是该省所有高校共用的申请平台。借此平台的导航功能，学生可以申请具体学校的具体专业，并要求高中或之前就读过的高校向目前申请的高校转交成绩单。学生仅需一次性输入个人及学术背景信息，就可以轻松完成申请。

如果学生只是申请修课，而不是本科学位，则无须通过该省的集中申请系统，但仍需在网上填写个人信息。校方提请三类申请者要表明自己的身份，即残疾人，土著人或土著后裔，以及服刑中的犯人，对此三类人校方有特殊的照顾或要求。

（二）费用与资助

1. 收费

阿萨巴斯卡大学有 50 多个本科专业，归为应用学科、人文学科、科学和社会科学四大类。例如，教育专业类的本科课程有教学法、教育的法律与道德、工作与学习等 13 门，每门课程都有 3 个学分。每门课程都有 3 次左右的作业或测验，按权重计入总成绩。再以“教学法”这门课为例，一共分为 9 个单元学习，在第 3、5、7 单元的学习结束后各有一次作业，权重依次为 15%、25%和 20%，最后第 9 单元结束后进行考试，考试成绩占课程总成绩 40%的权重。通常，获得四年制的本科学位需要 120 学分，三年制的则需要 90 学分，辅修专业需要 30 个学分。

阿萨巴斯卡大学实行按学分收费的标准，该校的不同课程对学分有具体说明：有的课程没有学分，被称为 0 学分课程（zero-credit course）；其他有学分的课程有 1 学分的课程，也有 3 学分、4 学分、6 学分和 9 学分的课程。针对不同身份的学生有不同的收费标准，就本省居民而言，学分及对应的收费标准如下表：

表 5-18　阿萨巴斯卡大学面向本省学生的收费标准（单位：加元）

课程	学费	学习资源费	学生会费	校友关系费	合计
0 学分课程	472	180	—	—	652
1 学分课程	157	—	3	—	160

① 关于阿尔伯塔省高校申请系统（Apply alberta）的介绍详见第三章第二节“学生的择校标准及申请流程”部分。

续表

课程	学费	学习资源费	学生会费	校友关系费	合计（加元）
3 学分课程	472	180	9	2	663
4 学分课程	629	180	12	2	823
6 学分课程	944	180	18	2	1 144
9 学分课程	1 416	180	27	2	1 625

资料来源：根据 http：//calendar. athabascau. ca/undergrad/current/page05 _ 03. php 网页资料整理。

通常，对于选择个别化教学模式的学生而言，修完 3 学分和 4 学分的课需要 6 个月，而修完 6 学分的课程需要 12 个月，学生拥有 3 次延期机会，每次可延期两个月；对于选择班组教学模式的学生而言，时间安排与传统大学的学期制一致，课程在 9 月开始，12 月底结束。3 学分的小组式课程通常需要 13 周，6 学分的则需要长达 26 周的学习。而且班组式学习不允许学生延期结课。因此，无论是个体自学抑或是班组学习，都可能发生学生无法在规定期限内达到课程要求的情况，因此就需要重新修课。对于重新注册课程的本省学生，收费会略微下调。此外，对于外省的本国学生，每类学分课程的收费会略高 100 加元左右；对于本省的老年人，收费标准会大幅降低，根据不同的课程类型，收费区间在 82～917 加元；对于外省的老年人，也会有一定的学费照顾。

2. 奖助学金

尽管是开放大学，阿萨巴斯卡大学也设立了高达 103 种奖学金和助学金，成绩优异的学生，需要平衡家庭、工作和社区服务的学生，或是有经济困难的学生都可以针对各自的情况申请相应的奖助学金。为了便于学生申请奖助学金，学校网站上还专门设计了奖学金搜索网页，学生可以按照问题导航，找到适合自己的奖学金，及时提交申请。

表 5-19　阿萨巴斯卡大学学生奖学金搜索问题表

你是否仅要搜索在过去 6 个月内新设的奖学金？	是（　　）　否（　　）
选择你要搜索的学习程度：	本科（　　）　硕士（　　） 博士（　　）　不限（　　）
是否要搜索申请截止日期即将在下列时间内到期的奖学金？	30 天（　　）　90 天（　　） 不限（　　）

续表

是否要搜索面向经济困难者的奖学金?	是（　）　否（　）　不限（　）
是否要搜索面向学习优异者的奖学金?	是（　）　否（　）　不限（　）
请选择你的适当身份:	阿尔伯塔居民外省居民其他
是否要搜索具有申请程序的奖学金?	是（　）　否（　）　不限（　）
是否要搜索具有提名程序的奖学金?	是（　）　否（　）　不限（　）
是否要搜索只面向第一民族学生的奖学金?	是（　）　否（　）　不限（　）
是否要搜索只面向全日制学生的奖学金?	是（　）　否（　）　不限（　）
是否要搜索只面向残疾学生的奖学金?	是（　）　否（　）　不限（　）
是否要搜索面向你所学专业的奖学金?	是（　）　否（　）　不限（　）
你是否对“阿尔伯塔省高级教育与科技奖学金”或“阿尔伯塔传统奖学金”感兴趣?	是（　）　否（　）　不限（　）
是否要搜索科研、宣传或旅行类的奖学金?	是（　）　否（　）　不限（　）
是否要搜索面向接受非正式学习评估①者的奖学金?	是（　）　否（　）　不限（　）
你是否参与了某些特别的活动（例如，学生领导、志愿者等）?	是（　）　否（　）　不限（　）

资料来源：根据 http：//registrar. athabascau. ca/studentawards/网页资料整理。

通过个性化选择，学生可以很轻松地找到适合自己的奖助学金。除了奖助学金之外，学生也可以申请本省和国家的助学贷款。在过去的几十年间，民众对高等教育的需求保持强势增长，而资助高等教育所需的费用远远超过了政府所能承受的范围。与传统大学相比，阿萨巴斯卡大学这样的远程教育大学在学费方面具有明显优势，此外学生可以在家里足不出户接受大学教育，不仅节省了大笔交通费，而且可以兼顾工作、生活与学习，日益受到国内外学生的欢迎。

① 非正式学习评估是加拿大阿尔伯塔省对个人既往非正式或正式学习经历的评估与认证，即 Prior Learning Assessment and Recognition（PLAR），包括个人的人生经历、工作经历、在职培训、非学分课程、外国文凭和学位证书等，评估工作会对申请者进行笔试、口试或面试、操作性评价、产出性评价或档案袋评价等一种或某几种等评价方式，确定申请人是否具备特定的知识与技能。

第四节　社区学院案例

社区学院教育是一种新型的教育理念和教育制度，在加拿大历史上，高等教育基本被正规大学所垄断。20 世纪 50 年代后期受美国影响，社区学院于六七十年代在加拿大逐渐兴起。社区学院一般属于公共性高等教育机构，主要向高中毕业生和成年人提供职业技术培训课程或大学预科性的基础课程。社区学院在成立之初并无学位授予权，但由于大学无法满足民众对学位教育的需要，部分规模较大、质量较高的学院获得了学位授予权，其中的个别学院后来甚至升格为大学。各地社区学院会根据自身特色和当地经济发展需要设置课程，主要包括大学所承认的基础学科和应用学科的学士学位课程、职业技术类的毕业文凭或证书课程。此外还开设职业培训班、成人进修补习班、英语课程和各种没有学分的成人继续教育课程等。近年来，许多学院还探索与邻近的大学一起开设文理学士课程。目前，在各类学院注册的全日制学生大约占加拿大全国全日制学生总数的 40%，成为大学的重要补充和替代。由于学费低、录取标准低、就近走读等优势，社区学院成为二战后加拿大高等教育机会得以迅速增加的重要力量。在就业形势严峻的经济背景下，与其他大学相比，社区学院所提供的专业市场面广，就业率高，实用性强，因此许多学生在大学获得学士学位后选择回流到社区学院进行二次培训。本节选取的两个案例分别是曼尼托巴省的老牌社区学院红河学院和加拿大最年轻行政区的努纳武特北极学院，两者是加拿大社区学院在不同历史发展阶段的代表。

一、红河学院（Red River College）

红河学院位于曼尼托巴省的温尼佩格（Winnipeg），是曼尼托巴省也是加拿大最大的学院之一。红河学院发端于 20 世纪 30 年代中期，最初是以夜校的形式培训缺乏技术或是失业的年轻人，这一成功的尝试获得了政府的认可和支持，1942 年加拿大联邦政府通过了职业培训协调法案（Vocational Training Co-ordination Act of 1942）。进入 40 年代中期，来自欧洲的熟练工人人数骤减，为了满足产业界对熟练工人日益增长的需求，技术、职业和贸易培训变得异常重要。红河学院正是在这样的时代背景下获得了巨大的发展，特别是 1948 年大批退伍军人的到来，使得红河学院一跃成为曼尼托巴省第一个公立的职业学院。在随后 60 余年的发展中，红河学院为曼尼托巴培养了众多的实用型人才，目前该校拥有 8 个校区，包括远程教育和继续教育在内，注册该校的学生超过 30 000 人，学校的使命是帮助学生开创事业、提高生活质量，通过卓越的应用型教育和研究，为曼尼托巴省的经济和社会繁荣做贡献。

（一）招生要求

红河学院开设的全日制专业高达 100 门，所有专业都致力于培养学生直接的工作能力，这种应用型的育人方式使得学生在新工作中具有极强的上手能力。红河学院对所有专业的基本招生要求为曼尼托巴省 12 年级毕业生或在读生，申请者在 11 年级结束后可提交入学申请，并附上成绩单和 12 年级在读证明，证明其正在修读某些专业所要求的高中课程。12 年级的正式成绩要在每年 7 月 15 日之前提交，方可获得秋季入学资格。除了这些最低的基本要求外，有些专业还要求申请者参加入学考试。

红河学院的专业课程分为证书类、大专类及本科类，除了学院统一的最低入学要求外，各个专业都有自己的具体招生要求。本研究将从每大类专业中列举两例，详见下表：

表 5-20　红河学院专业招生要求举例

专业		招生要求
证书类	教育助理	•修完曼尼托巴省高中 12 年级 •年龄在 19 岁以上，且高中毕业一年以上的申请者，需要提交成绩单、简历、一页手写的个人陈述 •提交无犯罪记录和无虐待儿童记录的证明，证明需在入学前 6 个月内开具
证书类	法律行政助理	•修完曼尼托巴省高中 12 年级，其中 1 学分为 12 年级英语 •年龄在 19 岁以上，且高中毕业一年以上的申请者，需要提交高中成绩单（其中必须包括 12 年级英语）、简历、一页手写的个人陈述 •提交无犯罪记录证明，证明需在入学前 6 个月内开具
大专类	工商管理	•已经修完高中 12 年级，其中必须包括 1 学分的英语和 1 学分的数学 •年龄在 19 岁以上，且高中毕业一年以上的申请者，需要提交修完高中 12 年级英语和数学的证明，或者已经修完本院为期 5 个月的工商入门证书课程。
大专类	图书馆信息科技	•具有基本的电脑操作能力和网络搜索能力 •修完高中 12 年级，其中必须有 1 学分的英语 •提交 2 页的自传 •通过阅读能力测试

续表

专业		招生要求
		• 年龄在19岁以上，且高中毕业一年以上的申请者，需要提交修完高中12年级英语的证明，或者已经修完本院为期5个月的工商入门证书课程。此外，还要满足上述条件。 • 如果被录取，需要提交无犯罪记录和无虐待儿童记录的证明，以获得实习机会
本科类	教育学士	• 该专业为与温尼佩格大学联合开办的学位课程，申请者需要达到温尼佩格大学教育学院的招生要求 • 年龄在21岁以上的申请者要达到温尼佩格大学成年学生招生要求 • 如果被录取，需要提交无犯罪记录和无虐待儿童记录的证明
本科类	应用环境研究	• 该专业为与温尼佩格大学联合开办的学位课程，需直接向该大学提交申请，并且要达到该校的招生要求 • 在温尼佩格大学修完大一和大二后，向红河学院提交第三年的入学申请 • 由于申请者众多，本专业仅向曼尼托巴本省居民开放 • 接受阿萨巴斯卡大学学分转移项目的学生

资料来源：根据 http：//me. rrc. mb. ca/Catalogue/网页资料整理。

（二）申请步骤

红河学院的申请步骤分为如下7步：

第一步：确认自己的公民身份和申请资格。就全日制专业而言，校方会优先录取曼尼托巴居民或永久性居民。通常，申请者在提交申请前必须在曼尼托巴省连续居住12个月。有些专业特别注明只招本省居民，外省或外国申请者的入学请求将不予受理。因此，申请者需要提供其加拿大公民身份的证明。此外，在发出入学通知前，校方还有权测评申请者的英语语言能力、阅读能力和主要科目的学习程度。

第二步：确认自己达到红河学院和所申请专业的最低入学要求。申请人要仔细阅读招生要求，有些专业还要求申请者提供其他证明材料。例如，动物健康科技专业要求申请者提供其参加相关志愿活动的证明；医务辅助专业则要求申请者持有驾驶证。

第三步：提交证明材料与文件。这些证明材料主要包括高中成绩单或在学证明、达到申请专业额外要求的证明。如果材料上的人名与申请者不一致，还需要提交更名证明。永久性居民要提交永久居民卡原件。

申请者必须在呈递入学申请后 30 天内提交所有证明材料，否则可能会被取消申请资格。

第四步：了解申请过程。这包括可以在正式的录取通知发布前修改申请，之后的修改申请将不予受理；可以在支付押金之前修改上课校区，一旦押金支付后，就不能改变上课地点；申请者将为每个专业支付 80 加元的申请费，申请费是不退还的，而且并不能保证一定会被录取。

第五步：准备申请。此步骤引导申请者按其类别进行申请。第一类为红河学院要求申请者提交纸质申请表的 10 个专业；第二类为护士学院的申请者；第三类为红河学院与温尼佩格大学联合学位的申请者。如果申请者不属于上述三类范围，就继续第六步的申请。

第六步：申请人发表声明，确认自己已经获悉学院和专业的招生要求、准备提交证明材料、授权高中提供其成绩单、授权红河学院使用其个人信息，并声明自己所提交的信息都是真实可靠的。

第七步：提交在线申请表或纸质申请表。

（三）学费与资助

红河学院的学费按照不同专业分类收取，学费通常都与学习期限成正比，部分热门专业的收费较高。对应上文的红河学院专业招生要求举例表格，下文将列举此三大课程类别六门专业的收费标准。

表 5-21 红河学院专业收费标准举例（单位：加元）

	专业	学制	学费	书费	其他费用	总计
证书类	教育助理	6 个月	4 961	450	255（医疗与牙齿保险）	5 666
	法律行政助理	11 个月	9 321	1 000	255（医疗与牙齿保险）	10 576
大专类	工商管理	2 年	5 866	3 200	60（企业实习费）	9 126
	图书馆信息科技	2 年	6 126	1 500	—	7 626
本科类	教育学士	5 年	16 125	2 000	—	17 327
	应用环境研究	4 年	14 649	3 000	—	17 649

资料来源：根据 http://me.rrc.mb.ca/Catalogue/与 http://www.uwinnipeg.ca/index/fees-tuition 网页资料整理。

以上学费为参考标准，实际收费每年会略有浮动。由于本科类的学位课程是与温尼佩格大学联合设置的，因此学生在后者就读期间的各项学杂费按照该校标准执行。温尼佩格大学的科学类课程学费标准为：一门 3 学分的课程收费 371.4 加元，一门 6 学分的课程收费 742.8 加元。以上表中“应用环境研究”本科专业为例，该专业既有 4 年学制，也有 5 年学制，其区别在于后者多了一年的实习时间，因此收费会有所增加。该专业的修读方式为：前两年和最后一年在温尼佩格大学就读，每年需要修完 30 个学分，中间的一年或两年（取决于是否参加实习）在红河学院就读，学生会获得 30 或 60 个学分。

尽管与许多大学相比红河学院的大多数专业收费较为低廉，校方还是鼓励学生尽可能多地争取资助机会，使求学的经济负担最小化。这些奖项由公司、企业、社区组织和个人设立。奖金和奖学金的评奖标准基于学业成绩、经济需要、社区或学校活动的参与情况，以及设奖方提出的其他特殊标准。具体说来，红河学院的奖项分为五个大类：

奖金（awards）：其评奖标准是学业成绩、经济需要和学校或社区活动的参与程度；

助学金（bursaries）：通常是为了帮助经济上确实存在困难的学生，但前提是他们的学习成绩尚可；

奖学金（sholarships）：其评奖标准只看学生的学习成绩，而不考虑经济状况；

入学奖金（Entrance Award）：这是红河学院用来吸引生源的方式之一，面向所有专业的新生。需要提出申请，一旦获批，新生在入学前就能得到奖金。

普通奖金（General Awards）：面向不同专业类别的奖学金，每个奖项都有具体的评奖标准。

如果学生确实存在很大的经济困难，还可以申请曼尼托巴学生资助（Manitoba Student Aid）项目和联邦政府的资助项目。如果学生从红河学院毕业后继续留在曼尼托巴省工作，省政府还会返还学生的学费。根据曼尼托巴省政府的相关规定，只要是 2007 年 1 月 1 日后毕业于加拿大税务局（the Canada Revenue Agency）承认的加拿大公私立高等院校，无论是修完学位、文凭或是证书，无论是本省、本国还是国际学生，只要留在曼尼托巴省工作，都可以以退税的形式申请获得高达 60%，总数不超过 25 000 加元的学费返还。申请人每年可以申请 10%，总数不高于 2 500 加币的学费返还，因此，申请人最少 6 年，最长 20 年时间内可以通过退税的形式拿到 60%的学费返还。例如，如果某学生支付了总计 25 000 加元的学费，那么他最终可以被返还 15 000 加元。而且，对于在本省高校就读的本省学生，甚至在校就读期间就有资格获得预先减免 5%学费的税收政策，这可以帮助学生节省部分费用。想要享受学费返还政策的毕业生要填写个人纳税返还申报表①。

二、努纳武特北极学院（Nunavut Arctic College）

努纳武特北极学院是成立于 1995 年的公立学院，其校区和教学中心分布在整个努纳武特行政区。该学院的前身是西北行政区成立于 1968 年的成人职业培训中心，当时努纳武特尚属于西北行政区管辖。1999 年加拿大政府设立努纳武特行政区时，该校更名为现在的校名。该校具有 5 个校区以及 25 个社区学习中心。社区学习中心帮助人们正确评估自己的教育需要，并提供相应的课程信息。尽管地处偏远，但努纳武特北极学院却在加拿大成人教育领域发挥了先锋作用。该学院的艺术专业在全国享有盛名，培养了大批高水平的艺术人才，推动了本地旅游产业的发展。此外，其工商管理课程和个性化的培训课程也为当地培养了众多专业人才。在如何与大学合作开发本科课程方面，该学院也为其他学校树立了成功典范。目前，学院与里贾纳大学（University of Regina）合作开发了教师教育本科课程，并与达尔豪西大学（Dalhousie University）合作开发了护理学本科课程。在研究和保护因纽特文化方面，该学校也作出了卓越的贡献。

（一）招生要求

努纳武特行政区大部分处在北极地区，人口仅为 31 900 余人，1999 年从西北行政区划分出来后，成为加拿大各省和行政区中面积最大的，也是最为地广人稀的区域。该行政区的主要经济产业有采矿业、旅游探险业、毛皮贸易业等。努纳武特北极学院的课程设置主要是为了服务当地的经济发展和社会生活，按照学习内容可以分为七大专业，即工商类、文化类、教育类、环境类、艺术类、医学类和贸易类。教育类和医学类与其他大学合作提供学士学位教育；按照课程难度又可分为培训类、证书与专科文凭类、学位课程类。不同专业和难度的课程对申请者的招生要求相异，如下表所示：

---

① Tuition Fee Income Tax Rebate，http：//www.gov.mb.ca/tuitionrebate/.

表 5-22　努纳武特北极学院部分专业招生要求举例

<table>
<tr><th>类别</th><th>专业举例</th><th>最低入学要求</th></tr>
<tr><td rowspan="2">证书类</td><td>贸易入门</td><td>• 修完 10 年级
• 提交自荐信
• 通过入学考试</td></tr>
<tr><td>办公室行政</td><td>• 至少修完 70 个高中学分，其中英语和数学的成绩不低于 65 分
• 提交 1 封自荐信和 3 封推荐信</td></tr>
<tr><td rowspan="2">专科类</td><td>美发专业</td><td>• 10 年级或相应学历；具有艺术能力；具有工作与交流的积极态度。
• 如果缺乏达到上述条件的证明，则要参加学院的入学考试。</td></tr>
<tr><td>管理专业</td><td>• 具有高中毕业证书
• 提交 1 封自荐信和 3 封推荐信
• 通过面试或电话面试
• 通过英语和数学的入学考试</td></tr>
<tr><td rowspan="2">本科类</td><td>护理学士</td><td>• 与达尔豪西大学联合开办
• 年龄在 18 岁以上
• 修完 12 年级，包括数学、科学和因纽特语/英语
• 通过犯罪记录检查
• 一封自荐信和三封推荐信
• 高中成绩单</td></tr>
<tr><td>教育学士</td><td>• 与贾里纳大学联合开办
• 申请信：要求必须手写，用不多于 500 字的篇幅清晰地解释本人想要成为教师的原因、本人对教育目的的理解、本人认为什么对学生学习最重要、本人对成为全日制学生做了哪些准备。
• 出生证明
• 修完 12 年级，且 5 门主课的成绩在 65 分以上
• 通过本专业的因纽特语、英语和数学测试</td></tr>
</table>

资料来源：根据 http://www.arcticcollege.ca 网页资料整理而成。

以上仅仅列举了努纳武特北极学院 33 个专业中 8 个专业的招生要求，窥一斑而知全豹，结合该校的其他招生信息，可以明显地看到该校在招生方面的两大特色。

其一，宽进严出与严进严出并重。努纳武特北极学院的招生并非毫无条件的开放，而是根据不同专业层次执行有条件的宽进政策。证书类、专科类和本科类专业的入学要求难度依次递增，前两者通常仅要求 10 年级毕业，本科类则要求必须 12 年级毕业。而且许多专业还要求申请者通过校方组织的入学考试，有些专科类的专业要求学生必须修完本校的证书类课程才能申请。学生被成功录取后，最终也要通过一定时间的努力才能获得证书、文凭或学位。通常，证书类课程的学习时间为 8 个月到 1 年不等。例如，同样是证书类课程，贸易入门是为期 8 个月的课程；而美发专业则是为期一年的课程，学生学习 1 年后可获得美发师证书，如果想要获得进一步的提升，可申请顺延一年，就可获得美发师专科文凭。有些专科专业的要求也比较高，例如管理专业，学生要修完 20 门课程，且累积平均分必须达到 60 分以上，才能最终获得专科文凭。特别是对本科专业，校方的毕业要求更高。例如，对教师教育本科专业的学生而言，不仅入学要求较高，而且只有四年累计平均分数达到 65 分以上，才能最终被授予学士学位。

其二，资格审查与入学考试并用。该学院的招生工作以资格审查为主，并没有统一要求所有的专业进行入学考试或测试，要求入学考试的情况主要有两种：第一，对于有些申请者，如果缺乏足够的证据说明其已经具备申请资格，则要进行入学考试；第二，鉴于某些专业的特殊性，采用入学考试考查申请者在特定方面的能力。例如，专科类的管理专业需要考查申请者语言和数学的基本能力；本科类教育专业的学生将来要成为教师，而努纳武特 3 万人中 85%的人口为因纽特人，因此，用考试来考查申请者在因纽特语、英语和数学方面的能力显得极为必要。

（二）收费与资助

作为努纳武特行政区唯一的高校，努纳武特北极学院的学费由该行政区教育部设定，鉴于当地经济状况和高等教育成本，与大多数外省高校相比，北极学院的学费较为恒定低廉。自 2008 年至 2013 年的五年间，全日制学生的学费基本维持在每学年 2 720 加元的状态，本科类全日制专业收费原先与证书类和专科类一样，近年来微调至每学年 3 400 加元，较原先增加了 680 加元。

表 5-23　努纳武特北极学院 2008 年—2010 年学费与 2012 年—2013 年学费一览表

学生类型	2008 年—2010 年学费	2012 年—2013 年学费
全日制学生	每学期 1 360 加元	证书或专科类：每学期 1 360 加元
		本科类：每学期 1 700 加元
非全日制学生	每门课程 300 加元	证书或专科类：每门课 300 加元
		本科类：每门课 375 加元
特殊课程/工作坊	视情况而定	视情况而定

续表

学生类型	2008年—2010年学费	2012年—2013年学费
老年人（60岁以上）	非全日制学习免费	非全日制学习免费
国际学生	每学期3 500加元	每学期3 500加元

资料来源：根据 Nunavut Arctic College Calendar of Courses 2008—2010 与 Nunavut Arctic College Calendar of Programs 2012—2014 整理而成。

争取资助是学生个人的事务，申请行政区政府教育部的努纳武特学生财政支持（Financial Assistance for Nunavut Students）项目是学生获得资助的主要渠道。该项目为接受高等教育的努纳武特学生提供经济资助，其目的在于为当地的有志青年接受高等教育扫清经济上的障碍。该项目对于申请者资格有明确的规定，申请者必须在努纳武特居住过至少一整年、将要学习的课程不少于12周课时、学习进展良好且出勤合格。该财政支持项目由努纳武特教育部直接管理，主要为接受高等教育的学生提供补助（grant）和贷款（loan）。随着努纳武特经济形势的好转，劳动力市场需要更多接受过高等教育的本地人，因此，该项目的重要性与日俱增。

该项目的帮助对象分为努纳武特居民、在努纳武特上过学的外省居民、没有在努纳武特上过学的外省居民三大类，对第一类学生群体的支持力度最大，第三类学生群体仅能获得贷款而无补助。下表简介第一类学生群体所获得的补助和贷款情况：

表5-24 努纳武特本省学生可获得的补助与贷款情况

资助类型	内容
基本补助	• 每学期最多补助1 250加元的学费 • 上学的差旅费
额外补助	• 每学期补助200加元的购书费 • 生活津贴（具体根据配偶的就业状况和子女数量而定）
贷款	• 按需贷款 • 每周最多165加元 • 日后必须偿还

资料来源：根据 http://www.oag-bvg.gc.ca/internet/english/nun_200706_e_17483.html 网页资料整理。

努纳武特教育部认为，该资助项目得益于1993年颁布的《努纳武特领土声明协议法案》（Nunavut Land Claims Agreement Act），所有受到资助的学生都是此法案的受益人。该法案规定：努纳武特人可在其 318 000 平方公里范围内的地表及地下开采石油、天然气、矿产资源。占努纳武特人口绝大多数的因纽特人以交出土著居民在努纳武特的土地使用权为条件，在法律上获得了土地、金钱、再生资源、社会政治发展等方面的保护权。除了努纳武特教育部的资助项目外，因纽特人的地方机构也有面向本族大学生的少量补助。此外，因纽特大学生还可以申请北极学院的各种奖学金和助学金。

土著民族的高等教育入学权利与其民族权利运动密不可分。自欧洲人来到新大陆之后，由于受到外来殖民势力的侵扰，土著民族的正常社会秩序被严重打乱。1867 年加拿大联邦成立后，联邦政府长期推行同化与镇压相结合的民族政策，极力压制与否认土著人的自治权利。70 年代后，法裔占多数的魁北克省开始了寂静革命，促使该省的政治经济领域产生重大变化，也间接导致多元文化政策的诞生。1971 年加拿大总理特鲁多接受皇家双语与二元文化委员会的建议，将双语结构内的多元文化主义作为处理民族事务的国策。这是加拿大建国一百多年来第一项成文的综合性民族政策。1982 年，多元文化主义被写进宪法。1988 年 7 月，《加拿大多元文化主义法》生效。该法明确阐述了联邦政府的多元文化主义政策，于是，随着多元文化主义政策的确立与实施，加拿大政府开始调整土著民族政策，着手解决土著自治问题①。努纳武特行政区是地处北极地区的因纽特人在三十余年的权利争取运动中取得的成果。早在 1976 年，加拿大因纽特团结组织（Inuit Tapiriit Kanatami）开始与联邦政府抗争，并且在 1982 年通过公投获得支持，1993 年国会签署《努纳武特法案》（Nunavut Act）与《努纳武特领土声明协议法案》(Nunavut Land Claims Agreement Act)，确立了努纳武特行政区的建立，并且在 1999 年正式成立具有土著民族自治性质的独立行政区。这些在争取民族权利方面取得的胜利确保了土著人的高等教育权利。

本章小结

加拿大的大学与学院数量共有 300 余所，分布在 13 个行政省区。每个省的高校各具特色，限于篇幅，本研究仅选取了 6 个省 1 个行政区的 8 所高

① 高艳萍、丁见民：《二战后加拿大土著民族自治政策的演变》，《廊坊师范学院学报》2003 年第 10 期。

校进行案例分析。由于安大略省是加拿大高校最为集中的地区，该省的高等教育发展水平和招生考试制度在很大程度上影响着其他各省，加之，该省也是本书作者的访学之地，因此案例部分选取了该省的两所高校，即医博类的女王大学和综合大学中的新秀布鲁克大学。对于广为人知的名校多伦多大学和约克大学，本研究在行文中多有涉及，故此处不再单独介绍。本研究的案例及其分布详见下图：

图 5-3　加拿大高校招生考试制度之案例分布图

由于篇幅所限，本研究没有对新斯科舍省、纽芬兰省、爱德华王子岛省、育空行政区和西北行政区五地的高校做案例研究。然而，新不伦维克省的蒙特爱立森大学虽然无法完全代表沿海三省的高校，但也在一定程度上反映出这三省高校在招生上的某些共性，例如，不设立统一的申请中心，学生直接向高校提出入学申请等。同理，设在努纳武特的北极学院也可被视为北方地区三个行政区的代表。

下文将尝试性地对本研究所列举的八所高校的招生要求与学费加以比较。各校在类别、规模、专业设置等方面存在巨大差异，而且由于各省的高中课程方案不一致，各高校对不同省份的申请者也有不同要求。为了便于比较，让读者对各类型高校的招生要求和学费有直观的了解，下表在招生要求一栏仅列举各校对安大略省高中生的最低招生要求，在学费一栏仅列举各校教育学士专业每学年的学费。之所以选择教育学士专业，主要原因在于两所社区学院的课程均以证书类和大专类课程为主，本科学位课程非常有限，北极学院仅有教育学士与护理学士两门本科课程，而医学类专业的招生情况复杂且收费较高，不具有典型性，因此最终选定教育学士专业为比较对象，该专业在八所高校均已开设。

表 5-25　教育学士专业招生要求及学费比较

<table>
<tr><th rowspan="2">类别</th><th rowspan="2">名称</th><th rowspan="2">所在地</th><th rowspan="2">2013 年排名</th><th rowspan="2">最低招生要求（以安大略省学生为例）</th><th colspan="3">一学年学费（加元）（以教育学士专业为例）</th></tr>
<tr><th>本省</th><th>本国</th><th>外国</th></tr>
<tr><td rowspan="2">医博类</td><td>麦吉尔大学</td><td>魁北克</td><td>1</td><td>具备安大略省高中文凭并且 12 年级的 6 门预科平均成绩不低于 80 分</td><td>2 167.8</td><td>5 858.1</td><td>14 561.7</td></tr>
<tr><td>女王大学</td><td>安大略</td><td>4</td><td>具备安大略省高中文凭并且 12 年级的 6 门预科平均成绩不低于 87 分</td><td colspan="2">5 706</td><td>22 249</td></tr>
<tr><td rowspan="2">综合类</td><td>西蒙菲沙大学</td><td>不列颠哥伦比亚</td><td>1</td><td>具备安大略省高中文凭并且 12 年级的 6 门预科平均成绩不低于 90 分；且预科英语、数学或微积分不低于 60 分</td><td colspan="2">7 675</td><td>12 170</td></tr>
<tr><td>布鲁克大学</td><td>安大略</td><td>15</td><td>具备安大略省高中文凭并且 12 年级的 6 门预科成绩不低于70 分</td><td colspan="2">5 990.55</td><td>16 723.95</td></tr>
<tr><td rowspan="2">教学类</td><td>蒙特爱立森大学</td><td>新不伦维克</td><td>1</td><td>具备安大略省高中文凭并且修过至少 5 门预科，成绩要不低于 65 分</td><td colspan="2">7 245</td><td>15 215</td></tr>
<tr><td>阿萨巴斯卡大学</td><td>阿尔伯塔</td><td>—</td><td>学生必须年满 16 岁。通过所选课程的授课教授的面试。</td><td colspan="2">4 710</td><td>—</td></tr>
</table>

续表

类别	名称	所在地	2013年排名	最低招生要求（以安大略省学生为例）	一学年学费（加元）（以教育学士专业为例）		
					本省	本国	外国
社区学院	红河学院	曼尼托巴	—	与温尼佩格大学联合办学；具备安大略省高中文凭并且12年级的6门预科成绩不低于60分	3 225		12 000
	努纳武特北极学院	努纳武特行政区	—	与贾里纳大学联合开办；修完12年级，且5门主课的成绩在65分以上；通过本专业的因纽特语、英语和数学测试	3 400		—

从上表的比较可以发现：

首先，在最低招生要求方面，尽管加拿大的高校实行自主招生，但同类高校的最低招生要求基本趋于一致。例如，要求安大略省的申请者具备安大略省高中文凭，并且完成12年级一定数量的大学预科课程，主要区别在于预科课程的门数和平均成绩。医博类高校与综合类高校通常要求该省学生修过至少6门预科课程，其中应该包括英语和数学。对其他预科课程的要求则取决于具体专业，例如，环境科学专业要求学生学过化学、生物等预科课程。各高校在计算平均成绩时，通常会取学生成绩最高的6门预科课程的平均分，医博类高校的最低分数都在80分以上，竞争非常激烈的高校不低于90分。

这种较为一致的招生要求是高校之间长期学习借鉴的结果。诚如瑞尔森大学招生办主任艾丽卡（Arica）女士在接受笔者访谈时所言："当我们不确定某个专业的招生标准时，就会参考其他同类院校的做法。对于外省的高中生，我们会看其本地高校对本省学生的招生要求，据此制定我们的招生标准。当某省的高中课程设置发生变化时，尽管这很少发生，但的确发生过，例如萨斯喀彻温省几年前对高中数学课程进行了改革，学生的成绩单上的课程代码是我们从未见过的，于是我们就要做研究，咨询该省的教育界人士，确定这个代码的确切含义。"申请者的学业成绩是高校招生时的首要考虑因素，此外，申请者在课堂之外所表现出的社区服务精神、领袖气质、创新能力或其他特殊才能也在高校的考虑范围之内。有些具有鲜明个性的高校更是对学生在这些方面的表现格外重视。例如女王大学和西蒙菲沙大学，这点与高校的办学理念和历史沿革密切相关。

其次，从上表可以看出，各校在同一专业的学费方面存在一定差异。通常，魁北克省对本省学生的学费在加拿大是最低的，该省的高校在收费时针对本省和外省学生执行不同的收费标准，其他省则是对本国学生执行一视同仁的收费标准，仅在经济资助方面对本省学生和外地学生实行差别对待；关于学费的征收方式，分为按学年征收和按学分征收两种。一般的高校都会采取第一种方式。远程教育大学和社区学院由于学生流动性强等原因，采取按学分收学费方式的比较多。例如阿萨巴斯卡大学每 1 学分的课程收费 157 加元，3 学分的课程收费 322.5 加元，完成 4 年学位需要 120 学分，总计大约 18 840 加元，平均每年 4 710 加元。两种学费收取方式各有利弊。此外，从上表还可以发现，学费的高低与高校的类别或排名并无直接关系。例如，蒙特爱立森大学采用小班化教学，非常注重教师与学生个体的互动，师生比率高，因此生均教育成本较高，这应是其学费偏高的原因之一。

有什么样的文化，就有什么样的招生考试制度；有什么样的社会环境，就有什么样的招生考试方式；有什么样的国民，就有什么样的招生考试模式。①

——刘海峰

第六章　加拿大高校招生考试制度的特色、问题与思考

“考试是人类特有的实践活动，也是世界各国的普遍现象。考试制度既是人类社会演变的共同产物，同时又是各国社会经济发展的特定产物。自人类进入文明时代以来，考试制度便在漫长的历史长河和激荡的社会演化中占有一席之地，成为推进人类文明昌盛和国家繁荣富强的重要机制。”② 加拿大的高校招生考试制度是其特定的哲学价值观、经济、社会、政治、历史文化和民族传统等因素相互作用和影响的结果。经过三百多年的发展，加拿大已经形成了比较完善和稳定的高校招考制度。该制度具有自成一体的鲜明特色，在当下也面临一些问题和挑战。对加拿大高校招考制度进行深入思考对我国高校招考制度的改革不无裨益。

第一节　加拿大高校招考制度的突出特色

基于上文对加拿大高等教育制度、高校招生考试制度的整体解读和个案分析，可以清晰地总结出加拿大高校招生考试制度具有以下几个鲜明的特点：

① 刘海峰：《高考改革：理想图景与现实困境》，《光明日报》2012 年 4 月 11 日。

② 康乃美、蔡炽昌：《中外考试制度比较研究》，华中师范大学出版社，2002 年，前言。

一、地方格局，招生自主

加拿大特殊的历史发展过程塑造了其特殊的软联邦制政体，地方主义在加拿大的政治生活中是一种深入骨髓的观念，这使“加拿大社会具有‘妥协’的性格，特别是在政治上，联邦与省政府相互妥协，政府与各利益群体之间相互妥协”①，在联邦的法律框架内，各省享有高度的自由，在各省的法律框架下，高校也享有高度的自治。“1867 年的《大不列颠北美法案》和 1982 年的《加拿大权利与自由宪章》从法律上赋予了各省教育立法权和管理权。省的法规为大学的结构及运行提供了一个框架，并要求其在约定的框架内运作。省政府根据本省立法审批设立大学和其他高等教育机构，规范大学名称，批准授予学位，监督大学依据法律程序设立董事会和评议会。”②以不列颠哥伦比亚省为例，省政府对高等教育的立法主要包括大学法（University Act）、学院法（College and Institute Act）和学位授予法案（Degree Authorization Act）。这些立法对该省不同类型的高校提供了法律框架，高校在框架内运作，拥有相当大的自主权③。加拿大的高校作为独立法人具有三个显著特点，即财产独立、高校自治和责任自负，其中高校自治是高校作为法人的本质特征，高度自治权的首要体现之一就是招生自主权。

加拿大没有联邦教育部，因此高校的招生方式较其他国家更为灵活多样，高校招生的自主权主要体现在：

第一，无高校统一入学考试。加拿大高校招生采用中学毕业证书资格制度，即获得高中毕业文凭或普通教育证书（the General Certificate of Education），便基本上获得了升入高校的资格。加拿大中学毕业资格则是省级管理，各省要求不一，而且高中毕业成绩并不一定以省级统考成绩为主，如魁北克、纽芬兰与不列颠哥伦比亚等省高中毕业生成绩为省统考成绩与在校平时成绩的平均值。加拿大高校采用高中毕业资格认定的方式招生，消除

① 仇雨临：《加拿大社会保障制度对中国的启示》，《中国人民大学学报》2004 年第 1 期。

② 黄蓉、鲁军：《加拿大大学法人治理结构的分析》，《理工高教研究》2009 年第 12 期。

③ 范文曜、刘承波：《大学制度建设：加拿大、美国高教考察与启示》，《理工高教研究》2007 年第 2 期。

了学生需准备入学考试而带来的额外负担，避免了高校入学考试对高中教学的冲击，同时省级高中毕业考试也使省内高中的课程相对统一，高中的教育质量有了可比性。这种方式适合加拿大高校入学竞争整体较为宽松的国情。

第二，无全国统一的高校招生机构。各高校自行处理入学申请，由于各省之间相互承认高中毕业资格，因此这种做法有利于增加申请者与高校之间双向选择的机会。申请者可同时向多所高校提出入学申请，不受志愿数量限制。由于加拿大地域辽阔，英语、法语同为官方语言，而采用双语教学的高校并不多，再加上各省的教育体制具有较大的独立性，因此各高校招收的新生绝大多数来自本省①。

第三，基于专业的入学竞争。与美国学生的名校情结不同，加拿大学生的入学竞争主要集中在专业领域。很少有雇主会认为某个加拿大大学的牌子比其他大学更有价值。但这并不意味着加拿大的大学入学竞争不够激烈，其竞争聚焦在高回报率的专业上，例如工商和工程等专业。换言之，由于加拿大的大学之间缺乏明显差异，知名度、学费、生活开销、入学难度等相差无几，因此学生的竞争压力不在进入所谓的名校，而在于进入大学里高回报性的专业②。

二、机会均等，宽严并举

机会均等是与高等教育发展阶段相互关联的概念。在任何国家，能够上大学的学龄青年比例最终取决于国家的公共政策和国民心态，但更为直接地取决于中学阶段和高校招生阶段所进行的学术筛选的意图。如果打算把上大学的权利仅仅赋予少数学术精英，那么中学阶段就可能会通过一系列的考试来对学术精英进行初步筛选，大学会对达到最低入学标准的少数学生进行二次筛选。反之，如果打算把上大学的权利赋予更多的青年而不是少数学术精英，那么，中学的目标就是让更多的学生达到毕业水平，大学的目标就是尽可能多招学生。在加拿大高等教育发展的精英阶段采取的是第一种选拔方式，例如在 50 年代的安大略省，100 个小学生经过高中入学考试的筛选，以及 13 年级高级入学资格的筛选考试，最终成功升入大学的仅有 4 人。此

---

① 王秀梅：《加拿大高校招生特点》，《英语知识》2003 年第 4 期。

② Scott Davies, Floyd M. Hammack, The Channeling of Student Competition in Higher Education: Comparing Canada and the U. S., The Journal of Higher Education, 2005, Vol. 76, No. 1.

时高校选拔是针对少量申请者的有限公平，更多的人因为种种原因被永远隔绝在高等教育体系之外，至于他们没能入选的原因，在相当程度上是其社会经济地位所导致的。

上世纪六十年代的民主思潮促进了加拿大高等教育民主化的进程，接受高等教育不再被视为少数人的权利，增加高等教育入学机会的呼声日涨。当时加拿大的总理特鲁多提出建立正义社会的政策目标。社会政策的制订者们日益注意到要消除社会和经济的不平等，消除造成许多社会不利群体如妇女、讲法语人口、少数民族人口、土著居民以及农村和北方的人口充分参与加拿大经济和文化发展的障碍，发展高等教育是这种社会政策的一个重要领域，它被看作是争取一种美好生活的内在的宝贵的因素，以及实现社会及经济变革的主要工具①。增加入学机会的社会现实倒逼高等教育机构进行变革来招纳更多的学生，在这样的时代背景下，加拿大的高等教育进入了大发展时期，大学不断扩招、社区学院作为新型的教育机构涌现，教育机构和课程的多样性促使招生选拔方式进一步多样化。鉴于高校类型、院系学术声望、专业实力和就业前景等因素，加拿大的高校在招生中体现出宽进严出和严进严出并举的特点，这种宽严并举的做法不仅存在于不同类别的高校中，也广泛存在于同一高校的不同专业之间。追根究底，是由于其高校招生是以专业，而并非以学校为基础的筛选。

加拿大高校的大部分专业实行宽进严出的招生策略，“为鼓励学生努力学习，增强竞争意识，加拿大的大学还实行一整套的奖学金制和学位等级制。学习中不能保持优秀者，奖学金就会被取消。在假期时，联邦政府另有奖励优秀学生去实验室工作。加拿大还实行毕业生等级制。具体做法是根据学生几年的学分和学习成绩，在毕业时将授予的学位分为三等：荣誉毕业生、普通毕业生和及格的毕业生。这种做法对学生毕业后找工作和工资待遇有直接影响。这种管理高度调动了学生的积极性，最大限度地发挥了他们的特长。严格的淘汰制培养了青年的竞争意识，确保了大学毕业生的质量。加拿大先进的治学理念和人性化的管理使加拿大的学位证书极富含金量，并在世界范围内得到广泛的认可”②。

① 曾子达：《加拿大社区学院》，北京大学出版社，1994年，第63页。

② 符华兴、王建武：《世界主要国家高等教育发展研究》，湖南人民出版社，2010年，第431页。

而对于有些高校的部分专业而言，现实的情况却是实实在在的严进严出，这些专业入学竞争非常激烈，甚至有上千申请者竞争几十个入学名额，而毕业要求更高。例如，在笔者对多伦多的瑞尔森大学招生办主任艾丽卡访谈时获悉，该校影视表演专业每年都吸引了来自加拿大各地甚至国外的一千余名学生申请，而该专业的录取名额仅有 30 个，竞争之激烈可以想象。该大学原先只是多伦多市中心的一所职业技术学院，近年来才升格为教学型大学，提供学位教育。由此可见，高校的类别并不是决定入学竞争激励程度的核心要素，专业的就业机会及未来薪资水平才是最为关键的因素。当然，对名校的热门专业而言，严进严出也成为一种被广为接受的招生实践。在此方面的典型之一就是多伦多大学的工程科学（Engineering Science）专业，该专业的入学竞争十分激烈，申请者高中最后一年数学、物理等主课的平均成绩基本都在 90 分以上，每年的招生名额为 300 左右，学生一旦入选还要继续面临严酷的学术筛选，大学第一年的淘汰率高达 50%，也就是说第一年结束后仅有 150 名左右的学生能继续留在该专业学习，被淘汰的学生会被分流到其他难度较低的理工科专业。有幸在第二年筛选中生存下来的学生将有机会进行更为高深的专业学习，如航空航天专业等。如果他们能顺利完成这些学习，毕业时的就业前景和收入将非常令人羡慕。正是这种“从严把关”的做法促使学生能以理性的态度去申请学校和专业，不盲目追求名校或热门专业，更多地以自己的兴趣和学习能力为出发点，选择最适合自己的院校及专业。

三、以生为本，多次选择

加拿大高校招生考试制度体现的另一个突出特色就是充分体现了对学生求学意愿的尊重，即以生为本。正因为如此，学生才有了多次选择的机会。

首先，在学生申请院校和专业时，从理论上讲，他们可以按照自己的喜好尽情地申请。各省在高校招生的规定方面，对学生申请院校的数量没有限制。安大略等省虽然有高校集中申请中心，每个学生在缴纳申请费后可以一次性将申请材料提交给三个院校的不同专业，但只要学生愿意申请更多的院校，只需缴纳相应的申请费即可。没有集中申请中心的省份，都是由学生自行联系院校。所以从理论上讲，加拿大的学生可以申请尽可能多的院校和专业，具有相当大的自主选择权。

此外，学生还可以根据自身情况选择学习方式。尽管全日制学习是较为理想的选择，学生可以不受干扰、全身心地投入学习，但是对于许多需要半工半读和有家庭的学生而言，则无法进行全日制学习，因此非全日制的学习方式更适合这部分人。加拿大高校能够充分尊重学生个体多样化的生活处境，用不同的学习安排来满足学生多样化的学习需要，体现了以生为本的精神。下表列出了加拿大 2000 年至 2011 年十余年间全日制与非全日制学生的人数比较，可以看出，非全日制本科生和研究生人数在这期间小幅增长，虽然增幅没有全日制学生大，但仍有超过 28.5 万名学生在高校进行非全日制学习，约占全体高校学生数的 24%，即大约每 4 名大学生中就有一位采取非全日制的学习方式。

表 6-1　加拿大 2000 年与 2011 年的全日制与非全日制学生人数比较

	本科生（人）			研究生（人）		
	2000 年	2011 年	增长率	2000 年	2011 年	增长率
全日制	541 200	777 500	43.7%	81 100	147 700	82.1%
非全日制	210 700	237 600	12.8%	37 000	47 700	28.9%
比例	2.58∶1	3.72∶1	—	2.19∶1	3.1∶1	—
总计	751 900	1 015 100	35%	118 100	195 400	65%

资料来源：转引自 AUCC 根据加拿大统计局中等后教育学生信息系统（PSIS）整编的资料。

其次，在学生入学以后仍然具有转学的机会，这大大降低了一次性选择的风险系数。在加拿大，对专业的热衷导致大学生中途转学的现象频发。许多学生如果没有机会进入知名大学的热门专业，就会转学到社区学院的相同或相近专业，而不会选择继续留在知名大学的普通专业。这种做法被学者称为“循环式就学”（recycling)。与我们常说的“曲线救国”有异曲同工之意。除此之外，许多大学生在毕业后还会继续去社区学院修读一个文凭，以便为自己赢得更多就业先机。研究也表明：“学院的毕业生比大学毕业生能更快适应就业市场，在毕业的头两年，前者比后者更容易找到工作，毕业的五年内，两者的就业率才能持平。”①

① Mary Allen，Shelly Harris，George Butlin，Finding Their Way：A Profile of Young Canadian Graduates，Culture，Tourism and the Centre for Education Statistics Division，2001.

学生在进入高校或毕业时都可以进行循环式就学，即不但可以选择向上流动接受研究生教育，还可以选择向下流动接受各类学院的技术培训。向上流动是一种非常普遍的求学选择，但是，“学生的流动也并不都是‘人向高处走’，在加拿大，有些大学毕业生愿意再上社区学院学习技能和技术，其目的之一是为了加强自己的动手能力，加强实践技能与理论的结合，有利于自己的全面发展；目的之二是为了增加就业的优势，这在经济萧条时期更具意义”①。自八十年代以来，这种社区学院与大学之间的“循环流动”趋势逐步加强。研究显示，安大略省社区学院的新生中来自大学的肄业生人数比例由 1983 年的 4.6%上涨到 1987 年的 5.1%，此间拥有大学学位的新生人数比例由 1.6%上涨到 1.8%②。到了 2001 年，大约有 12%拥有学士学位的大学毕业生会在毕业 5 年内去社区学院就读，他们通常会选择应用型的学科。在安大略等高等教育资源丰富的大省，学生在不同院校之间的循环流动更活跃，下图列出了 1989 年和 2012 年不列颠哥伦比亚省公立高校体系内的学生转学及流动模式：

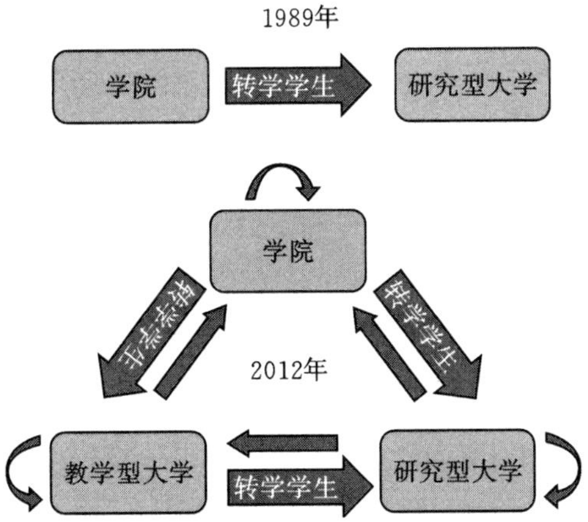

图 6-1　不列颠哥伦比亚省公立高等教育体系的学生转学及流动模式图

资料来源：Enabling Transfer in BC，2011-12 Annual Review，Report of the BC Council on Admissions and Transfer to the Ministry of Advanced Education，May 2010。

从上图的比较中可以看出，在 20 年前，学生的流动是单向的，几乎都

---

① 曾子达：《加拿大社区学院》，北京大学出版社，1994 年，第 119 页。

② Peter Stokes，College Transfer Revisited，A Working Paper，1989.

是从各类学院转学到研究型大学；然而，经过数年的发展，不列颠哥伦比亚省的转学系统已经变得更为复杂，不仅在学院、教学型大学和研究型大学三类高校之间有纵向的学生流动，同一类型的高校之间也有横向的学生流动。政府必须对公众的需求做出反应，因此省教育部成立专门的转学委员会，协调高校之间的转学工作，并推动相关科研，为学生在多样化的高等教育机构之间顺利流动提供理论和实践的支撑。

目前，许多加拿大大学毕业的文科学士选择进入社区学院就读，为的是在工商或计算机等应用领域接受职业培训，而非为了第二学位。这也从侧面证明：与知名大学的牌子相比，对高回报的热门专业进行投资才能获得更好的收益。正如一名美国学者所言，加拿大这种循环就学的现象较为特别，即便在美国也很难想象一个哈佛大学或斯坦福大学的学生会在毕业后去当地不知名的社区学院拿个大专文凭。然而，这也恰好说明：学校的知名程度与专业的热门程度在不同的国家如何取得平衡①。

总体而言，加拿大的高校在招生方面如同为学生铺设了一架立交桥，具有多个入口和出口，学生可以自由穿行在各个高校之间。相比之下，中国的高校招生更像是一个单行道，一旦做了选择就没有机会“掉头”。

四、重视资助，兼顾就业

加拿大高校具有健全的奖助学金及贷款制度，这与各级政府的重视密不可分。1984 年，加拿大皇家经济前景调查委员会发表了一篇具有深远影响的报告书。该报告书从经济发展的角度指出大学的重要性：“加拿大经济发展的快慢主要取决于我们是否能充分利用科技的研究成果，在这个问题上，科学家、工程师、行政管理人员与各种有专门技术的人才所起到的作用将与日俱增。大学是未来经济发展成败的一个关键，巩固与加强我们的大学力量是任何发展计划中最首要的工作。”② 这种将大学教育视作经济发展重要构成要素的务实观点，恰好与当时一些经济学权威著作的意见不谋而合。比

① Scott Davies，Floyd M. Hammack，The Channeling of Student Competition in Higher Education：Comparing Canada and the U. S.，The Journal of Higher Education，2005，Vol. 76，No. 1.

② Royal Commission on Canada's Economic Prospects，1957，pp. 160-161，Financing of Higher Education in Canada，Toronto University Press，1965，pp. 2-3.

如，彼得·德鲁克在其一部有代表性的经济学著作《未来的里程碑》一书中指出："人民教育程度的提高是资本积累过程中最重要的一个环节。一个国家生产力最可靠的衡量标准，就是这个国家有多少人受过教育、他们所受的教育水平与质量如何，以及这些受教育的人能否被充分利用"，"教育费用不是一种开销，而是一种基本建设投资，我们必须严格区分这两种不同的概念。要是把它当作一种开销，我们必然会经常这样提问，'是否太多了？'相反地，大家一定会关心，'到底够不够？'"① 这两种报告书从不同的角度强调了大学教育的重要性，一致被公认为是使得加拿大各级政府转变他们对大学教育看法的最关键的理论性读物②。

从 1985 年 8 月 1 日至 1986 年 7 月 31 日，加拿大联邦政府向 23 万余名大学生支付了 6.47 亿加元的贷款。1990 年—1991 年，联邦政府支付学生贷款为 7.12 亿加元，受益学生达 27 万余人。到 1995 年—1996 年，学生贷款资金达到 150 多亿加元，受益学生 36 万余人。1999 年—2000 年，从联邦政府获得贷款的学生达到了 45 万人③。尽管受国内经济环境的掣肘，加拿大政府对高校的资助近年来有所下降，但还是承担了学生相当比例的教育成本。因为加拿大的高校基本都是由政府提供资金，他们大多是非营利性的公立院校，按照成本回收的原理运作，收取学费并不是为了营利，而是要保持收支平衡。学生所支付的学费通常只占其实际教育成本的 20%～30%，其余的费用由政府补助。

考虑到有些学生可能无力支付基本学费和大学的生活开支，联邦政府和各省政府都设立了学生贷款项目，鼓励学生先上学后还款。此外，高校还设立了多种奖学金和助学金，奖学金的评奖标准主要依据学生的成绩，助学金则主要考虑学生的经济需要，对学习成绩也有一定要求。许多奖学金是按学科分类的，奖励或促进某些专业领域的学习与研究。为了奖优助贫，通常高校都会在每年的预算中拨出专款。下图显示了本书案例研究部分的麦吉尔大学等五所大学 2011 年的奖助学金所占大学预算的比例。

---

① Drucker, Peter, Landmarks of Tomorrow, 1957.

② 朱维信、卜英勇：《多伦多大学》，湖南教育出版社，1989 年，第 65～69 页。

③ 符华兴、王建武：《世界主要国家高等教育发展研究》，湖南人民出版社，2010 年，第 410 页。

表 6-2　五所大学 2011 年奖助学金占大学预算比例

大学名称	奖助学金占大学预算比例（%）
麦吉尔大学	12.2
女王大学	11.1
布鲁克大学	7.4
西蒙菲沙大学	6.8
蒙特爱立森大学	6.1

资料来源：麦卡林网站生成资料，http：//tools.macleans.ca/ranking2011/selectuniversities.aspx。

加拿大的高校还在招生中兼顾就业，以返还学费的方式吸引优秀人才留在当地工作。作为一个高福利国家，加拿大从 2006 年就开始以退税形式为学生返还学费。曼尼托巴省、新不伦维克省、新斯科舍省、萨斯卡彻温省先后启动了这一项目（Education Tax Rebate Programs），但仅限于本国学生或者移民人士。曼尼托巴省和新不伦维克省是返还额度最高的省份。目前，根据曼尼托巴省政府规定，2007 年 1 月 1 日后毕业于加拿大高校的国际学生，无论公立还是私立，只要具有各类学位、文凭或证书，并愿意留在曼尼托巴省工作，都可以通过退税的形式申请获得高达 60%，总额不超过 25 000加元的学费返还。加拿大的其他省份也拟采取类似的方式来吸引更多的国际人才。

第二节　加拿大高校招考制度面临的问题

一、普及中的失衡：高等教育入学机会中的失衡问题

入学机会的平等问题在当下的加拿大呈现出一种特别的性质。在高等教育日趋普及化的今天，平等问题与过去高等教育机会和需求比较少的年代同样突出[①]。根据马丁·特罗的高等教育发展理论，加拿大已经进入了高等教育普及化阶段。然而掩藏在这个表象之下的却是加拿大国家内部不同社会群

① 李欣：《从“普及中的失衡”到“均衡中的普及”——加拿大促进高等教育均衡发展的政策研究》，《复旦教育论坛》2013 年第 1 期。

体高等教育发展失衡的问题。其中最为突出的是农村人口和土著人口的高等教育欠发展问题。根据 2011 年最新的人口普查显示，尽管流入城市的人越来越多，但仍有超过 630 万人住在农村地区，占全国总人口 3 347 万的 18.8%①。此外，加拿大还是个典型的多民族国家，土著民族是一个特殊族群，包括印第安人、因纽特人和梅蒂斯人。土著民族总人数约为 117 万，农村和土著人口合起来超过总人口的 1/5②。这部分人口的受教育程度直接关系到加拿大的国民素质和国家竞争力，因此成为加拿大高等教育均衡发展所必须着力解决的问题。

多年来，这两大群体的高等教育发展既有宏观的、总量上的不均衡，也有更为深层的隐性失衡。这些失衡问题具体表现在三个层次上，首先是高教入学率的巨大落差。根据 2001 年的统计，年龄在 25 岁到 64 岁之间的土著人仅有 5.9% 的人拥有高等教育学历，而非土著人的这一比例却高达 20.1%，二者相差 14 个百分点。农村适龄人口的高教入学率低于全国水平近 8 个百分点，低于城市学生 10 个百分点③；其次，失衡问题也存在于对不同层次高校的选择中。农村学生、土著学生和城市学生在高校选择上存在巨大差异。在进入高校的农村学生中，有 35.5%的人选择社区学院、技术学院等各类学院就学，31.5%的人选择大学就学。土著学生的学院入学率是 28%，大学入学率是 23.1%，均低于非土著人口。相比之下，城市学生的学院入学率为 32.3%，大学入学率为 44.7%④。这说明由于多种原因导致农村学生和土著学生更多地选择在学院就读，而城市学生更多地在大学就读。最后，失衡问题还表现在对申请专业的选择上。农村地区和民族地区的学生更倾向于选择较为熟悉的和入学要求不太高的专业。医学和法律等门槛

---

① Canada's rural population since 1851：Population and dwelling counts，2011 Census，http：//www12. statcan. gc. ca/census-recensement/2011/as-sa/98-310-x/98-310-x2011003 _ 2-eng. pdf.

② Education in Canada，http：//www. cmec. ca/Pages/canadawide. aspx.

③ Alex Usher. the Post-secondary Student Support Program：An Examination of Alternative Delivery Mechanisms，http：//www. educationalpolicy. org/publications/pubpdf/INAC. pdf.

④ Postsecondary Education Participation among Underrepresented and Minority Groups，http：//www. statcan. gc. ca/pub/81-004-x/2011004/article/11595-eng. htm.

高、费用高的专业更受城市学生的青睐。这样的选择偏好导致某些专业的生源结构极度失衡。例如，目前加拿大各医学院的农村籍生源严重短缺，威胁到农村地区的医疗保健工作，引起了教育界和医学界的高度重视，各医学院不得不制定优惠政策吸引更多的农村生源，以使他们的人数达到公平合理的水平①。

加拿大促进高等教育均衡发展的民主政策迎合了以土著人和农村人口为主的弱势群体争取政治地位和经济利益的民主诉求，是多元文化政策在教育领域的纵深发展，也是加拿大建设国家民主制度的有机组成部分。近十多年来，这些先后出台的政策取得了一定的效果。根据2006年的人口普查数据，接受高等教育的农村人口和土著人口有所增加，土著人的高教入学率比5年前增长了仅2个百分点，约有半数梅蒂斯人和超过三分之一的因纽特成年人具有中等后教育经历。在行政区中，以印第安人为主的育空地区约有60％的成年人接受过各类中等后教育，而西北地区20％的成年人拥有大学文凭②。得益于高等教育，成千上万的年轻土著人和农民子女开始成为本地区的律师、教师、社会工作者、财会和医护职业人员，在民族事务和地区治理中发挥着积极作用。

然而，必须承认农村和土著地区的高等教育发展仍然远远落后于其他地区，这两大弱势群体的学生在接受优质高等教育方面仍然面临诸多挑战，文化、社会、学校、家庭等方面的不利因素依然存在。社区层面应该为这些学生营造崇尚高等教育的文化氛围，这点在注重种群意识的土著社区尤为重要；家庭要更加关注子女在中小学阶段的学业表现，使子女为接受高等教育做好学业准备；再次，高校的土著师资严重不足，有关土著文化的课程开发不足，导致土著学生认为自己没有得到公平对待。除了上述问题外，经济资助难以满足两类学生的需求则是目前面临的最大困难，特别是自2008年以来加拿大国内经济持续低迷，高校学费不断上涨，使得这一问题尤为突出。在今后的政策制定中，如何在大面积增加学费的同时保持对弱势群体的资

---

① James Rourke, Strategies to Increase the Enrolment of Students of Rural Origin in Medical School: Recommendations from the Society of Rural Physicians of Canada, Canadian Medical Association, Journal, 2005, No. 1.

② Statistics Canada. Education Reference Guide, 2006 Census (2009-11-10), http://www12.statcan.gc.ca/census-recensement/2006/ref/rp-guides/education-eng.cfm.

助，如何充分发挥土著社区和农村社区的民间力量，如何赋予土著民族更多的高等教育自决权等等问题，将会成为加拿大高等教育均衡发展政策的重要议题。

二、争议中的学费：不断上涨的学费或危及社会正义

2012 年 10 月 22 日加拿大各地的学生在加拿大学生联合会（the Canadian Federation of Students-Ontario）① 的组织下，汇集渥太华向下议院和参议院请愿，希望政府能够改善中等后教育质量、扩大中等后教育受教育机会。学生联合会的主席亚当·阿瓦德（Adam Awad）认为："学生债务和青年人失业率不断破纪录，联邦政府有责任确保每个省拥有相同的中等后教育机会。"在过去的 20 年里，加拿大的学费上涨了一倍。学费数额在各省之间存在巨大差异，纽芬兰省的学费比安大略的少 1/3。高昂的学费导致更多的学生不得不大量举债以完成学业。在 2011 年，几乎有 42.5 万名学生为了上大学向政府借款。在校学生和毕业生欠联邦政府的债务总计已高达 150 亿加元，欠省政府和私有借款机构的债务也有几十亿加元。因此，学生们希望政府能够将学生债务减半，并且通过一项联邦中等后教育法案（a federal post-secondary education act），为各省的高等教育设立国家标准。学生们批评现任的自由党政府，在选举时承诺将学费减低三成，但至今安大略省的学费持续高踞全国榜首。许多父母为帮助子女完成学业，不惜抵押房子或延迟退休；大学生毕业后负债累累，又不能找得一份稳定的工作，省政府对这一切视若无睹，是离弃了学生及民众②。这次请愿活动并不是一次偶发性事件，早先一年在魁北克也爆发了以学生抗议学费大幅上涨为导火线的"魁北克之春"运动，迫使政府不得不推迟学费涨价计划。此类事件说明加拿大日益增高的学费和居高不下的失业率导致社会矛盾激化，这个高福利国家的教育福利意识在经济发展滞缓的时期面临挑战。

加拿大高校的学费在近半个世纪一直以加速度的方式增长，其涨幅远远

---

① 加拿大学生联合会是加拿大最大的学生组织，拥有遍布各省高校的 80 个学生会团以及 60 万学生会员。该组织及其前身自 1927 年成立以来，就多次为加拿大大学生的利益发声，代表他们的利益组织活动。

② Students in Ottawa to Call on Government to Cut Student Debt, Make Education, http://www.newswire.ca/en/index.

超过了通货膨胀率。1950 年全国的平均学费仅为 250 加元，该数字到 1970 年达到 525 加元，在 20 年时间翻了一番，随后在 70 年代继续增长。在 1972—1973 学年各大学的招生简章中，多伦多大学公布的学费为 530～780 加元，女王大学的学费为 600～675 加元，布洛克大学的学费为 525 加元①。一些专业性较强的学科，如工程学、医学、商学等的学费要更高一些。从 1970 年到 1990 年的 20 年间，学费上涨的速度最为惊人，到了 1990 年各省高校平均学费为 2 500～3 000 加元、住宿及伙食费 4 500～5 000 加元、书本费 500～800 加元，总计 7 500～8 800 加元，外加交通费等其他个人开销，每年的开支将近 10 000 加元②。也就是说，从 70 年到 90 年的 20 年间，高校学费猛增了 5 至 6 倍；从 90 年代至今，加拿大的学费继续一路上涨。据加拿大统计局的数据显示：除纽芬兰省外，近年来其他各省的学费都在上涨。2012 年进入高等学府深造的全日制大学生，与在 2011 年秋季升入大学的学生们相比，所缴付的学费要高出 5%。相比之下，在 2011 年 7 月至 2012 年 7 月期间的通胀率只有 1.3%。2012 年—2013 年的各省高校本科生平均学费为 5 581 元，涨幅为 5%。其中，安大略省大学的学费最高，平均为 7 180元，这导致安省大学生向政府请愿和示威游行的活动时有发生。

在这些年里，与学费一起上涨的还有家长对子女接受高等教育的期望。加拿大千禧奖学金基金会在 2002 年的研究表明：尽管高校的收费不断上涨，加拿大家长仍然对子女接受高等教育抱有较高期望。超过 85%的家长期望他们的孩子能接受一定程度的高等教育。具有大学学位的父母中高达 97%的人对子女具有这种期望。然而，虽然不同阶层的家长都有这种期望，但并非所有家长都有经济能力支付高额的学费。仅有 42%的家庭为子女的高等教育备有存款。这些数据还存在地区差异，最高的是萨斯喀彻温省，该省 50%的家长为子女上大学存款，而魁北克省的这一数字仅为 29%③。由于无法得到家庭的充分资助，大学生必须依靠贷款完成学业。据加拿大高校联合

① Marie Sivyer, Perspectives 1972—1973: Includes Information on Requirements for Admission to Canadian Colleges and Universities, SACU 151 Slater Ottawa, Ontario, pp. 31-32, 42-43, 46-47.

② Jilla Williams, For Grads Only: A University Admission Guide, 1994—1995 Edition, Educational Guidance Services, 1995, p. 13.

③ Sean Junor, Alexander Usher, The Price of Knowledge: Access and Student Finance in Canada, Canada Millennium Scholarship Foundation, 2002, September.

会 2012 年的最新统计，仅 4 成大学毕业生没有贷款，另外的 6 成毕业生需要偿还学生贷款，他们中仅有 30%的学生贷款额低于 1.2 万加元。对于有债在身的毕业生而言，他们的平均欠款是 2.46 万加元[①]。学费已经成为低收入家庭学生和家长的不能承受之重。

不仅是学生和家长承受了巨大经济压力，实际上自 1990 年底以来，加拿大高校也承受了巨大的压力。一方面，地方政府希望高校能够接纳更多的学生，并提高其研发创新能力，而另一方面，地方政府又希望高校减少对公共财政的依赖性。学费涨幅从侧面体现了高等教育筹资趋势，向学生收费成为高校获取财政经费[②]的主要来源之一，导致全国范围内学费上涨。

而学费上涨势必影响不同学生群体的入学机会，这与加拿大高等教育追求平等的意愿相背离。加拿大学者研究发现，自 1995—1996 学年至 2001—2002 学年，学费上涨与不同社会经济地位学生的大学入学情况存在直接关联：在学费高度上涨的省，来自不同社会经济背景学生的大学入学人数会相应减少。学费基本没有发生变化的省，如魁北克和不列颠哥伦比亚省，在入学群体方面的变化甚微；学费略微上涨的省，例如新斯科舍、曼尼托巴、萨斯喀彻温和阿尔伯塔，学生入学情况也发生了略微变化。安大略省的情况最为显著。在此期间，父母具有大学学历的学生上大学概率由原来的 2.4%增至 5.2%。父母没有高等教育经历的学生入学概率仅从 0.5%增至 1.2%[③]。这说明学费上涨限制了低收入家庭子女的高等教育机会。

安大略省前教育部长雷（Rae）从经济学的角度对高等教育的入学机会和学费政策做了分析：尽管高等教育的确能给公众带来利益，但却把个人利益压倒性地赋予了有钱人。来自高收入家庭的孩子更有机会上大学，大学毕业后的生活中更可能获取更高的收入。我们都承认中等后教育应该让所有学

① AUCC，Back to School：Quick Facts，October 2012.

② 加拿大大学的财政经费主要来自以下渠道：第一，省政府和联邦政府的资助。各省政府通过财政预算向各高校拨发事业费和各种基本建设费。联邦政府主要通过自然科学与工程研究基金会、社会与人文科学研究基金会和医学研究基金会为大学提供大部分科研经费。第二，大学自身的收入，如学费、科研合同等。第三，公众提供的基金，包括个人捐款、公司赞助以及慈善机构的赠款等。

③ Marc Frenette. The Impact of Tuition Fees on University Access：Evidence from a Large-scale Price Deregulation in Professional Programs（2005-09-27），http：//www. statcan. gc. ca/pub/11f0019m/11f0019m2005263-eng. pdf.

生受益，包括那些出身贫寒的学生。但如果要通过采取免费高等教育的手段来实现这一目标，就会适得其反，使得中上阶层的既得利益更为膨胀，因为无论高等教育免费与否，他们的子女都能上大学。免费高等教育只会造成金钱浪费，应该采取其他有效途径来确保贫困学生接受高等教育①。雷的主导思想就是先面向所有学生收取同样的费用，不论贫富，继而把部分收费用以资助家庭不富裕的学生。目前这种思想主导了安大略省的高校，并对其他省也有一定影响。

然而，这种用富人的钱补贴穷人的做法并未真正得到民众的认可。加拿大学生联合会对此进行了民意调查，并将调查结果写进呈递给联邦政府的请愿报告《公立教育要为了公众利益——对加拿大中等后教育的国家展望》(Public Education is for Public Good：A National Vision for Canada's Post-secondary Education System) 中。调查显示：在高校收费方面，78%的人反对学费上涨，其中41%的人希望削减当下的学费；在入学机会方面，有61%的加拿大民众认为：在确保每一个有资格的人能够获得学位方面，政府做得不够。高昂的学费和贷款，迫使学生做兼职的时间更多，而学习的时间更少。与父辈们相比，这一代学生在艰难地支付着学费。破纪录的高学费与经济不景气相叠加，大幅增加了一些弱势群体学生接受高等教育的困难，这包括土著学生、其他少数族裔学生以及残疾学生。高昂的学费限制了来自中低收入家庭学生的高等教育机会。在接受大学教育的人数方面，低收入家庭的学生比高收入家庭的学生少了一半。经济因素成为高中生止步高等教育最常见的原因。目前的收费政策不顾学生的家庭背景差异，向不同阶层的学生收取相同的费用，这显然是不合理的。报告建议实施渐进式的收入税体系 (a progressive income tax system) 是更为公平的可行办法。这样的税收体系能够确保以公平的方式对富人和穷人收税，基于个体的能力为社会作贡献，也能体现出个体从所受教育中获得的经济利益②。

时至今日，学费问题已经成为影响加拿大高等教育健康发展的核心问题之一，围绕学费的争论不绝于耳。一方面家长期望子女接受高等教育，然而

---

① Charles M. Beach，A Challenge for Higher Education in Ontario，Montreal & Kingston：McGill-Queen's University Press，2005，p. 98.

② Public Education is for Public Good：A National Vision for Canada's Post-secondary Education System，http：//www. lobbyweek. cfs-fcee. ca/section/189.

很多家庭却无力为子女支付这笔庞大的教育支出，特别是低收入家庭受国家经济形势的影响比较大，财政状况非常脆弱，无法为子女存下教育储蓄。正如多伦多大学安大略教育研究院高等教育专家格兰·琼斯教授在接受笔者访谈中所言："政府推出教育储蓄项目，希望家长为子女上大学提前存钱，然而现实的情况却是许多家长没钱可以存。"另一方面，越来越多的学生涌进校园，加大了高校的运行成本，而政府对高校的资助却无法跟进，在经济艰难的时代，政府更希望高校能自力更生，于是高校不得不靠增加学费来达到收支平衡，这又限制了低收入群体的入学机会。而且居高不下的失业率又迫使人们进入高校接受教育培训，这又在一定程度上加大了高校的运营成本。

曾经，"加拿大是一个将公民的福利放在资本主义利润之上的国家，所有人的生命平等比经济繁荣更重要"①，建立正义的社会是自特鲁多时代以来所有加拿大人的梦想，然而，如今不断上涨的学费或将危及这个福利国家的正义梦想。

第三节　加拿大高校招考制度引发的思考

一、统考之思：关于统一外部考试必要性的思考

（一）高校招生考试制度的类型

从广义上讲，高校招生考试制度隶属于教育制度，因此，教育制度作为母制度决定并制约着这一子制度，有什么样的教育制度，必然有与之相应的招生考试制度。招考制度作为教育制度的一部分，一经产生又有一定相对独立性，并可以形成相对独立的体系。良好的考试制度能够促进教育制度的完善与发展，反之，则会带来阻碍。世界各国历史、社会、文化传统等方面存在巨大差异，教育制度千差万别，高校招生考试制度也彼此不同。就目前的研究文献来看，世界范围存在五种类型的高校招生考试制度。

首先是资格认定制。它是指"只要学生通过高中毕业考试，并获得毕业资格证书，自然也就获得大学学籍登录权和进入大学学业的资格，学生可以

① Joanne C. Turner & Francis J . Turner，Canadian Social Welfare，Pearson Education Canada，2001.

自由进入大学学习，无须进行大学入学考试”①。英国、法国、德国仍主要采用这种制度。它以其经济、平和、简捷而受到欢迎，在这些发达国家实行了几十年甚至上百年。但面对日益激烈的高等教育竞争，这种类型的招生制度受到严峻挑战。

其次是统一考试制。其最主要的特点是用统一考试的成绩作为尺度或标准衡量每个考生，并把考生区分出相对的优劣，为高校选拔优秀人才服务，这就决定了统一考试制度的竞争本质。目前实行高校入学统一考试的国家有美国、中国等，但由于这些国家的历史和社会背景不同，其统一考试的方法也不同。美国的大学入学统一考试不是由政府主导的，而是自发形成的，由社会考试机构来承担，这些考试机构只负责出考试题，组织考试和评分，招生工作由各大学组织的招生委员会进行。所以，美国虽然实行统一考试，但实际上并非国家性的考试。而中国则是实行统一考试历史最为悠久、方法最为完善、组织最为严密的国家，从高等学校招生考试的方针、政策、条例、考试时间、内容、评分、录取等方面，都有全国性的统一要求。统一考试以其公平、公正受到考生和家长的欢迎，然而这种以分数论高低的考试也造成了高分低能、片面追求升学率等负面影响。目前中国的高校招生考试制度正在进行改革，试图把高中学业水平考试的成绩也作为高校录取的参考之一。

在进行全国统一考试制的国家，还会部分采用推荐保送制，例如中国、日本和苏联都采用这一制度作为统一考试制的补充。为了确保生源质量，各国对保送生的条件和数量都有严格的限制；我国在“文革”时期曾废止了统一高考，而广泛采用推荐保送制，以阶级出身和家庭成分为选拔标准，造成高校生源质量严重下滑。

再次是综合选拔制。它是资格认定和基准淘汰相结合的制度，其招生政策灵活，考试形式、录取标准和招生方式多样化，既兼顾了学生的入学权利与学习能力，又注重了中学与大学的衔接，同时还避免了统一考试一考定终生的偶然性和高风险性，以其有效性与准确性保证了新生的生源质量，是迄今为止较为理想的一种高校招生考试制度。在实行资格型考试与选拔型考试的国家中，考试向着综合评定方向发展成为一种无法逆转的共同趋势。加拿大就是成功采用综合选拔制的国家之一。我国的高考也正在逐渐从一考定终

① 于钦波、杨晓：《中外大学入学考试制度比较与中国高考制度改革》，四川教育出版社，2000 年，第 5 页。

生的统一考试型向综合选拔型过渡。

此外，开放招生制也非常值得一提。这是伴随着高等教育大众化和普及化趋势而产生的一种招生制度，主要被世界各地的开放大学广泛采用，如英国的开放大学、加拿大的阿萨巴斯卡大学等等。这种招生制度是对传统制度的巨大变革，将成为终身教育时代的重要标志之一。需要补充的是，开放招生并非毫无底线的来者不拒，而是依然保留了最低的入学要求，实行宽进严出的办法。

（二）加拿大历史上的外部统一考试

加拿大曾经于1969年—1972年实行全国统一入学考试，负责考试的加拿大学院与大学招生服务社（the Canadian Sevice of Admission to College and University，简称SACU）在1971年时还被认为是一个相对有效的组织。那么是什么原因导致该组织的解体，并最终导致全国统一入学考试的废除？探讨这个问题对于实行举国高考体制的中国而言，尤为具有启发价值。

或许是由于时隔久远，加拿大学者对废除统一考试的研究并不多，从目前掌握的文献看，学者们认为导致这些结果的原因是多方面的。笔者在本书第二章第三节曾提到，该考试本身的信度和效度不足，不能有效预测高中毕业生在高校的学习能力，相比之下学生的高中成绩更能预测其未来的学习能力，这导致高校纷纷弃用统考而只看高中最后一年的大学预科成绩。1971年有学者撰文认为，加拿大对SACU考试的试验证明了一种普遍假设，那就是：对学生大学学习表现最有效的预测指标是高中毕业班教师打的分数，而不是外部能力考试的成绩①。1973年又有学者通过研究得出相同的结论，加拿大学者奈尔伯格等人对阿尔伯塔省的高校招生方式进行研究，随机挑选了306名12年级学生，把他们高中GPA、高中毕业考试成绩和SACU测验成绩与他们随后在阿尔伯塔大学大一和大二的学习成绩的相关性进行比对，结果发现高中成绩最能预测学生未来在大学的学业成绩。研究者建议高校在招生时应重点关注学生的高中成绩②。1975年加拿大学者们对用于安大略

① J. A. Cholvat, Grade 13 Marks or OACU (SACU) Tests?, English Quarterly, 1971, Sum, p. 4, 2, pp. 51-57.

② Nyberg, V. R.; Baril, R. G., SACU Test Variables as Predictors of University GPA, Alberta Journal of Educational Research, Vol. 19, No. 4, Dec 1973, pp. 303-308.

省大学选拔人才的五种方法进行了调查，这些方法包括开放入学、面试、教师推荐、毕业班学科成绩，以及 SACU 考试分数。学者们通过分析 2 593 名 1972 届高中毕业生在特伦特大学（Trent University）一年级结束时的学业成绩来比较这些选拔方法的有效性。研究结果表明这些方法的有效性不具有特别显著的差异，特别值得一提的是：以开放入学方式招录的学生在第一学年结束时的 GPA 与其他试验小组的几乎一样好，以毕业班学科成绩招录的学生 GPA 成绩相对较高①。这些研究都说明统一外部考试的有效性并不突出。这也在一定程度上说明：美国之所以能够建立全国统一的考试服务体系，在很大程度上得益于美国测量评价科学的发展，强大的教育测量评价能力为统一外部考试的实施提供了强有力的技术支持，而加拿大无论是在当时还是现在都不具备这个条件。

除此之外，外部的社会环境也起到了重要的推动作用。70 年代加拿大各省的地方主义情绪高涨，同时高校就学人数停滞甚至一度下滑，开放入学理念逐步被民众接受，这些内外部因素导致参与 SACU 考试的高校数量急剧下降，并且还引起了民众对 SACU 选拔功能的严厉批评。人们认为 SACU 应该对其组织的考试重新定位，使其发挥人才分流功能和咨询功能，而不仅仅是选拔功能②。

（三）决定加拿大高校招考制度类型的因素

加拿大的 SACU 统一考试被废止固然有其本身的欠缺，但下面几个因素也从客观上决定了各省高校最终会采用综合选拔制：

其一，加拿大教育制度对高校招考制度的制约作用。首先，学制的构成决定了考试制度的构成。学制的构成基本上分为两种形式，即自上而下的下构型学制和自下而上的上构型学制。前者具有两个鲜明特点：第一，大学（高等教育）的产生早于大规模中学（基础教育）的产生；第二，教学内容的影响是自上而下的，上一级学校（高校）决定了下一级学校（中学）的教

---

① Gordon Pollock, Richard J. Bowman, Paul Gendreau, Lorna Gendreau, An Investigation of Selection Criteria for Admission to an Ontario University, Canadian Journal of Higher Education, 1975, p. 5, 3, pp. 1-16.

② Vincent R. D'Oyley, Hermann Muller-Solger, National Testing for College and University: The Role of the Service for Admission to College and University (SACU) in Canadian Higher Education, International Review of Education, 1975, p. 21.

学内容。加拿大的学制属于下构型学制。考察加拿大的高等教育史，可发现其大学最早可追溯至十七世纪，当时成立大学的初衷是为了培养神父和高级文职人员。随后一些古典大学的专业也都主要围绕文、法、神、医等学科。大规模基础教育尚未产生，仅有少量文法学校。在高等教育发展早期，大学与文法学校的边界十分模糊，当时能够接受教育的都是权贵子弟，在没有文法学校的地方，富裕的家庭干脆直接就把孩子送到当地大学或学院接受教育，他们甚至无须经过任何考试就可直接进入大学。直到十九世纪六十年代，加拿大高等教育与中等教育之间的边界才逐步清晰，大学开始提出比较清晰的入学要求，那就是学生需要完成高中阶段的学习，只要高中能够合格毕业就基本具备了升入大学学习的资格。之后，虽历经百年时代变迁，但这种历史上的招生传统在本质上却没有发生根本变化，在最为深远的意义上决定了现行的高校招生实践。

其二，高等教育需求与供给较为平衡。为了满足各阶层民众接受高等教育的需求，加拿大在六七十年代通过扩大现有大学规模和设立社区学院等措施对高等教育规模进行了扩容，特别值得一提的是创建开放大学，这使许多无法在传统的大学校园接受教育的学生能够获得教育机会。由于地广人稀的地理分布，“远离校园的地理因素成为阻碍学生接受高等教育的原因之一，但不是最主要的原因。许多学生没有机会上大学是由于录取政策僵化、课程设置不方便、缺乏学分转移体制，以及无法提供学生感兴趣的课程等原因导致的，而开放大学则有助于学生解决这些问题。开放大学的办学理念强调发现并发展学生的认知和体验，以灵活、弹性的方式来设置课程，来满足学生的个体需要并最终促成个体走向成功。传统的大学欠缺这方面的考虑，因为它们有其他方面的重要使命。从高等教育系统的角度来看，开放大学的确是有益的补充”①。对于加拿大三千多万的总人口而言，传统大学、社区学院以及开放大学基本能够满足加拿大学生多样化的入学需求，而且加拿大高校的校舍、设备等硬件设施配置较好，高等教育整体质量很高，仅存在有限的差异，因此学生之间对优质高等教育资源的竞争也不会形成白热化的程度。平衡的供给关系、均衡的资源配置、有限的水平差异，这使高校能够采取较为灵活变通、以人为本的综合选拔制，而无须采用一种追求至公的评价工具

① Charles M. Beach，A Challenge for Higher Education in Ontario，McGill-Queen's University Press，2005，p. 16.

来衡量所有学生。

此外，加拿大整个社会重视诚信，讲求公正，这是采用综合选拔制的文化心理环境。如果缺乏这样的环境，综合选拔制则无法实施。如果把加拿大与中国相比，则更能体现这种文化心理环境的难能可贵："加拿大是一个重视法制的社会，人们的法制观念、信誉观念非常强；而中国传统文化重视家庭和人际关系的和谐，使传统的家庭和交友关系无限膨胀，形成纵横交错的社会关系网，加之中国的信誉系统尚不健全，在这种重人情关系的社会文化环境中，只有通过公平的考试竞争才能摆脱人情困扰，才能正确选拔人才；同时为了保证高校录取的公平、公正，我们需要一种互相监督的机制，需要对录取结果进行检查审核。"①

（四）统一外部考试的利弊权衡

在德国著名的存在主义哲学家、心理学家和教育家雅斯贝尔斯看来：大学的目标是帮助年轻一代里面最优秀的学生得到自由的发展。人的天资和个性特征只能部分地被客观的心理学技术所理解，在一定程度上，心理学的能力倾向测试是没有什么意义的，因为根本就没有什么客观的、可以衡量或者检验的标准。他认为：无论在什么情况下，真正伟大的人物是没有办法通过考试预先选拔和识别的。关于大学生的选拔程序或方式，他指出：任何一种选拔都是有局限性的；选拔工作要做到绝对公正也是不可能的，总免不了会有一些偏向。所以，对待选拔工作应尽量做到"既不妨碍那凤毛麟角的天才人物脱颖而出，又不偏袒那些平庸和资质低劣的人"②。雅斯贝尔斯的看法带有明显的精英主义意味，但却不无道理。

加拿大高校选拔方式最突出的特点就是没有统一考试，其显著优势在于：首先，教师能够更多关注教学的内在品质，更多关注提高学生的综合素质，而不是为考而教；其次，学生能够更踏实地学习感兴趣的领域，而不用为考而学，高中阶段的学习焦虑感远远低于需要接受统一考试的学生。然而任何一种选拔都有局限性，各国的高校招考制度都是当下对各国而言最合适的选择，是历史性的选择，并不存在完美的高校选拔制度，加拿大的综合选

---

① 丁秀涛：《对北京和安大略省高校招生系统的比较分析》，《考试研究》2007年第5期。

② 卡尔·雅斯贝尔斯：《大学之理念》，邱立波译，上海人民出版社，2007年，第147～164页。

拔制也暴露出一些弊端。

首先，缺少全国统一考试而各省高中的课程标准也不尽相同，导致各省高校在招生时缺少统一的衡量标准，增加了录取工作的难度；高校根据高中最后两年的期中、期末成绩和学业记录录取，而全国范围不同高中的成绩并非真的具有一样的可比性，这使得高校在招生时只能假定（assume）不同高中成绩的含金量是相同的。

其次，各省之间缺少统一评价标准也为各个高校招生办的实际工作带来了挑战，凡是哪个省的高中课程发生了变化，招生部门的人员都要及时跟进并调整对该省高中生的相应录取标准。例如，在不列颠哥伦比亚省曾经对高中的省级统考做了改革，原先要求学生必须参加 12 年级若干科目的省级统考才能毕业，然而 2004 年该考试进行了改革，增加了 10 年级和 11 年级的考试，同时弱化了 12 年级的考试，学生可自愿选择是否参加 12 年级的考试。此举原是为了赋予高中生更多的课程选择权和发展自由，80%的学生选择不参加考试。但这样一来，全国高校的招生办就不得不改变其录取标准，不再参考该省学生的 12 年级统考成绩①。因此，各校招生办的工作人员必须密切关注地方上的高中教育改革，以便及时调整本校的招生要求。各省的课程设置和课程代码也有差别，这为录取工作带来了不便。

再次，难以获得某些全国性的教育统计数据，不利于国家的教育质量检测。加拿大是有名的不设联邦教育部的唯一发达国家。在历史发展过程中，每当民众的观点对决定国家命运必不可少时，每当全国性的计划对国家发展至关重要时，每当国际社会需要听到一个国家的声音时，加拿大各民族作为一个整体就感到自己缺少这样一个总的指导。由于加拿大没有联邦教育部收集、传播教育信息，加拿大的教育家们无法及时了解国家的教育情况，国外的教育家们就更不必说了②。甚至包括 OECD 的许多权威性统计，都无法获得一些加拿大全国教育的数据，在 OECD 的成员国之间进行横向比较时，加拿大一栏的数据经常只能标注 N/A，即“无法获取”的状态。

① Ministry of Education, Scholarship funds will reach more students, support families, http://www2.news.gov.bc.ca/news_releases_2009-2013/2011EDUC0066-001023.htm (2013-05-29).

② 约瑟夫·卡茨（Joseph Katz）：《加拿大的教育》，刘庆荣，等译，内蒙古大学出版社，1992 年，前言。

第四，缺乏统一考试给高校之间的科学排名带来了不便。“新生质量是指学生开始学习时的特点和能力。最常见的新生质量指标是全国标准化考试成绩。有 9 个排行榜采用了这一指标。香港专业教育网和《卫报》最重视这个评估指标（权重 20%），墨尔本研究所（11%），《亚洲周刊》（8.33%），《美国新闻与世界报道》（7.5%），网大（5.95%），《金融时报》（5%），《泰晤士报》（3.3%），武汉大学（0.33%）也都采用了这一评估指标。因为这些数据的收集和标准化是由全国性组织实施的，所以它有这样的好处，即它可以被视为决定每所大学入学新生的相对实力的一个相对公平的方法。在这个标准上，加拿大是一个例外，其主要的排名机构《麦卡林》杂志采用中学的等级来评估学生实力。在加拿大没有全国性考试的情况下，这是退而求其次的解决方法。但在缺少全国标准化的情况下，这一标准无疑是一个稍差的指标，因为它无法确保在某一管辖范围的‘A’级水平真的与另一管辖范围内的‘A’级水平相等。”①

最后，在加拿大高校招生中，高中成绩一向被视为进入大学的“硬通货”，对高中成绩的要求在过去的十年间稳步上涨，特别对于申请工程等热门专业的学生而言。加拿大的高校正在努力提升自己的入门标准和学费，只把顶尖的学生招录进来，同时拒绝了大量够格的学生②。此方面还有一个更为令人不安的结果，那就是高中和教师为了迎合高校的招生标准而提高了给学生的分数基准，导致分数贬值。

正如综合选拔制度是最适合加拿大国情的，而统一考试制度也是最适合中国国情的。高考被认为是我国目前最为公正客观的录取制度，具有鲜明的优点：首先，各地的普通高校招生都有统一的标准。所有打算在国内上大学的人都必须参加各地的高考，高校招生基本只看高考成绩录取，高考也力求做到“天下至公”；其次，各地的高考具有互相监督机制。例如，“北京普通高校招生在北京高校招生委员会的领导之下进行，录取结果需要被北京教育考试院检查审核，这形成一种互相监督的机制，这种机制能减少不公平招

① 亚历克斯·埃舍尔、马斯莫·萨维诺：《差异的世界：大学排名的全球调查》，《清华大学教育研究》2006 年第 5 期。

② Scott Davies，Floyd M. Hammack，The Channeling of Student Competition in Higher Education：Comparing Canada and the U. S.，The Journal of Higher Education，2005，Vol. 76，No. 1.

生，给学生以相等的上大学机会”①。最后，统一考试、统一录取的方式相对高校自主招生而言更能节省高校的时间和精力，也更为经济。

优势与劣势往往互相依存，我国统一高考制度的缺陷也很明显：第一，导致教师为考而教。学生过多地关注升学结果而非教学过程，许多学生只为获取高分而学，学校盲目追求高考升学率，这种情况不利于提高学生的综合素质；第二，高考利害性过高。一次考试定终生，导致学生考试压力过大。由于种种原因，一些平时成绩较好的学生可能在高考中表现欠佳，丧失被理想高校录取的机会；第三，高考的信度和效度也有待提升，高考的出题水平有待提升；第四，高校招生自主权不够。尽管两国的录取决定最终都是由高校做出的，但高校的招生自主权存在天壤之别。在我国，高校只能在各地教育考试院传送的档案中筛选学生，录取决定需要经过考试院的检查审核；在加拿大各省的大学录取决定都是独立自主的；第五，学生的意愿和权利没有得到足够尊重。

高校招考制度是高等教育制度的重要组成部分，它必须适应各国高等教育以及经济的发展。在加拿大，高等教育的供给平衡，高校质量相当，能够满足民众对高等教育的多样化需求；而中国的经济和高等教育均处在发展中水平，考虑到我国的人口基数，高等教育学龄人口众多，而优质高等教育资源稀缺，不同层次或类型的高校之间不论在校舍等硬件资源还是师资等软件资源方面都存在巨大差异。此外，整个社会的诚信体系尚未建立，讲关系徇私情的社会风气使得人们必须找到一个“至公”的评价工具，这就是“分数面前人人平等”的高考。诚如我国著名的考试研究专家刘海峰教授所言：“高考是历史的选择，更是现实的需要。”②

二、公平之问：关于实现入学机会公平性的思考

罗尔斯在《正义论》的开头明确指出：“正义是社会体制的第一美德，就像真实是思想体系的第一美德一样。一种理论如果是不真实的，那么无论它多么高雅，多么简单扼要，也必然会遭到人们的拒绝或修正；同样，法律和体制如果是不正义的，那么无论它们多么有效，多么有条不紊，也必然会

① 丁秀涛：《对北京和安大略省高校招生系统的比较分析》，《考试研究》2007 年第 5 期。

② 刘海峰：《高校招生考试制度改革研究》，经济科学出版社，2009 年，前言。

为人们所改革或废除。"① 社会是否公平正义，总是与社会制度联系在一起的，正义被当作评价社会制度的一个价值标准，用以匡正人类不平等的事实。制度的生命在于公平与正义，评价一个国家的高等教育制度是否公平的首要标准就是要看高等教育的"入口"是否向国民公平开放，而这个"入口"无疑就是高校的招生考试制度。反之，公平应该成为评判高校招考制度的价值标准，这关乎整个高等教育体系的起点公平。

高等教育"入口"的公平问题是加拿大多年来关注的热点。起初，如同世界上许多国家一样，加拿大的大学自诞生之日就是少数精英人士的垄断特权，来自不同社会经济背景的群体在高等教育参与率方面存在较大差距。在1900年，加拿大典型的大学生形象是男性白人，并且来自社会上层。加拿大学者艾克赛尔罗德和瑞德研究发现：自1920年到1950年，纽芬兰纪念大学（Memorial University of Newfoundland）几乎半数学生都来自中上阶层，而当时中上阶层群体只占整个纽芬兰省社会的10%。自1880到1900年，在达尔豪西大学就读的有限的女学生中，其父亲绝大多数都是商人或牧师。20世纪早期的女王大学，仅有16%的学生来自工薪阶层，在校就读的女大学生大多都来自富有家庭②。这种社会阶层的不平等随着时间的流逝并未消失。1985年皇家委员会（Royal Commission）的一份报告指出：父母拥有学士学位的子女上大学的比例是父母没有学位的子女的四倍，高收入家庭的学生总是比低收入家庭学生更有机会进入高校学习③。到了21世纪，加拿大的高等教育入学机会在普及的过程中仍然存在失衡的问题，有色人种、少数族裔、土著民族等群体与白人主流群体在入学机会和对专业的选择方面存在显著差异，高等教育普及化进程的繁荣表象掩盖了深层次的不平等。尽管在高校招生的具体实践层面，各省高校都是公平公正的，不论性别、种族、民族、肤色、宗教、国籍、年龄、身份一律同等对待。如多伦多大学安大略教育研究院的招生主任唐恩·麦克米兰（Don MacMillan）在访谈中所言："在我们做招生决定的时候，不看学生的名字、性别、种族，不看学生是毕

① 约翰·罗尔斯：《正义论》，谢延光译，上海译文出版社，1991年，第3～4页。

② Jane Gaskell，Arlene McLaren，Women and Education（2nd Edition），Detselig Enterprises Limited，1991，p. 175.

③ Jane Gaskell，Arlene McLaren，Women and Education（2nd Edition），Detselig Enterprises Limited，1991，p. 175.

业于农村学校还是城市学校，也不看他是否是校友的子女或本校教师的子女，我们只看学生的学习成绩，分数就是分数。”相比之下，全美高校具有共性的十条招生理念中，有三条明确提出“对校友子女之入学给予优惠，各系应招收一定比例的校友子女”、“招收一些家长是学校赞助者的学生”、“对高校教职员子女之入学给予特殊考虑”①。相对于美国高校招生中对校友子女、赞助者子女和本校教职工子女的优惠政策，加拿大的高校更为公平公正。即便如此，这种程序上的公平，如果缺乏公平的外部社会环境，还是无法保证不同学生群体的教育机会均等。

“高等教育是使所有公民平等的一种方式，它使公民有机会获得较高的收入和较高的社会地位。高等教育同时也可能增加不平等。获得高等教育使人具有较高的经济、社会地位、权力等方面的优势层次；而缺乏教育会使人处于非常不利的地位。”② 根据社会等级的交互变迁的理论假设，每一个向上流动都必然有一个向下流动与之相对应。这样的话，“一部分中产阶级儿童在社会经济地位上降低了；其中一些人没有竞争高等教育机会的能力或者进入科层等级体系的能力，因此掉队了。不管一些中产阶级人士因为何种理由向下流动了，他们都为下层阶级背景的人升上来创造了空间”③。然而这种理想模型在当代的各国都无法实现。以布迪厄的文化再生产理论观之，上层阶级凭借教育进行文化资源和社会资源的代际传递，把社会等级转变为学术等级，继而通过特权将这一过程合法化，有力地保持自己阶层的利益和优势地位。“不同社会阶层在教育面前最初的不平等，在高等教育阶段首先表现为接受高等教育的人数比例不均。……教育系统客观地进行着淘汰，阶级地位越低受害越深。”④ 反观我国的情况，国家的转型在继续，但底层个体命运的转型却逐渐陷入停顿，阶层固化的趋势正在加剧。

如今，高等教育入学机会的公平性已经引发了全世界的关注，平等被设

① 唐滢：《美国高校招生考试制度研究》，华中师范大学出版社，2007年，第69页。

② 李文胜：《中国高等教育入学机会的公平性研究》，北京大学出版社，2008年，第90页。

③ S. M. Lipset，H. Zetterberg，A Theory of Social Mobility，1956，p. 570，转引自马太·杜甘：《国家的比较：为什么比较，如何比较，拿什么比较》，文强译，社会科学文献出版社，2010年，第172页。

④ 布迪厄，等：《继承人——大学生与文化》，邢克超译，商务印书馆，2002年，第5页。

定为各国普遍的政策目标。世界经济合作组织（OECD）曾于2009年发文对其成员国在未来20年里的高等教育发展做了展望，主要结论包括，就学生角度而言：学生参与度将继续增加，尤其是在高等教育系统规模扩大过程中更为明显；在学生中女性将占大多数；学生群体也会更加多样化，将会有更多的国际学生、大龄学生和非全日制学生等；高等教育的社会基础将会继续扩展，同时，伴随着由它带来的社会群体之间教育机会不公平的不确定性会增大；有关入学的问题和政策以及减少不公正的努力将发生变化，同时一些受关注群体的扩张政策也会发生变化，具体要依不同国家而定。研究表明：尽管做出了巨大努力，根深蒂固的公平问题仍在继续；排斥女性的专业和学科文化仍然在延续；一些少数族裔的群体依然受到歧视，他们作为一个整体往往缺乏比较好的成绩，即便毕业后他们的就业前途依然黯淡。因此，平等问题的产生不仅与入学相关，而且与教学计划本身以及结果也相联系。在公平的背景下应该更关注高等教育中的成果和如何就业。即使拓宽的高等教育入口增加了这些群体的机会，在高等教育中的学业失败、辍学以及就业中的差异将被视为高度的不平等①。

据OECD的预测，高等教育在21世纪世界范围突飞猛进的势头未来还要持续至少20年。可以预见，如何确保高等教育实现公平的入学机会将是个世界难题。对包括中国在内的许多尚未实现高等教育普及化的新兴国家而言，解决这一问题更为艰难。在现阶段的中国，与高等教育入学机会公平问题直接相关的就是高等教育发展的失衡问题。我国的高等教育毛入学率用了二十年的时间从1990年的3.4％迅速提高到2010年的26.5％②。这标志着我国高等教育已经进入大众化阶段，但是“高等教育大众化不仅意味着高等教育人口绝对数的增加，而且还意味着受过高等教育的人口在地区间、城乡间、阶层间的发展平衡。而现实情况是：高等教育发展差距进一步拉大”③。我国不同地区的高等教育在资源分布、经费投入、办学质量等方面均存在严重失衡问题，东部与中西部差异巨大，城乡二元结构矛盾突出。根据国家统

① 经济合作与发展组织编，谢维和，等编译：《重新定义第三级教育》，高等教育出版社，2002年，第40页。

② 《我国高等教育毛入学率达26.5％》，《人民日报》2011年3月29日，第4版。

③ 袁振国：《缩小差距——中国教育政策的重大命题》，《北京师范大学学报》（社会科学版）2005年第3期。

计局 2011 年公报可以看出：虽然我国大陆城镇人口比重首次超过 50%，达到 51.3%，但农村人口仍然牢牢占据总人口的半壁江山。城镇居民人均年收入（21 810 元）是农村居民人均年收入（6 194 元）的 3.5 倍多，这是自 1978 年以来的最大差距①。农村学生的高等教育入学率远低于城市学生，农村学生在不同层级高校的分布也极不均衡，重点大学和优势学科的农村生源下降，农村学生多集中在普通本科甚至专科层次的高校，依然缺乏向社会上层流动的机会。

相似的问题也存在于我国民族地区的高等教育中。建国六十余年来，我国民族地区高等教育经历了从无到有的发展历程，截至 2004 年，内蒙古、西藏、新疆、宁夏和广西五个民族自治区的高校共有 125 所②。这些高校对保持民族地区的社会稳定和经济发展起到了巨大作用，但与非民族地区，特别是东部地区相比，民族地区的高校无论在数量与规模、学科专业设置、生均教育资源占有、师资力量、入学机会等方面都存在巨大差距，目前的民族高等教育已难以适应新时期民族地区的社会与经济发展需要。

综上所述，高等教育的发展失衡导致我国东部与西部的学生、城市与农村的学生、民族地区与非民族地区的学生，在高等教育竞争的起跑线上就已经分出了三六九等，这与和谐社会所倡导的公平正义理想背道而驰！因此，“对中国这样一个尤重人情关系、社会资源相对紧张的发展中大国而言，民众的公平忧患意识与渴望也较别国更为强烈。‘不患寡而患不均’是社会大众的普遍心态，亦是对高考改革的现实心态。在高等教育供需矛盾尚较突出的情况下，确保教育机会公平乃是高考改革第一要义”③。事实上，教育领域的公平问题已经引起了政府的关注，我国在“十五”计划中首次将“坚持社会主义教育的公平与公正性原则，更加关注处境不利人群受教育问题”④列为教育发展的重要指导原则；《国家中长期教育改革和发展规划纲要(2010—2020)》也重申“教育公平是社会公平的重要基础”，提出要把促进

---

① 中华人民共和国国家统计局：《中华人民共和国 2011 年国民经济和社会发展统计公报》，http：//www.stats.gov.cn/tjgb/ndtjgb/qgndtjgb/t20120222_402786440.htm。

② 魏军、安心：《教育公平视野下民族地区高等教育的均衡发展研究》，《黑龙江民族丛刊》2008 年第 3 期。

③ 郑若玲：《高考思辨》，经济科学出版社，2013 年，第 5 页。

④ 《教育部关于印发〈全国教育事业第十个五年计划〉的通知（教发〔2001〕33 号)》。

公平作为国家基本教育政策，指出“教育公平的关键是机会公平”，“教育公平的主要责任在政府”，“根本措施是合理配置教育资源，向农村地区、边远贫困地区和民族地区倾斜，加快缩小教育差距”①。

本章小结

加拿大最早的大学成立于 1663 年，至今已有 350 年的历史，在这长达三个半世纪的历史长河中，加拿大高等教育经历了从无到有、从小到大、从单一到多元的发展演变。在每个特定历史时期，加拿大高等教育都较为有效地适应了当时的时局，促成了自身的成长。特别是在经历了一战、三十年代经济大萧条和二战之后，加拿大高等教育更是进入了一个高速发展时期，直至九十年代，加拿大高等教育的多项指标都高居世界主要发达国家前列。伴随着加拿大经济的高速发展，加拿大这个昔日默默无闻的英属北美殖民地也一跃成为西方七国集团国家之一，高等教育在促进其经济发展方面功不可没。进入新世纪后，加拿大的高等教育继续保持着世界领先地位，和美国一起成为“北美双雄”。尽管是美国的近邻，但加拿大的高校招考制度却与美国有着本质的差别。其中最为显著的差别就是加拿大没有全国统一的外部考试，学生是否能被录取主要取决于他在高中最后两年的学科成绩。而美国有 SAT 和 ACT 等社会第三方机构组织的全国统一入学考试，这种标准化考试的成绩是美国高校做录取决定的主要依据，其次才是学生在高中的平均 GPA。

鉴于加拿大特殊的历史、地理与文化，该国的高校招考制度体现出四大特色：首先就是“地方格局，招生自主”。加拿大在政体上属于软联邦制国家，各省具有高度的自治权，因此深刻的地方主义思想渗透到这个国家的各个方面。高等教育是各省教育部的事务，高校的学术自由也受到省政府极大的尊重，高校自主招生被认为是高校行使学术自由权力的一种表现。其次是机会均等、宽严并举的特色。加拿大的高等教育从五十年代前的精英阶段过渡到六七十年代的大众阶段，基础教育筛选学术精英的功能被培养合格毕业生的功能所取代，高中毕业率大幅提升，所有毕业生不论其社会经济地位如

① 《国家中长期教育改革和发展规划纲要（2010—2020 年）》，http：//www.gov.cn/jrzg/2010-07/29/content_1667143.htm。

何，都有平等的机会申请高校。社区学院、开放大学等院校的出现极大丰富了加拿大原有高校的类型，扩充了高等教育的规模。开放入学等新型招生方式出现，严进严出和宽进严出在不同高校的不同专业并行不悖。第三个特色就是以生为本、多次选择。加拿大高校招生考试制度充分体现了对学生的尊重，学生在申请高校时不受数量限制，并且入学后可以根据自身情况选择修读全日制或非全日制，如果想去其他高校也可以申请转学。此外，学生在毕业后也可以双向流动，既可以向上流动到研究型大学攻读研究生学位，也可以向下流动到社区学院接受职业培训。第四个特色是重视资助、兼顾就业。加拿大的高校非常重视为学生提供各种奖助学金，高校的预算中会拨出专款用于学生资助。此外，许多省高校在招生中还兼顾就业，以返还学费的方式吸引优秀人才留在当地工作。

不可否认，加拿大的高等教育也面临着诸多挑战和压力，高校的招考制度也存在诸多弊端与问题，较为关联的两个重大挑战就是入学机会深层的失衡问题和学费上涨危及社会正义的问题。对加拿大高校招考制度的研究能够引发多方面的思考，首先就是对实施统一外部考试必要性的思考。各个国家固有的历史文化和社会现状决定了其高校招考制度的类型，我国的国情使得统一高考成为现阶段的必然选择。其次是关于实现高等教育入学机会公平性的思考。尽管加拿大的高校在招生程序上非常公平公正，但不同群体的入学机会仍存在深层差异，这说明程序公平并不能完全保证结果公平。追求高等教育入学机会公平已成为包括中国在内世界各国的政策目标。

结　　语

“有什么样的文化，就有什么样的招生考试制度；有什么样的社会环境，就有什么样的招生考试方式；有什么样的国民，就有什么样的招生考试模式。”① 加拿大的国家历史、政治、经济和文化塑造了其与众不同的高校招生考试制度。

加拿大的政策之所以能起作用，首先在于它较好地适应了本国的国情。作为软联邦制的国家，加拿大在宪法中把管理地方教育的权力赋予地方，不设国家教育部，也没有所谓“国家高等教育政策”。因此，这里所探讨的“加拿大促进高等教育均衡发展的政策”在本质上并不是体现加拿大国家意志的联邦教育政策，它更像是由 10 个省、3 个行政区和各高校共同构成的国家教育政策拼图。联邦政府对各省高等教育的发展并非袖手旁观，而是进行“有责无权”的财政资助，即只提供高等教育经费而不直接插手各省事务。通常，各省高等教育日常经费的相当比例来自联邦政府。此外，联邦政府还对事关重大的教育事务进行专项资助。如印第安及北方发展事务部，它的一项重要工作就是资助土著学生上大学，以实现联邦政府对土著人的承诺，即确保每个土著人都能享受到与其他加拿大人一样的教育机会。该事务部自 1977 年就开始大面积为土著学生的高等教育提供学杂费、交通费和生活费。除了财政资助，联邦政府还通过展开国家层面的数据统计为各省制定政策提供权威可靠的数据参考，其中最重要的数据统计之一就是联邦统计局开展的每 6 年一次的全国人口普查。每次普查后的数据都要经过系统的分类处理，分析每个省的人口分布、年龄情况、受教育程度等数据，并及时公布分析报告，供各省的教育决策部门和科研工作者参考。

联邦政府有责无权的管理方式赋予各省一定的高等教育经费保障和行政

① 刘海峰：《高考改革：理想图景与现实困境》，《光明日报》2012 年 4 月 11 日。

自由。鉴于全球竞争的不断加剧，近年来加拿大联邦政府也不得不运用经济杠杆对各省进行变相管理，但相对而言，其省政府和行政区仍具有相当大的自治权，可以针对本地的特点和问题自行制定高等教育政策。加拿大的高校也享有高度的自治权，实行自主招生，自行制定招生政策。尽管省政府对所有省立高校都进行经费拨款，但也无权干涉高校的日常运作，加拿大的大学向来就有强大的自治传统，因此在制定招生及录取政策上具有相当大的灵活性。由于深受美国威斯康星大学思想的影响，加拿大的高校也具有强烈的服务本地的社会责任感，它们能根据本省经济发展需要迅速做出反应，及时调整不同院系招生政策，为急需专业人才的地区培养学生。高校的招生政策因此具有较强的针对性和实效性，在促进高等教育均衡发展方面发挥了直接作用。总之，体制上的特色促成了各省和高校能够因地制宜，及时采取措施缓解教育失衡的加剧。各地促进高等教育均衡发展的政策还具有一些共同之处：它们都比较注重弱势群体学生在高中阶段的学业成功；重视家庭和社区对高中生成长的作用；高校能主动接触并帮助这些弱势群体的学生；一些非政府组织与社会团体力量也发挥了非同小可的作用。

高等教育入学机会公平是高等教育民主化的必然趋势，是社会的公平正义诉求在高等教育领域的体现。高等教育的民主，连带整个教育的公平问题，与整个社会的民主与公平密不可分。正如约瑟夫·费瑟斯通（Joseph Featherstone）在《见证民主教育的希望与失败》一书中所总结的，“如果没有社会其他领域所取得的相关的民主成果，教育在更大范围里的进步便不可能发生”[①]。基于高等教育的重要性和社会进程的复杂性，如果把高等教育公平的推进仅仅局限在教育领域，那教育公平的目标恐永难实现。在中国社会民主化进程的整体推进中，高等教育入学机会公平问题必须得到逐步解决，政府必须重点作为！

---

① 约瑟夫·费瑟斯通，等：《见证民主教育的希望与失败》，王晓宇、周常明译，华东师范大学出版社，2005 年，前言。

主要参考文献

英文文献

[1]BANKS J A. Multicultural education issues and perspectives[M]. 4th ed. New York:John Wiley & Sons, Inc., 2003.

[2]Best practices in increasing aboriginal postsecondary enrolment rates[R]. R.A. Malatest & Associates Ltd., 2002.

[3]BOTHWELL R. Canada since 1945[M]. 2nd ed. Toronto:University of Toronto Press, 1989.

[4]BOWKER R. World guide to higher education[R]. UNESCO, 1976.

[5]BRETON R, et al. A fragile social fabric:fairness, trust and communication in Canada[M]. Montreal:McGill-Queen's University Press, 2004.

[6]BRETON R, et al. Cultural boundaries and the cohesion of Canada[M]. Montreal:The Institute for Research on Public Policy, 1980.

[7]BUM B B. Higher education in nine countries:a comparative study of colleges and universities abroad[M]. Chicago:University of Chicago Press, 1972.

[8] CHISHOLM M. Going for gold: boosting educational attainment in western Canada[R]. Canada West Foundation, 2009.

[9] FINNIE R. et al. Family background and access to post-secondary education: what happened over the 1990s? [R]. General Information, 2004.

[10] FRENETTE M. Access to college and university: does distance to school matter?[J]. Canadian public policy, 2004, 30(30):427-443.

[11] FRENETTE M. Access to college and university: does distance to school matter?[J]. Canadian public policy, 2004, 30(30): 427-443.

[12] FRIDERES J. Aboriginal peoples in Canada: contemporary conflicts [M]. 5th ed. Scarborough: Prentice Hall, 1998.

[13] FRIESEN J. Aboriginal education in Canada: a plea for integration[M]. Alberta: Detselig Enterprise Ltd, 2002.

[14] GHOSH R. Education and the politics of difference: Canadian perspectives[M]. Toronto: Canadian Scholar Press, 2004.

[15] GLENDAY D, DUFFY A. Canadian society: meeting the challenges of the twenty-first century[M]. New York: Oxford University Press, 2001.

[16] GRANT A. No end of grief: Indian residential schools in Canada[M]. Winnipeg: Pemmican Publications, 1996.

[17] JONES G A. Higher education in Canada: different systems, different perspectives[M]. New York: Garland Publishing Inc, 1997.

[18] JUNOR S, USHER A. The price of knowledge: access and student finance in Canada[M]. Montreal: The Canada Millennium Scholarship Foundation, 2002.

[19] KANDEL I S. Comparative education [M]. Connecticut: Greenwood Press, 1933.

[20] KATZ J. Education in Canada [M]. Devon: David & Charles Publishers, 1974.

[21] KIRBY D, SHARPE D. An examination of rural secondary students' post-secondary education decisions [J]. Canadian journal of career Development, 2010, 9(1): 1-14.

[22] LAVALLEE L, et al. Rural versus urban students-differences in accessing and financing PSE, their PSE outcomes and their use of distance education research projects[R]. MPRA Paper, 2005.

[23] LIPS. Race and ethnic relations in Canada [M]. Toronto: Oxford University Press, 1990.

[24] LYNCH J. Cultural diversity and the schools[M]. London: Routledge, 1993.

[25] MALLEA J R, YOUNG J C. Cultural diversity and Canadian education

[M]. Ottawa: Carleton University Press, Inc., 1984.

[26] MCMULLEN K. Postsecondary education participation among underrepresented and minority groups[R]. Statistics Canada, 2011.

[27] MORRISON K. Management theories for educational change [M]. London: Paul Chapman Publishing, 1998.

[28] OECD. Higher education to 2030(Vol. 1): demography[R]. Sourceoecd Social Issues, 2008(17): 1-302.

[29] PLESSIS V D, et al. Definitions of rural[R]. Agriculture and Rural Working Paper Series Working Paper No. 61, 2002.

[30] ROURKE J. Strategies to increase the enrolment of students of rural origin in medical school: recommendations from the Society of Rural Physicians of Canada[J]. Canadian medical association journal, 2005, 172(1): 62-65

[31] RYAN S. Nationalism and ethnic conflict[M]. New York: Vintage Press, 1997.

[32] SCHOULS T A. Shifting boundaries: aboriginal identity, pluralist theory, and the politics of self-government[M]. Vancouver: University of British Columbia Press, 2003.

[33] SCHWARTZWAID R. National posts: theorizing Canadian post-colonialism[M]. Ontario: Captus Press, Inc., 2003.

[34] SHARPE A, et al. The potential contribution of aboriginal Canadians to labor force, employment, productivity and output growth in Canada [R]. CSLS Research Reports, 2009.

[35] WESTHUES A. Canadian social policy: issues and perspectives[M]. 3rd ed. Waterloo: Wilfred Laurier University Press, 2003.

[36] WOTHERSPOON T. The sociology of education in Canada: critical perspectives[M]. Ontario: Oxford University Press Canada, 2004.

中文文献

[1] 皮埃尔·布迪厄, J. C. 帕斯隆. 再生产——一种教育系统理论的要点 [M]. 北京: 商务印书馆, 2002.

[2] 弗兰斯·F 范富格特. 国际高等教育政策比较研究 [M]. 王承绪，等，译. 杭州：浙江教育出版社，2003.
[3] 迪克·加尔诺. 印第安人——加拿大第一民族的历史、现状与自治之路 [M]. 北京：民族出版社，2008.
[4] 迈克·富兰. 变革的力量：透视教育改革 [M]. 北京：教育科学出版社，2000.
[5] 乔治·曼纽尔，迈克·波思兰. 第四世界——印第安人的现实 [M]. 北京：时事出版社，1987.
[6] 罗伯特·L. 比什，埃里克·G. 克莱蒙斯. 加拿大不列颠哥伦比亚省地方政府 [M]. 孙广厦，等译. 3 版. 北京：北京大学出版社，2006.
[7] 沃尔特·怀特，罗纳德·瓦根伯格，拉尔夫·纳尔逊. 加拿大政府与政治 [M]. 刘经美，张正国，译. 7 版. 北京：北京大学出版社，2004.
[8] 约翰·布鲁贝克. 高等教育哲学 [M]. 王承绪，等译. 杭州：浙江教育出版社，1987.
[9] 菲利普·G. 阿特巴赫. 比较高等教育：知识、大学与发展 [M]. 人民教育出版社，译. 北京：人民教育出版社，2001.
[10] 简·雅各布斯. 集体失忆的黑暗年代 [M]. 姚大均，译. 北京：中信出版社，2007.
[11] 克拉克·克尔. 大学的功用 [M]. 陈学飞，等译. 南昌：江西教育出版社，1993.
[12] 克拉克·克尔. 高等教育不能回避历史——21 世纪的问题 [M]. 王承续，译. 杭州：浙江教育出版社，2001.
[13] 克拉克. 新编剑桥世界近代史 [M]. 中国社会科学院世界历史研究所组，译. 北京：中国社会科学出版社，1992.
[14] 国际中文版编辑部. 不列颠百科全书：第 8 卷 [M]. 北京：中国大百科全书出版社，1999.
[15] 北京大学加拿大研究中心. 加拿大研究 [M]. 北京：民族出版社，2006.
[16] 陈芳. 比较教育研究：自我与他者之间的认同向度 [J]. 天津市教科院学报，2009 (2)：17-19.
[17] 陈启能. 中国·特鲁多·加拿大 [M]. 北京：民族出版社，2004.
[18] 陈时见，施瑞尔.《全球互联背景下的比较探究》及其比较教育方法论

思想述要［J］. 比较教育研究，2009（6）：4-6.

［19］陈晓莹. 融合·发展——加拿大多元文化教育解读［M］. 北京：民族出版社，2008.

［20］储建国. 当代各国政治体制——加拿大［M］. 兰州：兰州大学出版社，1998.

［21］高鉴国. 加拿大文化与现代化［M］. 沈阳：辽海出版社，2000.

［22］顾明远，梁忠义. 世界教育大系［M］. 长春：吉林教育出版社，2000.

［23］顾明远. 教育大辞典：增订合编本：上卷［M］. 上海：上海教育出版社，1998.

［24］顾明远. 文化研究与比较教育［J］. 比较教育研究，2000（4）：1-4.

［25］何茜，温静. 国别教育研究：意义、现状与发展趋势［J］. 比较教育研究，2009（6）.

［26］侯明清. 加拿大生存报告［M］. 北京：中国财政经济出版社，2002.

［27］黄福涛. 外国高等教育史［M］. 上海：上海教育出版社，2003.

［28］贾非. 各国大学入学考试制度比较研究［M］. 沈阳：辽宁教育出版社，1990.

［29］江芳盛，钟宜兴. 各国教育行政制度比较［M］. 台中：五南图书出版股份有限公司，2006.

［30］康乃美，蔡炽昌. 中外考试制度比较研究［M］. 武汉：华中师范大学出版社，2002.

［31］蓝仁哲. 加拿大百科全书［M］. 成都：四川辞书出版社，1998.

［32］蓝仁哲. 加拿大文化论［M］. 重庆：重庆出版社，2008.

［33］刘军. 列国志·加拿大［M］. 北京：社会科学文献出版社，2005.

［34］刘艺工. 当代加拿大法律制度研究［M］. 北京：民族出版社，2008.

［35］刘海峰. 高考改革：公平为首还是效率优先［J］. 高等教育研究，2011（5）：2-6.

［36］刘海峰. 高考改革的思路、原则与政策建议［J］. 教育研究，2009（7）：3-7.

［37］刘海峰. 公平与效率：21世纪高等教育改革与发展［M］. 福州：福建教育出版社，2003.

［38］刘海峰. 中国考试发展史［M］. 武汉：华中师范大学出版社，2002.

[39] 李欣，刘海峰. 加拿大历史上统一招生考试的兴废及启示——基于制度变迁理论的分析 [J]. 清华大学教育研究，2015 (3)：39-47.
[40] 李欣. 加拿大高校招生考试制度透视 [J]. 复旦教育论坛，2014 (3)：31-36.
[41] 李欣. 从“普及中的失衡”到“均衡中的普及”：加拿大高等教育民主化政策研究 [J]. 复旦教育论坛，2013 (1)：75-79.
[42] 李欣. 加拿大土著民族高等教育：政策解读及其战略意义 [J]. 教育与考试，2012 (9)：73-77.
[43] 李欣. 扶起倾斜的天平：加拿大发展土著民族高等教育的政策研究 [J]. 民族高等教育研究，2013 (1)：21-25.
[44] 李帆. 教育公平需要政府“重点作为” [J]. 人民教育，2005 (23)：5-8.
[45] 李桂山. 加拿大社会与文化散论 [M]. 北京：北京航空航天大学出版社，2008.
[46] 李化德. 论国家考试立法 [J]. 现代法学，2008 (9)：29-37.
[47] 李剑鸣，杨令侠. 20 世纪美国和加拿大社会发展研究 [M]. 北京：人民出版社，2005.
[48] 李鹏飞. 加拿大与加拿大人：6 [M]. 北京：北京理工大学出版社，2007.
[49] 吕达，周满生. 当代外国教育改革名著文献：英国卷·第一册 [M]. 北京：人民教育出版社，2004.
[50] 马克·贝磊. 全球化视域下的和谐、差异与共生——联合国教科文组织的视角 [J]. 郑艳，译. 比较教育研究，2009 (3)：1-6.
[51] 容中逵. 借鉴：比较教育研究向度的“中国之维”——论比较教育研究的借鉴目的及其功能实现问题 [J]. 比较教育研究，2009 (4)：13-17.
[52] 阮西湖，王丽芝. 加拿大与加拿大人：二 [M]. 北京：中国社科出版社，1991.
[53] 阮西湖. 加拿大与加拿大人：一 [M]. 北京：中国社科出版社，1990.
[54] 石中英. 教育学的文化性格 [M]. 太原：山西教育出版社，2001.
[55] 滕大春. 外国教育史和外国教育 [M]. 保定：河北大学出版社，

1998.
[56] 滕大春. 外国教育通史：第一卷 [M]. 济南：山东教育出版社，1989.
[57] 王昺. 文化马赛克：加拿大移民史 [M]. 北京：民族出版社，2003.
[58] 王海，丁俊丽，李光泉. 从考试制度现状论国家考试立法的迫切性 [J]. 天津大学学报，2003 (10)：362-365.
[59] 王黎云. 功能主义传统与比较教育方法论 [J]. 比较教育研究，2009 (4)：18-22.
[60] 王长纯. "和而不同"：比较教育研究的哲学与方法（论纲）[J]. 比较教育研究，2009 (4)：1-7.
[61] 王仲达. 加拿大教育动态与研究 [M]. 北京：教育科学出版社，1999.
[62] 邬大光. 中国高等教育大众化问题研究 [M]. 北京：高等教育出版社，2004.
[63] 项贤明. 比较教育学的文化逻辑 [M]. 哈尔滨：黑龙江教育出版社，2004.
[64] 谢安邦. 比较高等教育 [M]. 桂林：广西师范大学出版社，2002.
[65] 谢全文. 比较教育行政 [M]. 台中：五南图书出版股份有限公司，2006.
[66] 谢作栩. 中国高等教育大众化发展道路的研究 [M]. 福州：福建教育出版社，2001.
[67] 徐建春. 高校招生制度改革的思考 [J]. 教育发展研究，2003 (4/5)：135-137.
[68] 薛国凤，余咏梅. 依附论中的关怀——阿特巴赫比较高等教育思想评析 [J]. 比较教育研究，2009 (8)：11-15.
[69] 杨东平，周金燕. 我国教育公平评价指标初探 [J]. 教育研究，2003 (11)：30-33.
[70] 杨东平. 高考招生制度与教育公平 [J]. 湖北招生考试，2005 (10)：1.
[71] 杨东平. 中国教育公平的理想与现实 [M]. 北京：北京大学出版社，2006.
[72] 杨启亮. 误解与辨析：选择底线评价的几个实践问题 [J]. 江苏教育研究（理论版），2008 (1)：7-11.

[73] 杨学为，廖平胜．考试社会学问题研究［M］．武汉：华中师范大学出版社，2003.
[74] 杨志坚，翟杰全．制度与制度科学［J］．北京工业大学学报（社会科学版），2005（6）：72-74.
[75] 于钦波，杨晓．中外大学入学考试制度比较与中国高考制度改革［M］．成都：四川教育出版社，2000.
[76] 袁振国．缩小差距——中国教育政策的重大命题［J］．北京师范大学学报（社会科学版），2005（3）：5-15.
[77] 折延东．论比较教育研究的文化使命［J］．比较教育研究，2009（4）：8-12.
[78] 中国人民大学法律系．中外宪法选编［M］．北京：人民出版社，1982.

附录一　访谈提纲

1. How to maintain equity and fairness in the process of selecting students? Are there any basic principles, or rules they would stick to when evaluating different students' application files? If yes, what are the principles or rules?
2. What are the main issues in university admission system? Or the most discussed topics?
3. Tuition is a huge topic. For a same program, why the tuition in one university is much higher than another? How does each higher education institution decide its program tuition? Will it be approved and supervised by certain provincial government office or some committee?
4. Canada's overall record in aboriginal policy issues has been abysmal. Aboriginal people's participation rates in higher education are comparative low. But they are the fastest growing body of population which means a lot, considering Canada is an aging society. In your opinion, what are the basic issues that current policies failed to address? What can they do to improve the overall participation rates of the aboriginal people?
5. Students in remote rural areas may not be supplied with the best education resources. What measures have been taken to improve the situation? What has the government has done to guarantee their access to higher education?
6. Women in higher education, Anne of Green Gables, are there any bias against woman in admission process?
7. What are the main challenges for Canada to develop its higher education and increase access for more students?
8. Why CSAT was abandoned? Any initiative to set up another one?

9. How do you view the difference between "internationalization" and "globalization"? How the understanding of the two might influence the policy-making and the practice?
10. What are the advantages and disadvantages for Canadian universities to compete with schools from other countries in terms of attracting more international students?
11. How is internationalization of Canadian education aligned with the country's foreign policy?
12. The tuition of the international students is usually 3 times that of the local students. Why is it? How do they figure out the tuition for international students?
13. Is that true that a large part of the revenues gained from international students are used to fill the budget deficit caused by lowering local students' tuitions?
14. I know the university might have got China in its picture when making the international education development blueprint, what are the main obstacles in the way?
15. International education represents an intersection of two distinct policy areas, foreign policy and higher education, which, within the Canadian context, results being one of those policy areas that falls between the cracks of federal-provincial and interdepartmental jurisdictions. Both departments share overlapping responsibilities with each other as well as with several other federal departments. There is frequent overlap, conflict or contradiction of policy agendas given minimum communication and coordination between departments. This scenario challenges overall policy orientation, implementation and its effectiveness.
16. Canada is the only industrialized country without a federal office or department of education. In the absence of a central government agency, there is no clear mechanism for national policy development. So, some people feel when it comes to external affairs on education, such as international education, a united voice is missing. This might cause troubles sometimes. How do you think about this? What is the ideal balance between centralization and decentralization in education affairs?

附录二　2008年—2013年加拿大全日制本科生平均学费

Field of study grouping	2008/2009	2009/2010	2010/2011	2011/2012	2012/2013
Education	12 668	12 779	13 219	13 550	13 921
Visual and performing arts, and communications technologies	32 738	14 847	15 587	15 098	15 703
Humanities	14 182	15 071	15 900	16 537	17 297
Social and behavioural sciences	15 469	15 014	15 750	16 296	17 007
Law, legal professions and studies	16 924	18 924	20 487	22 909	24 203
Business management and public administration	14 296	15 522	16 349	17 637	18 577
Physical and life sciences and technologies	14 020	16 594	17 546	18 746	19 952
Mathematics, computer and information sciences	15 190	16 781	18 459	18 854	20 631
Engineering	15 587	17 470	18 526	19 526	20 742
Architecture and related technologies	15 574	16 165	17 247	17 780	18 258
Agriculture, natural resources and conservation	14 299	15 611	16 286	16 439	17 518
Dentistry	14 323	40 225	40 964	42 057	43 014
Medicine	13 974	34 198	35 422	35 502	36 067
Nursing	37 826	13 747	14 283	14 651	15 345
Pharmacy	13 472	21 936	20 795	27 300	30 098
Veterinary medicine	46 377	47 307	48 262	49 538	50 674
Other health, parks, recreation and fitness	47 850	14 950	15 683	16 069	16 738

附录三　《麦卡林》杂志 2015 年加拿大高校排名

医学博士类大学排名

2015 年排名	2014 年排名	学校名称
1	1	麦吉尔大学 McGill University
2	3	多伦多大学 University of Toronto
3	2	不列颠哥伦比亚大学 University of British Columbia
4	4	女王大学 Queen's University
5	5	阿尔伯塔大学 University of Alberta
6	6	麦克马斯特大学 McMaster University
7	7	达尔豪西大学 Dalhousie University
8	8	渥太华大学 University of Ottawa
8	9	西安大略大学 University of Western Ontario
10	13	拉瓦尔大学 Université Laval
10	11	蒙特利尔大学 Université de Montréal
12	9	卡尔加里大学 University of Calgary
12	14	曼尼托巴大学 University of Manitoba
14	12	萨斯喀彻温大学 University of Saskatchewan
15	15	舍布鲁克大学 Université de Sherbrooke

综合类大学排名

2015 年排名	2014 年排名	学校名称
1	2	西蒙弗雷泽大学 Simon Fraser University
2	1	维多利亚大学 University of Victoria
3	3	滑铁卢大学 University of Waterloo
4	4	新不伦维克大学 University of New Brunswick
5	5*	圭尔夫大学 University of Guelph
6*	7	卡尔顿大学 Carleton University
6*	5*	纽芬兰纪念大学 Memorial University of Newfoundland
8*	10*	瑞尔森大学 Ryerson University
8*	9	约克大学 York University
10	8	里贾纳大学 University of Regina
11	13	康考迪亚大学 Concordia University
12	10*	温莎大学 University of Windsor
13	10*	劳瑞尔大学 Wilfrid Laurier University
14	14	魁北克大学蒙特利尔分校 Université du Quebéc àMontréal
15	15	布鲁克大学 Brock University

教学类大学排名

2015 年排名	2014 年排名	学校名称
1	1	蒙特爱立森大学 Mount Allison University
2	3*	不列颠哥伦比亚大学 University of Northern British Columbia
3	3*	莱斯布里奇大学 University of Lethbridge
4	2	阿卡迪亚大学 Acadia University
5	5	圣玛丽大学 Saint Mary's University
6*	7*	圣弗朗西斯泽维尔大学 St. Francis Xavier University
6*	6	特伦特大学 Trent University
8	10	湖首大学 Lakehead University
9	9	毕索大学 Bishop's University
10*	14*	劳伦森大学 Laurentian University

续表

2015 年排名	2014 年排名	学校名称
10*	7*	爱德华王子岛大学 University of Prince Edward Island
12	11	麦克顿大学 Université de Moncton
13	13	安大略理工大学 University of Ontario Institute of Technology
14	14*	温尼伯大学 University Winnipeg
15	12	圣托马斯大学 St. Thomas University
16	16	布兰登大学 Brandon University
17	17	圣文森特大学 Mount Saint Vincent University
18	18	卡普顿大学 Cape Breton University
19	19	尼皮辛大学 Nipissing University

注：星号“*”代表两校并列。

资料来源：http://www.macleans.ca/education/unirankings/introducing-the-2015-macleans-university- rankings。

后　　记

加拿大知名的文学评论家、无政府主义思想家乔治·伍德科克(George Woodcock)曾言：“世界听不见加拿大的声音。”在我的研究过程中，这句话不时浮现。对于绝大多数中国人而言，加拿大是一个既熟悉又陌生的国度。许多人仅知道它是个枫叶之国，有点儿年龄的人还知道它是白求恩医生的祖国。是的，与其近邻美国相比，人们对这个国家所知甚少。尽管我是学英语出身，而且之前还在美国访学了一年，对加拿大的了解也仅限于此。于是乎，我不得不从外围入手，试图从历史、地理、政治、经济、教育、文化甚至文学等多个维度来认识这个国家，并把相关知识和研究发现作为背景资料浓缩在第一章，以期读者们能和我一样，在了解加拿大基本国情的基础上进一步认识其高校招考制度。随着研究抽丝剥茧般层层展开，加拿大的高校招生情况在我眼中逐渐清晰起来，除了课题本身，我还收获了对这个国家的又一层了解，对这个研究对象也生出了别样的情感。

“旧雨三年精化碧，孤灯五夜眼常青。”相信所有科研工作者都曾经历过挑灯夜战的考验，忍受过独自跋涉的孤独。那种敢为天下先的学术勇气，那种“衣带渐宽终不悔”的执着，只为建构心中的意义世界，只为实现对自我认知的完形。然而，正如穆旦的诗句所描述的，“他的痛苦是不断地寻求，你的秩序，求得了又必须背离”，科研工作者的宿命仿佛也正是不断地发现问题与寻找答案、不断地打破平衡与寻找秩序、不断地告别与上路，没有终点，没有圆满，在学术的江湖中人人都是孤胆英雄。愚笨如我，忝为他们中的一分子，我时常倍感煎熬。记得千禧之年初到上海滩，求学丽娃河畔，从未想过我会在学术道路上走得这么远！然命运之手却推得我毫无退路可言，唯有一再迎接挑战，用希腊神话中不断推石头上山的西西弗斯勉励自己，不求成为师门之光，只求不辱师门，对得起导师们的栽培；不求扬名立万，但求不辜负那些旧雨三年、孤灯五夜的日子。

导师刘海峰教授时常勉励弟子们，“无情岁月增中减，有味诗书苦后甜”。在此书一稿落笔的那一刻，我的确体会到了瞬间的甘甜，然而随着二稿三稿的修改，我愈发知道自己的有限与未知世界的无限。太多的问题我目前无法给出答案，只能奉献给读者们这样一个半成品，在有涯的生命里继续查漏补缺，希望还在，探究不止……

在此，首先要把深深的谢意送给我的博士后合作导师刘海峰教授！从走入厦门大学教育研究院的那天起，刘海峰教授对我给予了耐心的指导和无私的关怀。这部书的撰写，从选题、构思、资料的搜集、初稿的形成直至定稿，从结构的布局到字斟句酌，合作导师都给予独具匠心的企划和画龙点睛的点拨，常常令我醍醐灌顶，茅塞顿开。没有老师的悉心教诲，这部书恐怕难以顺利完成。再一次从心底向导师表示真诚的感谢和最崇高的敬意！

同时，也要由衷感谢教育研究院的各位前辈！研究院的潘懋元先生、史秋衡教授、别敦荣教授、郑若玲教授、张亚群教授等人先后在本人的开题报告和相关讲座中提出了诸多宝贵建议，使我看到了自己思维的漏洞和学识的不足。外文学院的吴光辉教授仔细通读全稿，在出站报告答辩会上，从行文到框架提出了许多颇具建设性的评论，令我获益良多！

还要感谢众位学长、学伴、友人对我一路走来的帮助！厦大求学的日子即将画上句号，但厦大的生活终将成为我人生中最为宝贵的记忆之一！

借此机会，也向我的家人表示最真挚的谢意！特别感谢我的女儿梓默，从她 7 个月大我开始复习考博，这条路一走就是五年，错过了她成长中的太多重要时刻，身为母亲我非常自责！如今她即将升入小学，我也即将开始新的工作，我们各自的人生都即将翻开新的一页，愿我们能努力向前，共享美好生活！

这部书仅仅是我从事加拿大高校招生考试制度研究的一种阶段性成果。应该说，目前所做的探讨与研究是比较粗浅的。在撰写过程中，参阅了大量已有的研究成果，前辈的观点和理论给我的研究提供了启示，对他们的工作表示感谢！教育领域的国别研究涉及社会学、历史学、教育学和政策学等诸领域的知识，限于本人的研究水平，对这一主题的把握还不够成熟，在行文中还有许多有待完善之处，恳请有识之士的批评和指正！

李 欣
2013 年仲夏
厦门大学海滨博士后公寓

致　谢

此书是本人在厦门大学教育研究院博士后流动站工作两年的研究成果。合作导师刘海峰教授本着因材施教的原则为我指明了特别合适的研究选题，在此深表谢意！

感谢我的博士导师华东师范大学的王斌华教授对于本人及本研究的关切和支持！感谢我的另一位博士导师，美国马萨诸塞大学的严文蕃教授对我学术上的指引！

感谢加拿大多伦多大学的许美德教授、格兰·琼斯教授、唐恩·麦克米兰主任，约克大学的保罗·艾克索尔罗德教授、查强教授、大卫、劳拉等人以及瑞尔森大学的艾丽卡所给予的访学帮助，他们让我在短短的时间里搜集到了许多珍贵的研究资料，更让我在加拿大的寒冬收获了特别的温暖！

感谢中国博士后科学基金会对本研究的资助！最后，特别感谢华中师范大学出版社的编辑为本书的出版所做的努力！